全国交通中等职业技术学校通用教材

XIANDAI QICHE JISHU

现代汽车技术

（汽车驾驶、汽车维修、汽车维修与驾驶专业用）

李春声　主编
魏自荣　主审

人民交通出版社

内 容 提 要

本书是交通技工学校汽车驾驶、汽车维修、汽车维修与驾驶专业的专业课教材；是根据“现代汽车技术”课程教学计划与教学大纲编写的。主要内容包括：汽油机燃油喷射装置、自动变速器、制动防抱死装置和其它技术简介四章。

本书作为全国交通中等职业技术学校汽车驾驶、汽车维修、汽车维修与驾驶专业师生教学用书，亦可供汽车驾驶员、汽车维修工、汽车电工和培训学校（班）学员阅读参考。

图书在版编目(CIP)数据

现代汽车技术/李春声主编. －3版. －北京：人民交通出版社，1999.8
ISBN 7－114－03412－1

Ⅰ.现… Ⅱ.李… Ⅲ.汽车工程-技工学校-教材 Ⅳ.U46

中国版本图书馆 CIP 数据核字（1999）第 31741 号

全国交通中等职业技术学校通用教材
现代汽车技术
（汽车驾驶、汽车维修、汽车维修与驾驶专业用）
李春声 主 编 魏自荣 主 审
责任印制：杨柏力
插图设计：李京辉 版式设计：周 园 责任校对：张 捷
人民交通出版社出版发行
（100013 北京和平里东街 10 号）
各地新华书店经销
北京密东印刷有限公司印刷
开本：787×1092 1/16 印张：9.5 字数：230 千
1999 年 8 月 第 1 版
2002 年 3 月 第 1 版 第 2 次印刷
印数：35001－43000 册 定价：14.00 元
ISBN 7-114-03412-1
U·02449

交通技工学校汽车专业教材工作领导小组成员

组　长：沈以华

成　员：卢荣林　李祖平　梁恩忠

交通技工学校汽车专业教材编审委员会成员

主任委员：卢荣林

副主任委员：谭益德　李福来

委　　员：张弟宁　丁丰荣　马步进　邵佳明
费建利　宣东升　魏自荣　张洪源
党继农　刘洪禧　窦永辉　张吉国
唐诗升　张朝志　葛城福　邹汉辉
张　援

秘　　书：戴育红　卢文民

前　言

交通部于1987年成立“交通技工学校教材编审委员会”，并先后于1990年和1995年编写了第一轮、第二轮汽车驾驶、汽车修理2个专业的交通技工学校通用教材；1996年又编写了汽车电工、汽车钣金、汽车站务3个专业的交通技工学校通用教材，从此结束了交通技工学校汽车专业无自己教材的历史。同时也为社会各层次（职业高中、中专、职业学校）教学和培训提供了服务。统计表明：社会使用量占教材总数的75%，创造了很大的社会效益。

改革开放以来，汽车工业发展迅速，汽车的新技术和新工艺更新加快，这就对培养21世纪社会经济发展和交通现代化建设需要的汽车专业人才提出了更高的要求。为此，1997年3月成立了“第三轮交通技工学校汽车专业教材编审委员会”（以下简称“教材编审委员会”）。“教材编审委员会”在邓小平理论指导下，积极研究与探索教学改革和教材改革方向，坚持知识、能力、素质协调发展和综合提高的原则，吸收了发达国家汽车职业教育和培训的先进经验，加强实践教学，首次实施理论与实践一体化教学的新模式。按照1998年4月原交通部教育司颁发的《交通技工学校教学文件》中有关专业的教学计划和教学大纲要求和《交通部教材编审、出版试行办法》的规定，编写了第三轮汽车驾驶、汽车维修、汽车维修与驾驶3个专业的交通技工学校通用教材。分别为：《汽车运输职业道德》、《计算机应用基础》、《机械识图》、《汽车材料》、《钳工工艺》、《汽车构造》、《汽车电气设备》、《汽车故障诊断与检测技术》、《现代汽车技术》、《汽车交通安全与营运知识》、《汽车驾驶》、《汽车维修》以及与之相配套的“习题库及习题解”。本轮教材具有以下特点：

1. 专业适应性增强

主要专业教材具有模块式结构形式。凡汽车类专业，不管是单一型专业还是复合型专业，不同专业、不同教学层次都可以据情选配，增强了教学适应性；拓宽了毕业生的就业渠道。

2. 实践教学更加突出

各专业教材的实践性内容有所加强，技能操作提到更高台阶，理实一体化的教材使实践教学课堂化、课题化、一体化。教材的实践教学与理论教学的比例达到7：3。

3. 选用车型符合国情现状

教材选用的车型由以往的货车为主拓展到货车、轿车并重。其中的货车以解放CA109、东风EQ1092、解放CA1091K8（柴）、东风HZ1110G（柴）等新车型为主体；轿车以桑塔纳和夏利等车型为主体；适当介绍国外汽车，兼顾了国内产业和教学二者的现状。

4. 课程结构更趋合理

课程设置由第二轮教材的14门课程缩减为第三轮的12门课程。为适应社会主义市场经济和汽车工业的发展，新增《计算机应用基础》、《现代汽车技术》课程；新增“汽车检测技术”内容，并与原“汽车故障诊断”内容合并为《汽车故障诊断与检测技术》课程；原《汽车交通安全》与《汽车运输管理知识》合并为《汽车交通安全与营运知识》课程；将“维护”内容从原《汽车维护与故障排除》中分离出来，与原《汽车修理工艺》合并为《汽车维修》课程；在《汽车电气设备》课程中增补和充实了“电工基础”等理论知识。

5. 课程内容兼顾技术等级考核

针对国家劳动主管部门规定施行的“双证制”制度，技工学校学生必须通过相应的技术等级考核、取得技术等级证书才能毕业。为此，本轮教材注意了教学内容的深度、广度与相应的技术等级考核相吻合。

6. 教材与作业、题库配套

本轮教材在第二轮教材的基础上，强化系统配套功能，各课程均编写了“习题集及答案”，并汇编成题库和题解。供学生做作业和练习时使用，是学生阶段复习的有效工具，也可为命题提供参考。

7. 图文并茂，通俗易懂

教材增加了插图数量，采用实物立体图和解体图，减少文字篇幅，图文配合；文字叙述流畅、通俗易懂，便于学生自学掌握。

本轮教材具有技工学校教学特色，同时也可作为职业高中、职业学校等学校的教材使用。学生通过学习能够构建起可适应终身教育及社会发展变化需要的知识、能力结构和基本素质。

本书是根据“现代汽车技术”教学计划与教学大纲编写的，是汽车驾驶、汽车维修、汽车维修与驾驶3个专业的专业课。内容包括汽油机燃油喷射系统、自动变速器、制动防抱死系统（ABS）和其它技术简介四章。

本书由北京运输技工学校李春声高级工程师担任主编（编写第一章），由四川省交通技工学校魏自荣高级讲师担任主审。编写成员和分工是：山东省潍坊交通技工学校崔振民高级讲师（编写第二章、第四章的第五节）、陕西省交通技工学校孙文平讲师（编写第三章、第四章的第一节至第四节）。

本轮教材由卢荣林高级讲师担任责任编委。

本轮教材在编写时，得到很多交通技工学校、职业学校、科研部门、工厂企业的支持和帮助，并提出不少宝贵意见，在此特致诚挚的谢意。由于时间仓促，加之编者水平有限，定有缺点和错误，诚望读者批评指正。

交通技工学校汽车专业教材编审委员会

1999年4月

目　录

绪论 …… 1
第一章　汽油机燃油喷射装置 …… 3
　第一节　概述 …… 3
　第二节　燃油供给系统 …… 6
　第三节　空气供给系统 …… 10
　第四节　电子控制系统 …… 18
　第五节　常见车型燃油喷射装置举例 …… 23
　第六节　电控燃油喷射装置的故障诊断 …… 26
　第七节　燃油喷射装置的使用、维修注意事项 …… 38
第二章　自动变速器 …… 40
　第一节　概述 …… 40
　第二节　液力变矩器 …… 42
　第三节　行星齿轮变速系统 …… 47
　第四节　液压控制系统 …… 68
　第五节　电子控制系统 …… 78
　第六节　北京切诺基自动变速器简介 …… 84
　第七节　自动变速器的使用与试验 …… 85
第三章　制动防抱死装置 …… 97
　第一节　概述 …… 97
　第二节　液压调节系统 …… 99
　第三节　车轮速度传感器和电控单元 …… 103
　第四节　制动防抱死装置的工作过程 …… 106
　第五节　制动防抱死装置的使用 …… 111
　第六节　牵引力控制装置 …… 117
第四章　其它技术简介 …… 125
　第一节　安全气囊 …… 125
　第二节　中央门锁和防盗装置 …… 129
　第三节　电子调节悬架 …… 132
　第四节　汽车巡航控制装置 …… 138
　第五节　汽车导航装置 …… 140
参考文献 …… 144

绪论

本书主要介绍汽车发动机、汽车底盘、汽车车身等部位中由电子技术控制的各种现代新型装置和设备。如电控制燃油喷射装置（简称：电喷装置）、电控液力自动变速器、电控制动防抱死装置以及电控悬架、安全气囊、巡航控制、汽车导航等。

随着电子技术在汽车上应用越来越广泛，尤其微型电子计算机（俗称电脑）在汽车上得到应用以来，电子技术与汽车技术相互结合所产生的新型汽车电子技术便给汽车工业带来了划时代的变化。

一、现代汽车技术的发展与应用

现代汽车技术主要是以汽车电子控制技术为主体，而扩及到其它领域中的现代新型技术。

在50年代，汽车上最初采用的电子装置就是收音机。

在60年代，汽车开始使用晶体管整流的交流发电机及晶体管电压调节器。此时晶体管点火装置也开始在汽车上得到应用。

在70年代里，随着汽车工业的发展，世界上发达国家的汽车数量不断增长，致使环境污染日趋严重。随后世界上又出现了能源危机，于是美国、日本、欧共体等国家相继制定了很多限制汽车的《法规》，如汽车排放法规、油耗法规、安全法规等。由于这些法规的出现便给各国汽车生产厂家带来了极大的压力。既要保证发动机的动力要求，又要降低发动机的油耗，还必须满足排放法规的规定，为此汽车生产行业展开了激烈的竞争。它们感到还采用原来传统的常规方法已满足不了实际的要求，必须寻求先进的手段加以改革。70年代后期电子工业有了长足的进步，尤其是微型电子计算机出现以后，使用这种功能强、反应敏捷、可靠性高、价格便宜的电子控制技术成为解决上述矛盾的有效手段和措施。因此微机控制技术在汽车上的应用得到了迅速的发展。

特别是90年代以来，电子技术在汽车上的应用就越来越普遍了，从发动机到底盘各总成以及车身附属装置等，几乎都采用了不同程度的新型电子技术，而且发展速度也非常快。例如：1994年美国、日本、德国等国家生产的排量在$2L$以上的发动机几乎100%采用了电控汽油喷射装置，并采用电控液力自动变速器与之匹配。轿车的电子化程度已成为其档次高低和现代化程度的重要标志之一。

目前，我国生产的桑塔纳、奥迪、切诺基、红旗等车型也相继采用了上述技术。尤其最近为了改善首都北京的环境污染，更快地向国际化大都市水平迈进，北京市已明令规定，自1999年1月1日起在北京汽车市场上只允许销售采用电子控制式燃油喷射装置的轿车。这无疑给全国带了个好头，同时也必将进一步促使我国汽车工业和汽车电子技术的全面发展和提高。有关现代汽车技术的各种装置、系统的发展和应用，教材中作了具体阐述。

二、内容说明

根据交通部教育司教职字【1998】054号通知精神，《现代汽车技术》是汽车驾驶、汽车维修、汽车维修与驾驶专业的必修专业课。

为了适应上述三个不同专业的需要和现代汽车技术发展的形势，在本教材编写过程中，其内容比教学大纲规定的内容量有所增加，其深度和广度均有扩展。各校及有关单位在使用本教材过程中，应以教学大纲为基础并根据各专业工种教学需要的实际出发，可做适当的选择和调整。

三、教学要求与建议

1．教学要求

（1）了解现代汽车技术的发展和应用。

（2）熟悉燃油喷射装置、自动变速器、制动防抱死装置、牵引力控制装置的结构、功用、特点、工作原理和使用方法。

2．教学建议

（1）本课程在教学过程中应坚持理论联系实际，选择具有代表性的车型，利用新型结构总成讲授，使学生了解原理、熟悉结构、掌握常见故障的排除方法。

（2）采用录像、投影等电化教学手段，提高教学效果。

此外，根据新大纲的总体要求，本门课程在教学过程中也要不断向理论与实践一体化的目标靠拢。为了尽快达到理实一体化的教学要求，我们建议凡开设《现代汽车技术》课程的学校及单位，应根据1998年人民交通出版社出版、由交通部教育司制定的《交通技工学校教学文件》中《现代汽车技术》教学仪器设备装备标准配备好相应规模的实验室和实习场所。以达到应有的教学质量和教学效果。

第一章　汽油机燃油喷射装置

第一节　概　　述

传统汽车汽油发动机，是通过化油器来完成汽油和空气的混合，再进入气缸进行工作的。随着社会的进步、科学技术的发展。传统化油器无论在发动机的动力性、经济性以及排放指标等方面都已达不到技术要求。于是一种更为理想的新技术——电子控制燃油喷射装置(EFI) 产生了。

电子控制燃油喷射装置是以电控单元（ECU）为控制中心，利用安装在发动机不同部位上的各种传感器，测出发动机的各种工作参数，按照汽车制造厂在电控单元中设定的控制程序，通过控制喷油器，精确地控制喷油量，使发动机在各种工况下都能获得最佳浓度的混合气，从而使发动机获得良好的燃料经济性和排放性，同时也提高了汽车的使用性。

一、汽油机燃油喷射装置的发展与应用

燃油喷射技术在30年代首先用于航空发动机，主要是为了解决飞机发动机在高空飞行时化油器结冰的问题。50年代德国、美国开始研究在汽车发动机上应用此项技术。1967年，德国波许（BOSCH）公司率先开发出D－Jetronic全电子控制的汽油喷射装置，并于70年代首次批量生产。此后，美国、日本、西欧等国家争相采用这一技术，以适应日益严格的汽车排放法规，并达到排放和节油综合优化的效果。随着汽车技术和电子技术的不断发展，燃油喷射装置将逐步取代传统化油器式供油装置。

二、汽油机燃油喷射装置的组成及分类

1. 电控燃油喷射装置的组成

汽油机燃油喷射装置开始是由机、电综合控制，后来随着计算机在汽车上的应用，便由电控单元直接控制其喷油等工作程序，所以被称为电控燃油喷射。

电控燃油喷射装置主要由传感器、电控单元（ECU）和执行机构等组成。

传感器中有曲轴位置和转速传感器、凸轮位置传感器、空气流量计、水温传感器、节气门位置传感器、车速传感器、爆震传感器、氧传感器等。

执行机构主要有喷油器、电动汽油泵、怠速电控阀、废气再循环电控阀、继电器等。

电控单元预先储存有发动机各种工况下的最佳喷油量和最佳喷油时刻程序。发动机工作时，电控单元根据发动机的进气量和转速计算出基本喷泊量，然后再根据各传感器输入的信息与存贮中的相应信息进行比较后，对基本喷油量和喷泊时刻进行修正，从而确定最佳喷油量和最佳喷油时刻，并向喷油器发出喷油指令，使其向进气歧管喷油，使电控燃油喷射发动机在各种工况下都能处在最优化状态下工作。

电控燃油喷射装置根据工作情况总体上可分为3大部分（图1-1)。即燃油供给系统、空

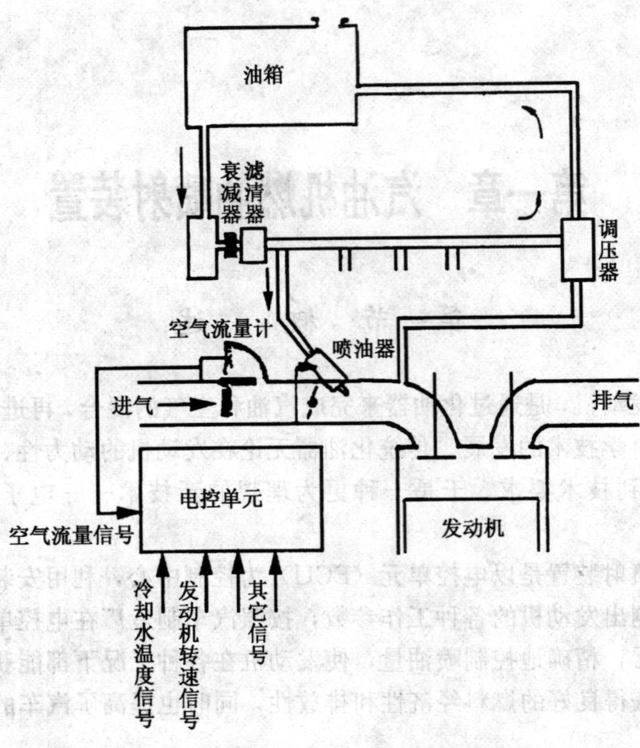

图 1-1　电控式燃油喷射装置的组成

气供给系统、电子控制系统。

图 1-2 为日产汽车发动机电控燃油喷射装置的分布情况。

2. 电控燃油喷射装置的分类

电控燃油喷射装置可按喷射部位、执行机构型式、喷射方式、空气检测方式和控制方式进行分类。

1）按喷油部位分：可分为缸内喷射和缸外喷射两类。

缸内喷射：它与柴油机供给系统有些相似，是将汽油通过高压喷射装置直接喷入气缸内。但由于汽油粘度低，高压喷射困难，不仅制造成本高，且可靠性差，故目前应用较少。

缸外喷射：它是通过喷油器，将汽油以 0.3～0.4MPa 的压力喷在气缸外进气门附近（多点）或节气门附近（单点）的进气歧管内。

2）按喷射装置执行机构的型式分：可分为多点喷射和单点喷射。

多点喷射：每一个气缸都安装一个喷油器，直接将汽油喷入各缸进气歧管或气缸内。

单点喷射：一个喷油器给两个以上的气缸喷油。喷油器安装在节气门前的区段中（空气滤清器一侧），汽油喷入后随空气流入进气歧管内。

3）按喷射方式分：可分为间歇喷射和连续喷射两种。

间歇喷射：又称脉冲喷射。每一缸的喷射都有一个限定的喷射持续期。喷射是在进气过程中的一段时间内进行的，是以一定的喷油压力，通过控制喷射持续时间（即脉冲宽度）来控制喷油量的。喷射持续时间越长，喷油量越大。喷油量的大小，由电控单元控制，与发动机工况相适应。

连续喷射：又称稳定喷射。它是通过控制流量调节器的槽孔开度来控制喷油量。槽孔开度越大，喷油量越大；反之，喷油量越小。流量调节器由空气流量计控制，它的供油量与发

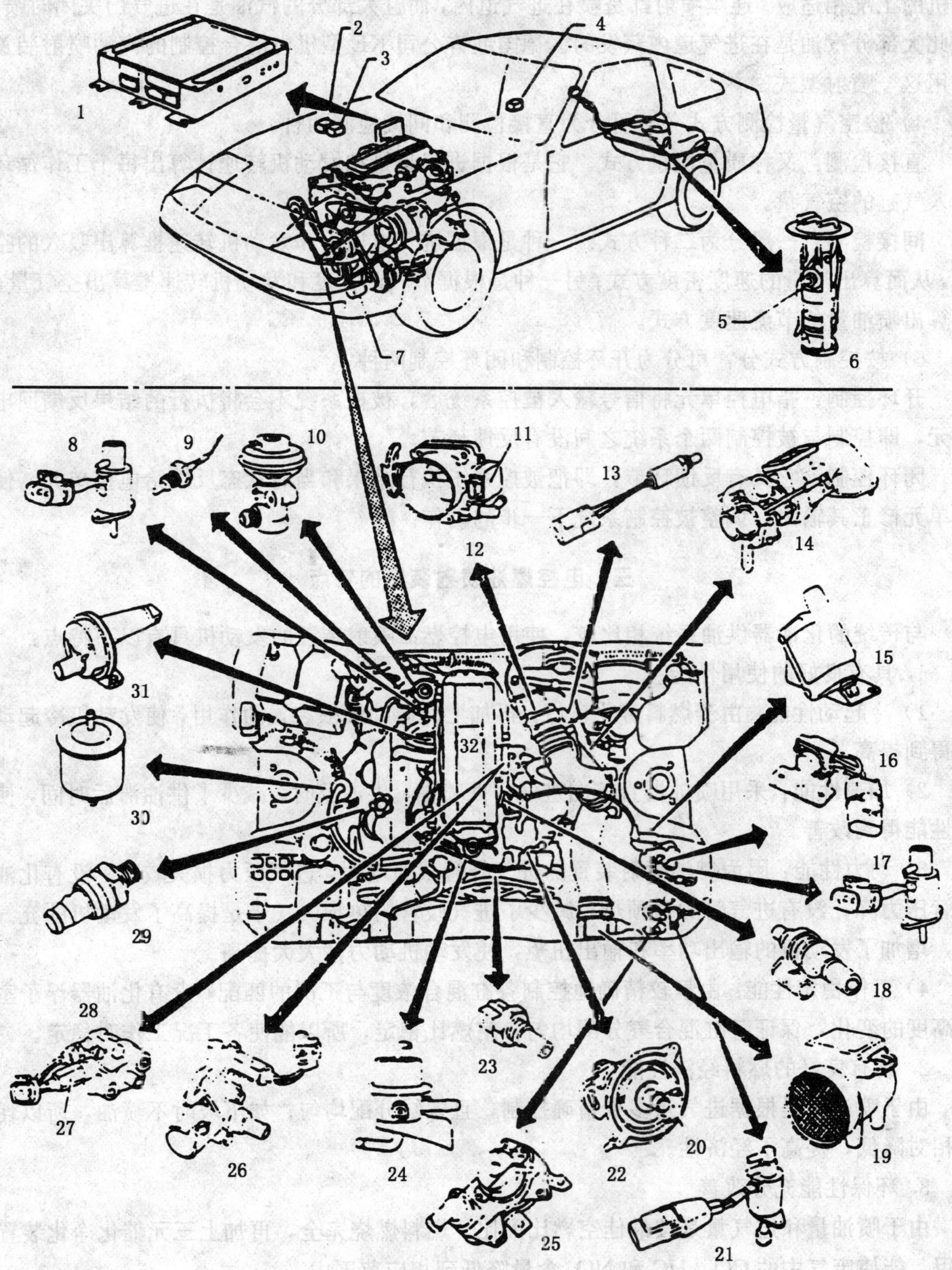

图 1-2　日产汽车电控燃油喷射装置零件分布图

1-电控单元；2-安全继电器；3-主继电器；4-汽油泵继电器；5-汽油压力缓冲器；6-汽油泵；7-稳压箱；8-废气再循环控制电磁阀；9-废气温度传感器；10-废气再循环控制阀；11-节气门开关；12-节气门体；13-氧传感器；14-涡轮增压器；15-点火线圈；16-点火器；17-油压调节器控制电磁阀；18-喷油器；19-空气流量计；20-曲轴位置传感器；21-空气喷射控制电磁阀；22-分电器；23-水温传感器；24-油压调节器；25-进气阀装置；26-怠速空气阀；27-热敏时控开关；28-怠速电控阀；29-爆震传感器；30-汽油滤清器；31-空气调节器；32-发动机

动机的工况相适应。连续喷射都是喷在进气道内，而且大部分的汽油是在进气门关闭时喷射，因此大部分汽油是在进气道内蒸发的。德国波许公司KE型机电混合控制的汽油喷射装置就采用这一喷射型式。

4）按空气量检测方式分：可分为直接检测和间接检测两种。

直接检测：又称质量流量方式。它是根据进气流量和发动机转速计算出每个工作循环中吸入气缸的空气量。

间接检测：一般分为二种方式。一种是根据进气道压力和发动机转速推算出吸入的空气量，从而算出油量的速度密度方式；另一种是根据节气门开度和发动机转速推算出空气量，从而算出喷油量的节流速度方式。

5）按控制方式分：可分为开环控制和闭环控制两种。

开环控制：指电控单元将信号输入被控系统后，被控系统不会将执行的结果反馈回电控单元，即控制与被控制两个系统之间没有反馈环节。

闭环控制：它具有反馈环节，即把被控系统执行结果和当时状态反馈给电控单元，使电控单元修正其输出，调整被控制系统下一步的动作。

三、电控燃油喷射装置的特点

与传统的化油器供油系统相比较，使用电控燃油喷射装置的发动机具有以下特点：

1. 具有良好的使用性能

1）冷起动性能：由于燃料雾化良好，再加上冷起动加浓装置的作用，使发动机冷起动性能得到提高。

2）加速性能：采用喷油器直接向进气门处喷油，供油及时，减少了供油滞后时间，使加速性能得到改善。

3）动力性能：因为燃油喷射装置的进气歧管截面增大，进气压力损失较小；没有化油器喉管压力降；没有进气管的强预热，减少了进气歧管的热损失。于是提高了发动机的充气效率，增加了发动机的输出功率和输出扭矩，使发动机动力性大大提高。

4）工作稳定性能：由于较精确地控制各缸混合浓度与工况的匹配，没有化油器浮子室油面高度的变化，保证各缸混合气分配均匀，空燃比稳定，所以能使各工况工作时稳定。

2. 具有良好的燃料经济性能

由于喷油量是根据进气量多少精确控制，且各缸分配均匀；如下坡时不喷油，所以耗油量相对降低，提高了经济性。

3. 环保性能充分改善

由于喷油量和进气量是按最佳空燃比配比，燃料燃烧完全，再加上三元催化净化装置的作用，能使废气中的CO，HC和NO_x含量降低到相应范围内。

第二节 燃油供给系统

一、燃油供给系统的功用

燃油供给系统的功用是向发动机及时供给各种工况下所需要的燃油量。

二、燃油供给系统的工作原理

汽油经电动汽油泵从油箱泵出并加压，在汽油压力调节器的作用下，使油压与进气歧管内气压差值保持恒定，然后由输油管配送给各个喷油器和冷起动器。

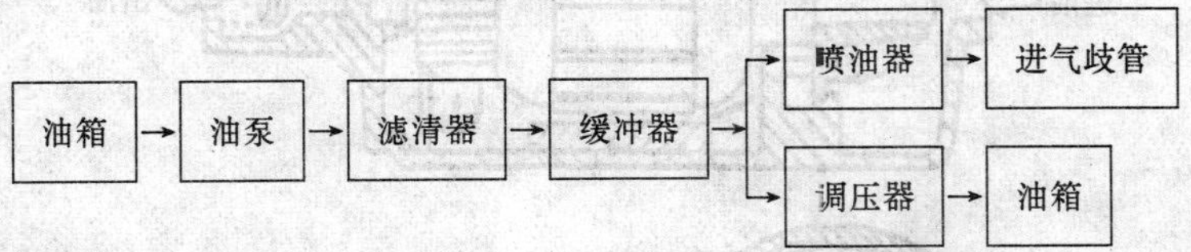

喷油器的喷油开始时刻和喷油所持续的时间是由电控单元进行控制，以使喷油器能根据工作需要适时、适量地喷射出所需燃油。

三、燃油供给系统的组成

如图 1-3 所示，燃油供给系统一般包括燃油箱、电动汽油泵、汽油滤清器、汽油压力调节器、喷油器、冷起动喷油器以及汽油压力缓冲器等装置组成。

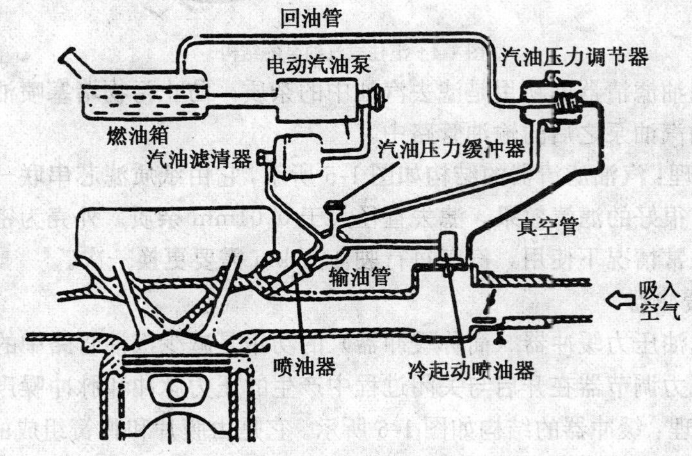

图 1-3 燃油供给系统

1. 电动汽油泵

(1) 功用：电动汽油泵的功用是向燃油供给系统提供所需的具有一定压力的汽油。

(2) 结构与原理：电动汽油泵是由小型直流电动机进行驱动的油泵，一般电动机与油泵连成一体，密封在同一壳体内。电动汽油泵大多安装在汽油箱内，其安装简单，不易产生气阻及漏油。

常见的电动汽油泵有滚柱式和叶轮式二种。由于叶轮式电动汽油泵在运转时噪声大，泵油压力脉动大，易磨损，使用寿命较短，故目前已很少使用。

滚柱式电动汽油泵的结构如图 1-4 所示。装有滚柱的转子偏心安装在泵体内，转子转动时，位于凹槽内的滚柱在离心力的作用下，压在泵体的内表面上，它对周围起密封作用，相邻两滚柱间形成一个低压吸油腔，吸入燃油；而对面两个滚柱间空腔容积减少，成为高压腔，压力油流过电动机，从出油口 B 流出。泵中设有一个限压阀，当油泵压力超过规定值时，限压阀开启使部分汽油返回到进油口一侧，从而降低压力，防止油压过高。在油泵的出口处还设有一个单向阀，防止发动机熄火时，因油压突然下降而造成的燃油倒流现象，从而保证油路中具有一定压力，便于下一次起动。

2. 汽油滤清器

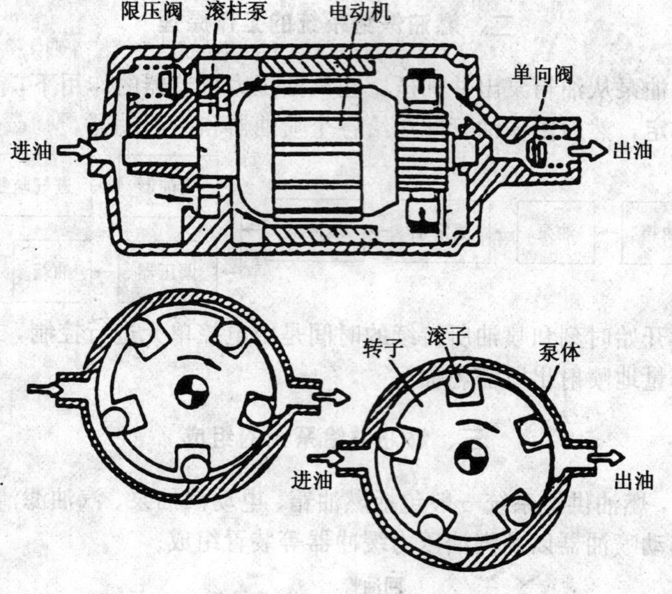

图 1-4　滚柱式汽油泵的结构

(1) 功用：汽油滤清器的功用是滤去汽油中的杂质，防止污物堵塞喷油器针阀等密封机件。它安装在电动汽油泵之后的输油管路中。

(2) 结构与原理：汽油滤清器的结构如图 1-5 所示，它由纸质滤芯串联一个纤维过滤网制成。滤网较大，有很好的滤清效果，滤去直径大于 0.01mm 杂质。外壳为密封式铁壳，有一定的耐压能力。正常情况下使用，汽车每行驶 4 万 km 需要更换一次。

3. 汽油压力缓冲器

(1) 功用：汽油压力缓冲器（简称缓冲器）的功用是减少汽油管路中的压力波动，并抑制喷油器或汽油压力调节器在开启与关闭过程中产生的压力脉冲和脉冲噪声。

(2) 结构与原理：缓冲器的结构如图 1-6 所示。它是由膜片和弹簧组成的缓冲装置。膜片将内腔分为空气室和汽油室，当脉动油压进入缓冲器时，该脉动压力通过膜片传给弹簧而被

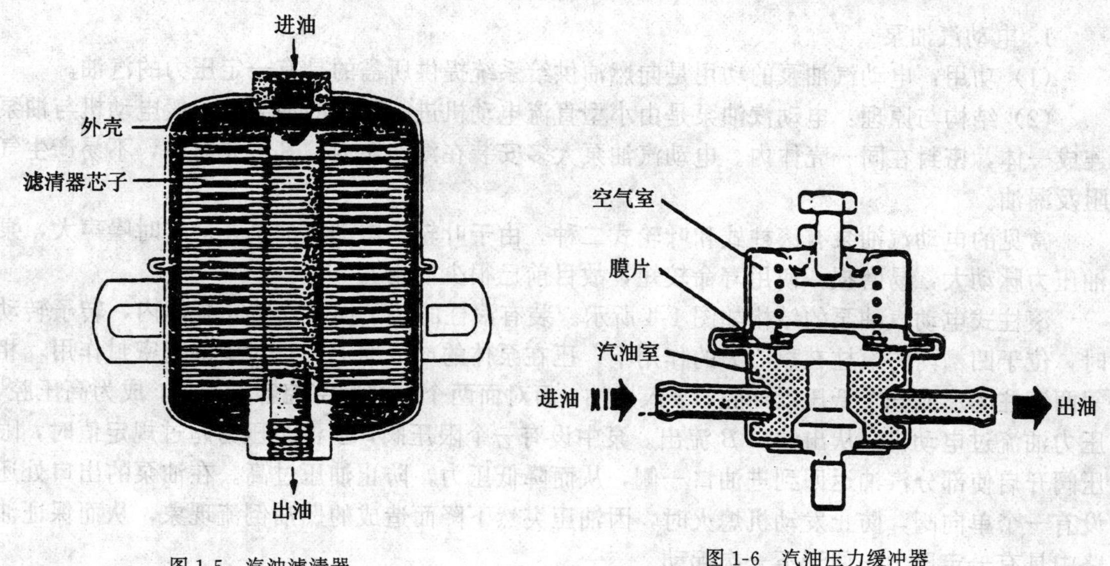

图 1-5　汽油滤清器

图 1-6　汽油压力缓冲器

吸收，从而起到缓冲作用。

4. 汽油压力调节器

1）功用：汽油压力调节器的功用是根据进气歧管压力的变化来调节进入喷油器的汽油压力，使两者保持恒定的压力差（一般调节范围在250～300kPa）。

2）结构与原理：汽油压力调节器的结构如图1-7所示。

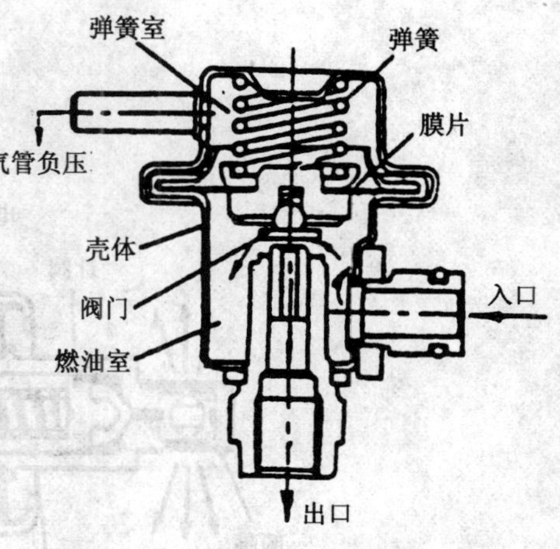

图1-7 汽油压力调节器

膜片把金属壳体内腔分为弹簧室和汽油室。其中弹簧室内有一根通气管与进气歧管相联，使供油系统中的油压取决于弹簧预紧力及进气歧管内的气体压力。

当输入的汽油压力高于弹簧预紧力与进气歧管压力之和时，汽油推动膜片，向上压缩弹簧，打开回油阀，部分汽油流回油箱，使油路中油压降低。

当汽油压力低于弹簧预紧力与进气歧管压力之和时，回油阀关闭，油压升高。其喷油压力随进气歧管的压力而变化，从而使喷油压力与进气歧管压力之差值保持不变。

5. 喷油器

(1) 功用：喷油器的功用是由电控单元发出脉冲式信号，使喷油器喷口打开，把一定压力的汽油以雾状喷入进气管（或主缸），并与空气混合，进入气缸。

(2) 结构与原理：喷油器按喷口形式不同可分为针阀型和孔型。针阀型喷口不易堵塞，而孔型喷口雾化较好。

喷油器实际上是一个电磁阀，其针阀或球阀与磁芯制成一体，随磁芯一起移动，如图1-8所示。

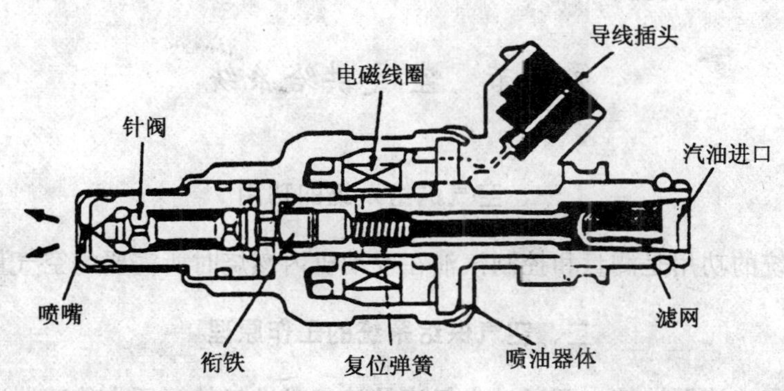

图1-8 多点式汽油喷射装置用喷油器

当电控单元发出指令，使电磁线圈通电后，磁芯被吸起，汽油便从喷口喷射出去；当电磁线圈断电时，磁力消失，针阀或球阀被弹簧力压紧在阀座上，汽油被密封在油腔内。电控单元通过电脉冲宽度来控制每次喷口开启的持续时间，从而控制喷油量。时间愈长，喷油量就愈大。一般持续时间约为10～20ms。

一般喷油器电磁线圈的驱动方式有电压驱动或电流驱动两种型式。

6. 冷起动喷油器

1）功用：冷起动喷油器（又称冷起动阀）是为提高寒冷时发动机起动性能而设置的一种燃油喷射装置。在冷起动时，该喷油器适量喷油以增加混合气浓度，改善冷起动性能。

2）结构与原理：如图 1-9 所示，冷起动喷油器与安装在各缸喷油器相似，也是一个电磁阀。

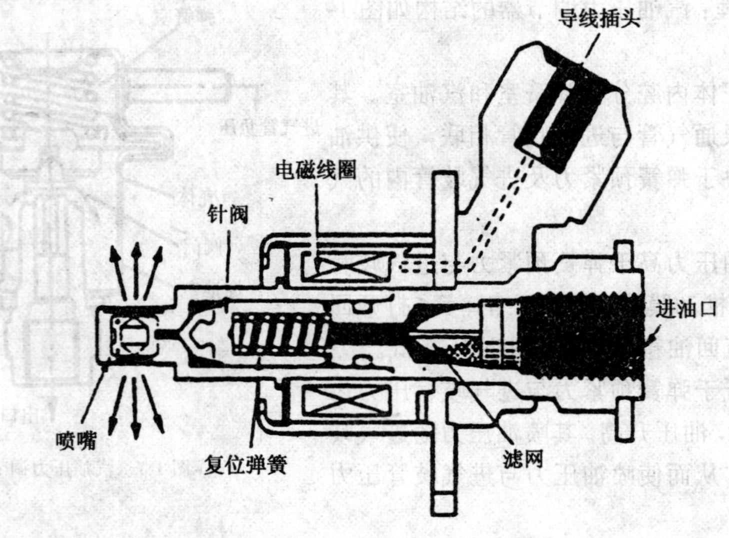

图 1-9　冷起动喷油器

在该喷油器内有一电磁线圈绕组，其针阀与衔铁制成一体，被弹簧紧压在阀座上。当冷车起动时，电磁线圈通电，产生磁力，将衔铁吸起，汽油通过旋流式喷嘴喷出。

为了防止冷起动不顺利时，因喷油时间过长而淹湿火花塞，该控制电路没有时间控制电路。而是通过热敏控制开关，限制最长喷油时间。

目前，有一些发动机为简化控制系统，已取消了这一装置，而是由电控单元根据温度和起动信号来加大喷油脉冲宽度，以增加喷油量，使混合气加浓，从而实现冷起动。

第三节　空气供给系统

一、空气供给系统的功用

空气供给系统的功用是测量和控制汽油在发动机内燃烧时所需要的空气量。

二、空气供给系统的工作原理

空气经过空气滤清器滤清，再通过空气流量计（或进气歧管压力传感器）测定流量（或密度）后，进入节气门后面的进气歧管，然后向各缸供给所需要的空气量。

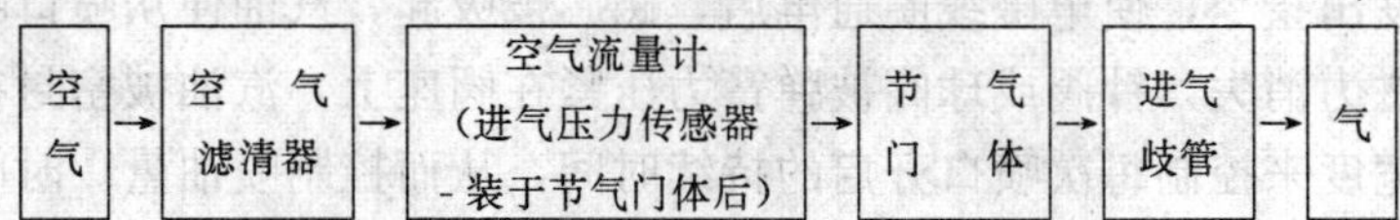

如图 1-10 所示，空气量的测定方式有两种，一是质量流量方式，二是速度密度方式。

质量流量方式是利用空气流量计直接测量吸入发动机的空气量。其主要型式有翼板式、量芯式、卡门涡流式、热丝式和热膜式等。

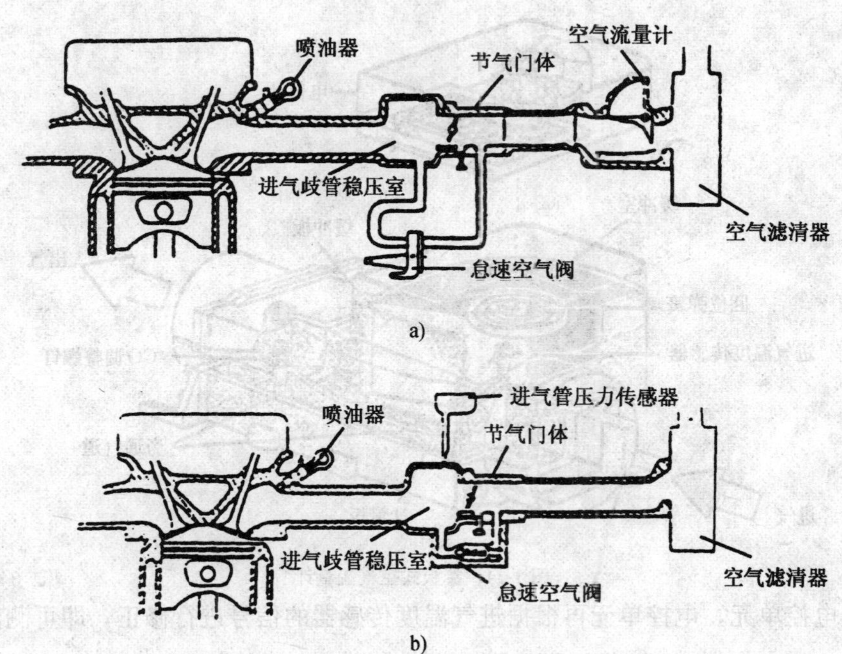

图 1-10　空气供给系统

a）质量流量方式；b）速度密度方式

速度密度方式是利用进气管压力传感器测出进气歧管压力，然后电控单元根据该压力和发动机转速，推算出发动机每一工作循环吸入的空气量，并根据此空气量计算汽油的喷射量。

三、空气供给系统的组成

电控式燃油喷射装置中的空气供给系统主要包括：空气滤清器、空气流量计（或进气歧管压力传感器）、节气门和怠速空气阀等。

1. 空气滤清器

1）功用

空气滤清器的功用是防止空气中的灰尘、杂质等随空气被吸入气缸，同时还可以防止发动机回火时火焰传到外面。

2）结构与原理

电控汽油喷射发动机的空气滤清器的结构、原理与一般发动机的空气滤清器相同，故在此不再作介绍。

2. 空气流量计

1）功用

空气流量计是用于直接测量发动机运转时吸入的空气流量。

2）结构与原理

目前常用的有以下几种型式：

(1) 翼板式空气流量计：翼板式空气流量计的结构如图 1-11 所示。

在发动机起动后，吸入的空气把计量板从全闭位置推开，使其绕轴偏转。当气流推力与计量板复位弹簧张力平衡时，计量板便停留在某一位置上。进气量愈大，计量板开启的角度也愈大。这时计量板转轴上的电位计滑臂也绕轴转动，使电位计的输出电压随之变化。这一

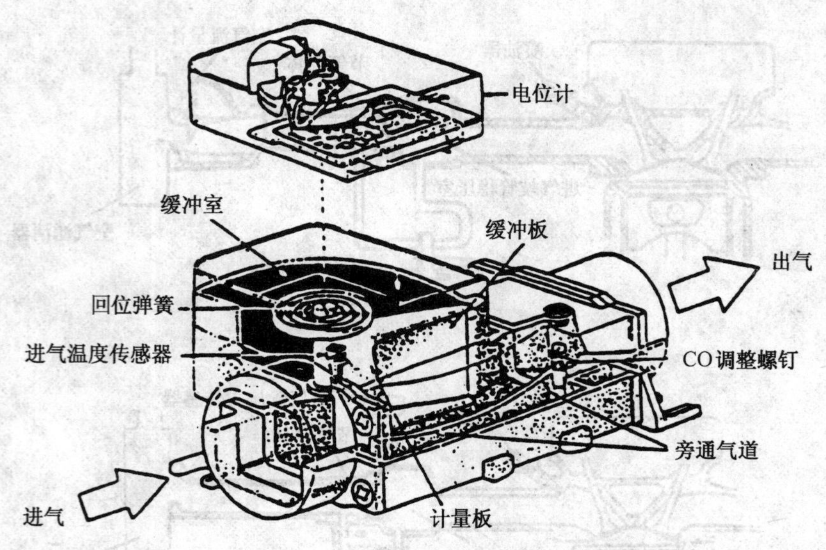

图 1-11 翼板式空气流量计

信号输入到电控单元，电控单元再根据进气温度传感器的信号进行修正，即可测出实际的进气流量。

缓冲室及缓冲板用于衰减加速时或减速时引起的计量板的摆振，使电位计得以实时地检测进气流量，防止进气管内气流脉动。

旁通气道上的CO调整螺钉，用于调整怠速混合气的浓度。

空气流量计上还设有电动汽油泵开关。当发动机起动后，计量板偏转时，其触点闭合；当发动机熄火时，其触点分开。避免出现意外事故时，汽油泵仍在工作，使汽油外溢而引起火灾。

(2) 量芯式空气流量计：量芯式空气流量计的结构如图 1-12 所示。

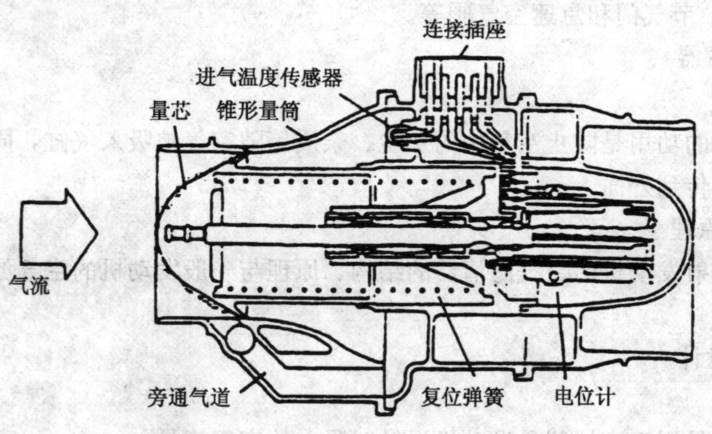

图 1-12 量芯式空气流量计

发动机起动后，吸入的空气流推动量芯沿气道移动。量芯的移动量愈大，表示进气量愈大。量芯的作用就是通过移动位置的变化测出空气流量的大小。其怠速混合气是通过一个与电控单元连接的可变电阻来调节的。

这种空气流量计，量芯呈子弹形，进气阻力小，计量精度较高。

(3)热丝式空气流量计：热丝式空气流量计的结构如图 1-13 所示，电路图如图 1-14 所示。

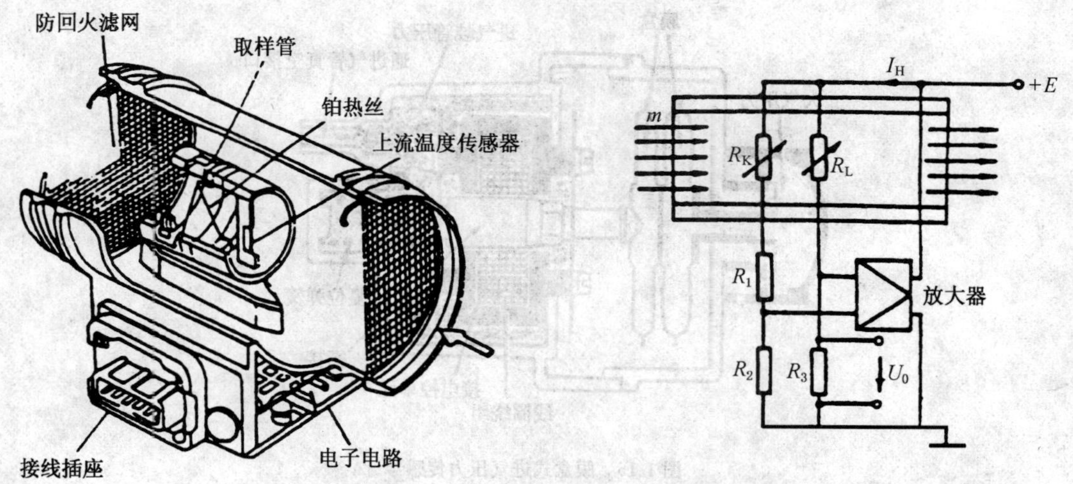

图 1-13　主通式热丝空气流量计　　　　图 1-14　热丝式空气流量计测量电路

在进气道内的取样管中有一根铂丝（即热丝），经通电后发热。当发动机起动后，空气流进铂丝周围，使其热量散失，温度下降，此时与铂丝相连的桥式电路将改变电流，以保持铂丝的温度恒定。即当空气流量变化时，流进铂丝的电流随之发生变化。将这种变化的信号输入电控单元，即可测得空气流量。

这种流量计中的前保护网用于进气整流，后保护网用于防止发动机回火时烧坏铂丝。

由于这种流量计的热丝和进气温度传感器都安装在主气道中的取样管内，故称为主通式热丝空气流量计。还有一种是将热丝绕在陶瓷芯管上，安置在旁通气道内，被称为旁通式热丝空气流量计。

另一种流量计的发热体不是热丝而是固定在树脂薄膜上的热电阻膜片。其测量原理与热丝相似，被称为热膜式空气流量计。

还有一种涡流式流量计是利用卡门涡流理论测量空气流量的，这里不再作介绍。

3. 进气压力传感器

1）功用

进气压力传感器是采用速度密度方式间接地测量发动机吸入的空气量。

2）结构与原理

（1）膜盒式进气压力传感器：膜盒式进气压力传感器的结构如图 1-15 所示。

在这种压力传感器中设有弹性金属膜盒与大气相通。与膜盒连接在一起的衔铁可在线圈绕组中移动。当进气歧管压力发生变化时，膜盒膨胀，衔铁在线圈绕组内的位置随之发生变化，从而影响线圈绕组周围磁场。这样便把膜盒的机械运动传换成电信号。电控单元根据这个电信号可测出进气歧管中的进气压力。

（2）应变仪式进气压力传感器：应变仪式进气压力传感器的结构如图 1-16 所示。

这种传感器的主要元件是硅片，硅片的外围较厚，中间最薄。硅片上下两面各有一层二氧化硅膜。在膜层中沿硅片四边有四个传感电阻。在硅片四角各有一个金属块，通过导线与电阻相连。硅片下部有一真空腔与进气管相通。硅片上的四个电阻连接成桥式电路。当进气歧管内压力变化时，硅膜片随之发生变形。这时传感器电阻的阻值也随之发生相应的变化，使桥式电路输出正比于进气压力的电压信号。电控单元根据该信号即可测出进气歧管的压力。

（3）电容膜盒式进气压力传感器：电容膜盒式进气压力传感器的结构如图 1-17 所示。

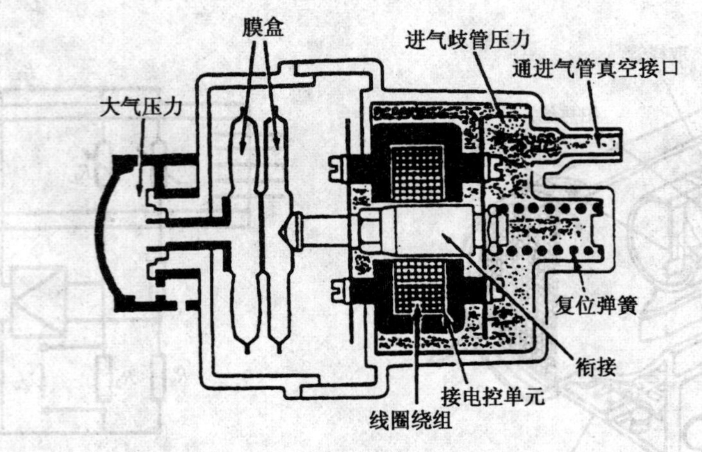

图 1-15 膜盒式进气压力传感器

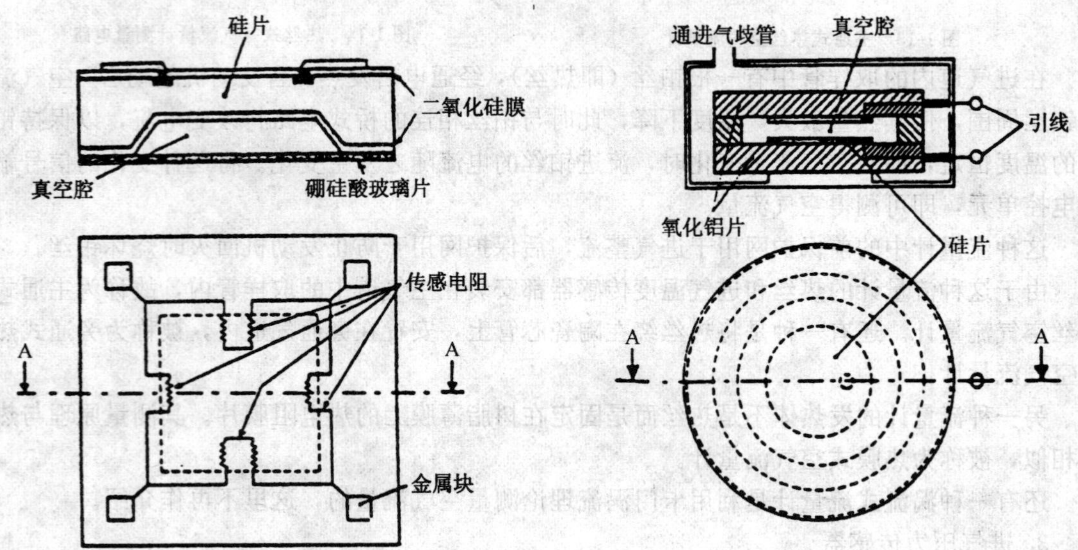

图 1-16 应变仪式进气压力传感器

图 1-17 电容膜盒式压力传感器

该传感器的结构是由二片用绝缘垫圈隔开的氧化铝片组成。在铝片内表面贴有两片极薄的硅片，分别与一根引线相连。铝片和绝缘垫圈构成中部有一个真空腔膜盒。该盒装在与进气管相通的容器内。当进气歧管进气压力发生变化时，氧化铝片弯曲变形，使硅片间距离随之改变，从而引起电容量的变化。这时电控单元可根据电容量的变化测出进气歧管的进气压力。

4. 节气门位置传感器

1）功用

节气门位置传感器用于检测节气门的开度，并将其转换成电信号输送给电控单元，作为电控单元判定发动机运转工况的依据。

2）结构与原理

如图 1-18 所示，节气门位置传感器与节气门、怠速旁通气道、调整螺钉等一起设置在节气门壳体内。节气门体安装在空气流量计后方进气管上。目前常用的节气门位置传感器有以下几种型式：

(1) 开关式节气门位置传感器：开关式节气门位置传感器的结构如图 1-19 所示。

在这种传感器内部有两对触点：怠速开关触点和全负荷开关触点。

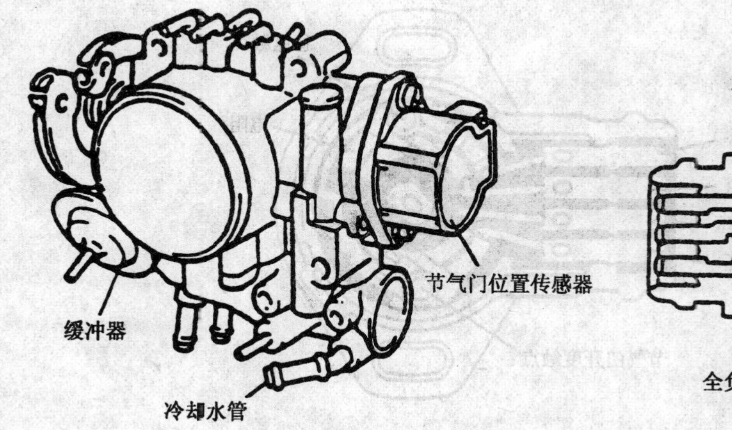

图 1-18　节气门体

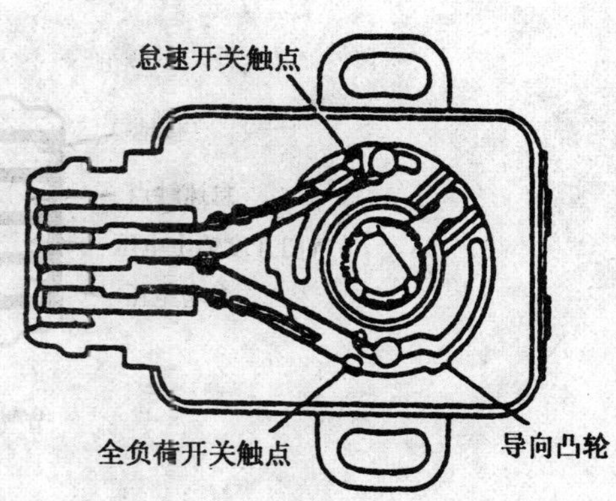

图 1-19　开关式节气门位置传感器

发动机在怠速或强制怠速时，怠速触点闭合，电控单元据此信号对怠速时的混合气进行微调，并修正点火提前角，切断废气再循环系统；强制怠速时，暂时切断供油。

当节气门开度超过一定角度时（大约 50℃以上），全负荷触点闭合，电控单元据此信号加浓混合气，提高发动机的输出功率。

（2）滑动电阻式节气门位置传感器：滑动电阻式节气门位置传感器的结构如图 1-20 所示。

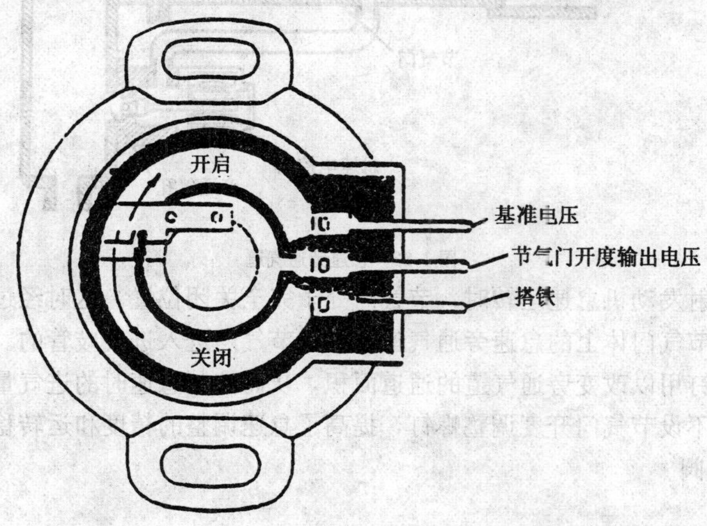

图 1-20　滑动电阻式节气门位置传感器

这种传感器是一种线性电位计。电控单元通过该传感器可以获取表示节气门开度从全闭到全开连续变化的信号及开闭速度信号，从而更精确地判断发动机的运行工况，以提高控制精度和效果。

（3）综合式节气门位置传感器：综合式节气门位置传感器实际上是将上述两种传感器进行有效组合而成的，其结构如图 1-21 所示。

该传感器在发动机怠速时，怠速触点闭合，输出怠速信号，其它工况随节气门开度增大，输出的信号电压也提高，直至全开时电压达到最大。采用数字控制方式的电控单元，在滑动电阻有误时，还将怠速开关的闭合信号作为电控单元校正节气门开度信号值的基准点。

（4）怠速旁通气道和调整螺钉：怠速旁通气道与节气门位置传感器都设置在节气门体上，其结构原理如图 1-22 所示。

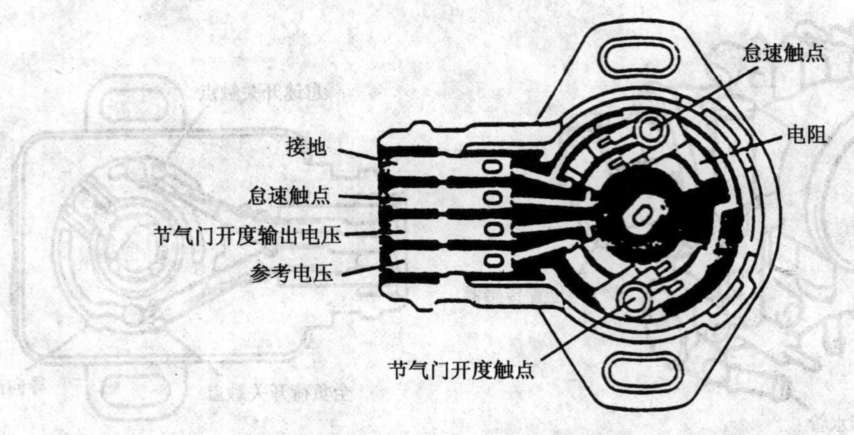

图 1-21 综合式节气门位置传感器

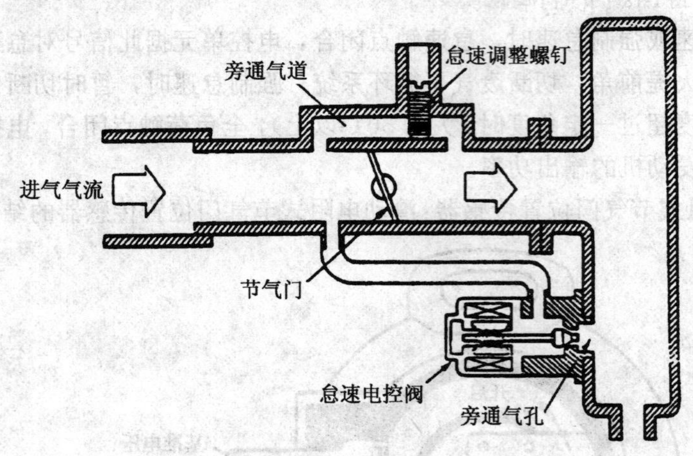

图 1-22 怠速旁通气道

电控汽油喷射发动机怠速运转时，节气门处于完全关闭位置。这时经过空气流量计计量过的空气是通过节气门体上的怠速旁通气道，绕过节气门进入进气歧管的。

怠速调整螺钉用以改变旁通气道的通道面积，从而控制怠速时的进气量，以调整怠速转速。这种结构，不设节气门开度调整螺钉，提高了怠速调整的精度和运转稳定性。

5. 怠速空气阀

1）功用

怠速空气阀又称空气调节器。它的功用主要是在低温起动时增加发动机冷态时的进气量，以提高怠速转速，缩短预热过程，提高发动机冷起动性能。

2）结构与原理

常见的怠速空气阀有双金属片式和石蜡式等几种。

(1) 双金属片式怠速空气阀：双金属片式空气阀的结构如图 1-23 所示。

该空气阀是通过双金属片带动阀片，控制旁通气道开闭。当发动机起动时，双金属片使阀片处于开启状态，连通节气门前后的旁通气道，使节气门关闭时有较多的空气加入进气歧管，提高了冷车怠速转速，加速了预热过程。在发动机起动的同时，电流通过加热线圈，使双金属片受热变形。随着温度逐渐升高，阀片随之缓慢地关闭旁通气道，怠速转速便逐渐降到正常转速。当发动机处于正常温度下工作时，加热线圈仍通电加热双金属片，而且发动机的热量也不断地传给双金属片，使旁通气道保持关闭状态。

(2) 石蜡式怠速空气阀：石蜡式怠速空气阀的结构如图 1-24 所示。

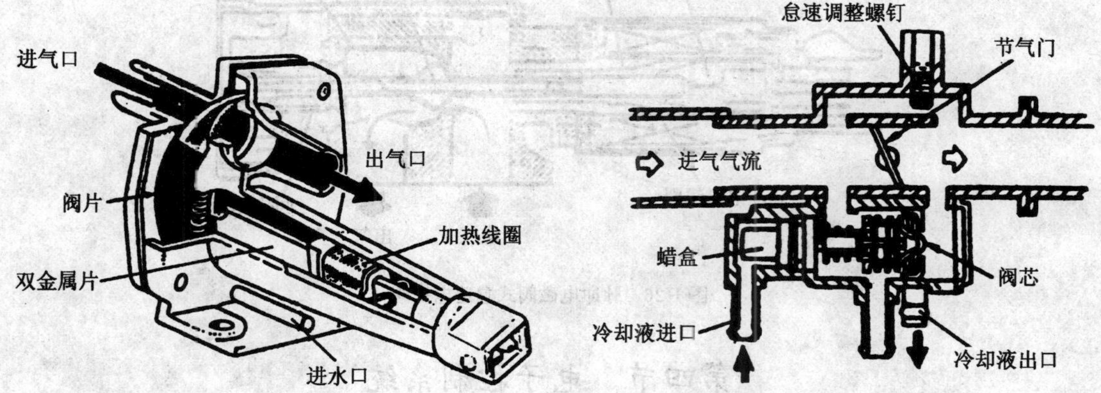

图 1-23　双金属片式怠速空气阀

图 1-24　石蜡式怠速空气阀

石蜡式怠速空气阀是由冷却水直接加热而起作用。冷却水经水管进入空气阀内，流经蜡盒四周。当发动机温度较低时，蜡盒内蜡质收缩，阀芯在弹簧作用下，打开旁通气道，使空气进入进气歧管。随着发动机起动后水温的升高，蜡盒内蜡质不断受热膨胀，推动阀芯，逐渐地关闭旁通气道，使发动机逐渐恢复正常。当水温达 80℃时，旁通气道将完全关闭。

6. 怠速电控阀

1) 功用

怠速电控阀是由电控单元控制的，其功用是通过调节旁通气道的进气量使发动机在不同的工况下都能以最佳的怠速运转。它取代了怠速空气阀，而使工作更精确。

2) 结构与原理

常见的怠速电控阀有以下两种。

(1) 步进电机式怠速电控阀：步进电机式怠速电控阀其结构如图 1-25 所示。

步进电机式怠速电控阀螺杆端部装有阀芯。当转子旋转时，螺杆即带动阀芯移动。电控单元通过步进电机控制转子的旋转方向和转角，以控制阀芯的移动方向和移动距离，从而调节旁通气道的进气量。电控单元根据不同工况下设定的怠速转速进行控制，因此不再设置怠速空气阀，而是由怠速电控阀来实现对冷车快怠速和热车后的正常怠速的自动控制。

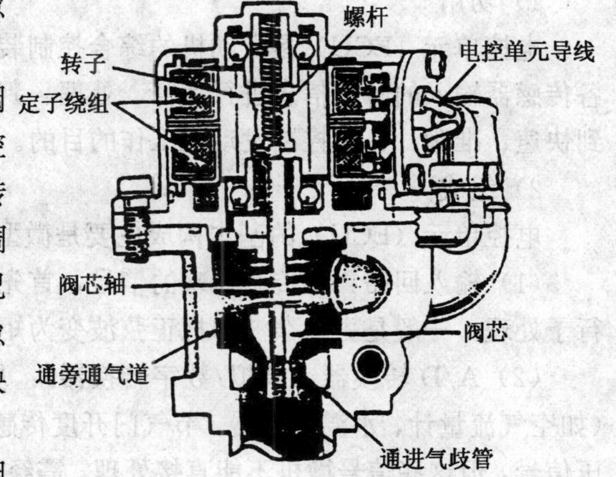

图 1-25　步进电机式怠速电控阀

(2) 脉冲电磁阀式怠速电控阀：脉冲电磁阀式的电控阀结构如图 1-26 所示。

该怠速电控阀与普通电磁阀基本相同。当电磁线圈通电时，阀芯打开阀门，使旁通气道开启；当断电时，阀芯在回位弹簧的作用下关闭旁通气道。在电控单元输出的脉冲电流作用下，通电时间长，旁通气道进气量多；反之进气量少。通过改变进气量，来实现对发动机怠速转速的控制。

电控汽油喷射发动机有时为了增大发动机的功率和转矩，还采用谐波增压进气系统(ACIS)，其作用是利用进气气流惯性所形成的压力波来提高发动机的充气系数。

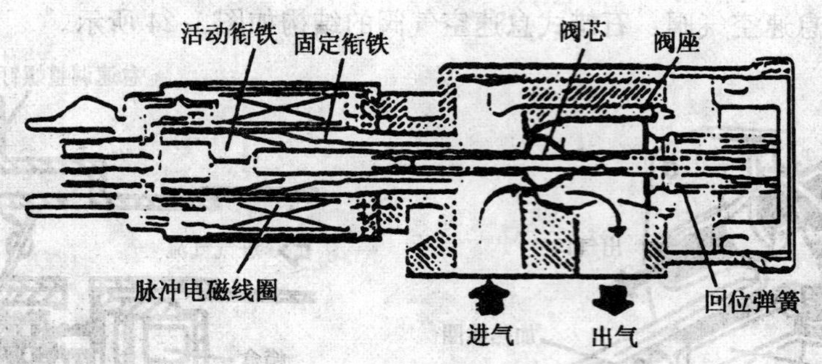

图 1-26　脉冲电磁阀式怠速电控阀

第四节　电子控制系统

一、电子控制系统的功用

电子控制系统是将各类传感器的工作状况（如空气进气量、进气温度、节气门位置、发动机转速和凸轮轴位置等）转换成相应的电信号输给电控单元，经实时处理和计算后，电控单元再向各有关执行器发出指令，以控制最佳喷油时刻、喷油量和点火时刻，减轻排放污染，使发动机在各种工况下都处于最佳的工作状态。并且电控单元还具有故障自诊断功能。

二、电子控制系统的组成

电子控制系统的组成大体分为 3 部分，即电控单元、各类传感器和执行器等。

1. 电控单元

1）功用

电控单元（ECU）是发动机的综合控制装置。它的功用是根据自身存储的程序对发动机各传感器输入的各种信息进行运算、处理、判断，然后输出指令，控制有关执行器动作，达到快速、准确、自动控制发动机工作的目的。

2）组成

电控单元（ECU）的基本构成主要是微型计算机，简称微机，如图 1-27 所示。

（1）输入回路：从传感器来的信号，首先进入输入回路。在输入回路里，对输入信号进行予处理，一般是去除杂波和把正弦波变为矩形波后，再转换成输入电压信号。

（2）A/D 转换器（模拟/数字转换器）：从传感器送出的信号有相当一部分是模拟信号（如空气流量计、水温传感器、节气门开度传感器等）经输入回路处理后，虽已变成相应的电压信号，但这些信号微机不能直接处理，需经过相应的 A/D 转换器，将其模拟信号转换成数字信号后再输入微机。

（3）微型计算机：微机是发动机电子控制的中心，它能根据需要把各种传感器送来的信号，用内存程序和数据进行运算处理，并把处理结果（如喷油信号、点火正时信号等）送往输出回路。

微机主要由中央处理器（CPU）、存储器、输入/输出接口（I/O）等组成。

①中央处理器（CPU）：中央处理器（常称 CPU）主要由进行算术、逻辑运算的运算器、暂时存储数据的寄存器、按照程序执行各装置之间信号传送及控制任务的控制器组成。CPU

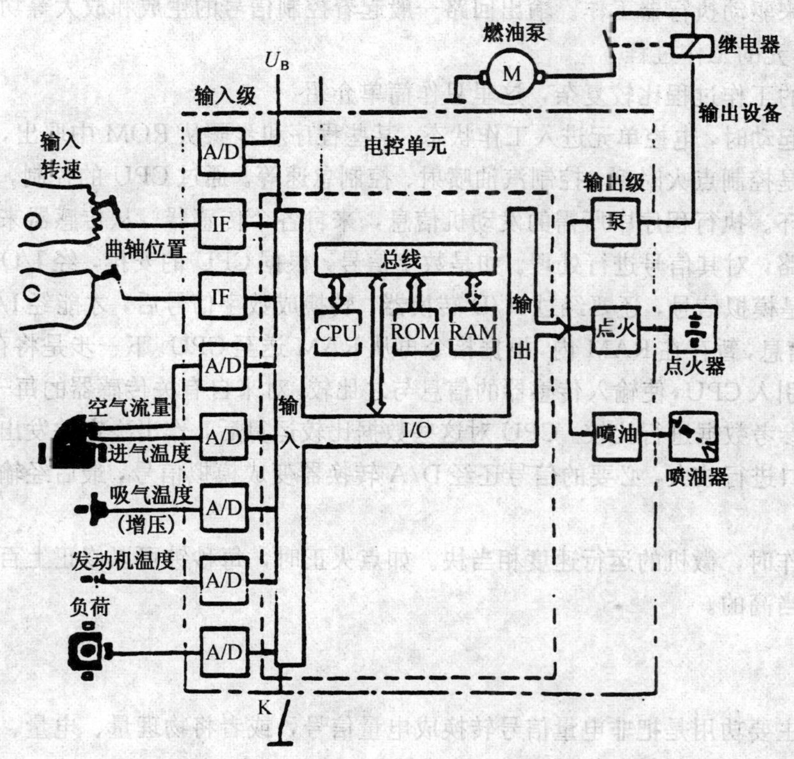

图 1-27　发动机电控单元的基本构成

的工作是在时钟脉冲发生器操作下进行的，当微机通电后脉冲发生器立即产生一连串的具有一定频率和脉宽的电压脉冲，使计算机全部工作同步，保证同一时间内完成一定的操作，实现控制系统各部分协调工作的目的。

②存储器：存储器的主要功能是存储信息。

存储器一般分为以下两种：

RAM(随机存储器)主要用来存储计算机操作时的可变数据。如用来存储计算机输入、输出数据和计算过程中产生的中间数据等。当电源切断时，所存入 RAM 的数据均完全消失。所以一般 RAM 都通过专用电源后备电路与蓄电池直接连接。但拨掉蓄电池缆线时，数据仍会消失。

ROM（只读存储器）它是只能读出的存储器，用来存储固定数据，即存放各种永久性的程序和数据。如喷油特性脉谱、点火控制特性脉谱等。这些资料一般都是制造时厂家一次存入的，新的数据不能存入，电源切断时 ROM 信息不会消失。

只读存储器存储的大量程序和数据，是计算机进行操作和控制的重要依据，它们都是通过大量试验获得的，存入只读存储器中数据的精确性（如各种工况和各种因素影响下发动机的喷油控制数据、点火控制数据等），是满足微机控制发动机动力性、经济性和排放性等的最重要的保证。

③输入/输出接口（I/O）：I/O 是 CPU 与输入装置（传感器）、输出装置(执行器)间进行信息交流的控制电路，根据 CPU 的命令，输入信号以所需要的频率通过 I/O 接口接收，输出信号则按发出控制信号的形式和要求通过 I/O 接口，以最佳的速度送出。输入、输出装置一般都通过 I/O 接口才能与微机连接。它起着数据缓冲、电压信号匹配、时序匹配等多种功能。

(4) 输出回路：它是微机与执行器之间建立联系的一部分装置，它将微机发出的指令转变成控制信号来驱动执行器工作。输出回路一般起着控制信号的生成和放大等功能。

3）电控单元的工作过程

电控单元的工作过程比较复杂，这里只作简单介绍。

当发动机起动时，电控单元进入工作状态，某些程序和步骤从 ROM 中取出，进入 CPU。这些程序可以是控制点火时刻、控制汽油喷射、控制怠速等。通过 CPU 的控制，一个个指令逐个地进行循环。执行程序中所需的发动机信息，来自各个传感器。从传感器来的信号，首先进入输入回路，对其信号进行处理。如是数字信号，根据 CPU 的安排，经 I/O 接口，直接进入微机；如是模拟信号，还要经过 A/D 转换器，转换成数字信号后，才能经 I/O 接口进入微机。大多数信息，暂存在 RAM 内，根据指令再从 RAM 送至 CPU。下一步是将存储器 ROM 中的参考数据引入 CPU，使输入传感器的信息与之比较。对来自有关传感器的每一个信号，依次取样，并与参考数据进行比较。CPU 对这些数据比较运算后，作出决定并发出输出指令信号，经 I/O 接口进行放大，必要的信号还经 D/A 转换器变成模拟信号，最后经输出回路去控制执行器动作。

发动机工作时，微机的运行速度相当快。如点火正时，每秒钟可以修正上百次，因此其控制精度是相当高的。

2. 传感器

1）功用

传感器的主要功用是把非电量信号转换成电量信号，或者将物理量、电量、化学量的信息转换成电控单元能够理解的信号。

传感器的性能指标主要有以下几项：测量范围、测量误差、分辨率、灵敏度、线性度、重复性、响应特性等。

2）结构

传感器按其工作原理分为：电阻式、磁阻式、热电式、电势式等几种型式。

用于汽车发动机电控系统的传感器主要有转速传感器、曲轴位置传感器、压力传感器、温度传感器、空气流量传感器、氧传感器、爆震传感器、节气门位置传感器、点火信号发生器、车速传感器等。

上述传感器中有些在前节已有所介绍，下面重点介绍其它有关传感器的结构及原理。

(1) 水温传感器：水温传感器如图 1-28 所示。

它安装在发动机缸体或缸盖的水套上，与冷却水直接接触，用于测量发动机的冷却水温度，其内部装有负担温度特性的热敏电阻。温度愈低，电阻愈大；反之电阻愈小。电控单元根据这一变化便可测得发动机冷却水的温度，供修正喷油量使用。

(2) 进气温度传感器：进气温度传感器的结构如图 1-29 所示。

这种传感器通常安装在空气流量计内或空气滤清器之后的进气管上，用于测量进气温度，供电控单元修正喷油量使用，其结构和工作原理与水温传感器相同。

由于测量进气温度的目的在于确定发动机吸入空气的密度。因此，进气温度传感器只能与体积流量传感器（翼板式或涡流式空气流量计）或进气管压力传感器配套使用。

(3) 氧传感器：氧传感器的功用是检测排气中氧分子的浓度，并将其转换成电压信号或电阻信号，使电控单元得以据此来控制混合气成分。它安装在发动机排气管上。

目前常用的氧传感器是利用氧化锆（Z_rO_2）高温时其内外侧氧浓度差会使其产生电动势的特性来测量废气中氧的浓度，故称氧化锆氧传感器，如图 1-30 所示。另外还有一种叫二氧化

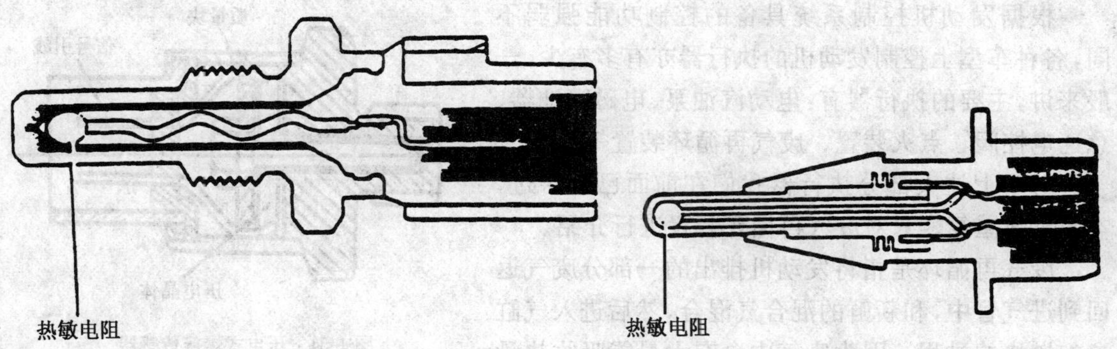

图 1-28　水温传感器　　图 1-29　进气温度传感器

钛的氧传感器，它是利用二氧化钛在其周围氧分子含量发生变化时其电阻会发生变化的原理制成的。

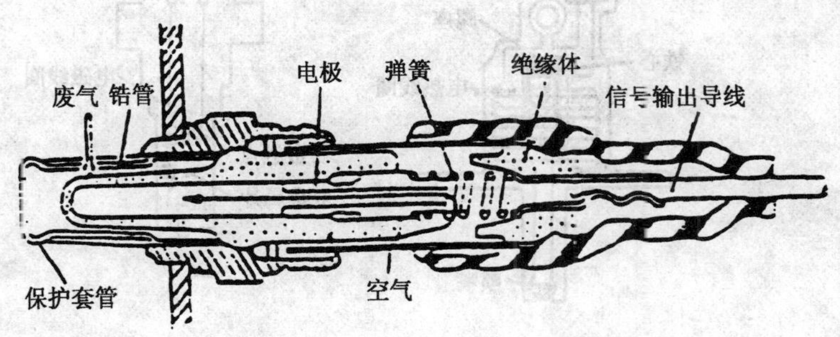

a) 无加热器

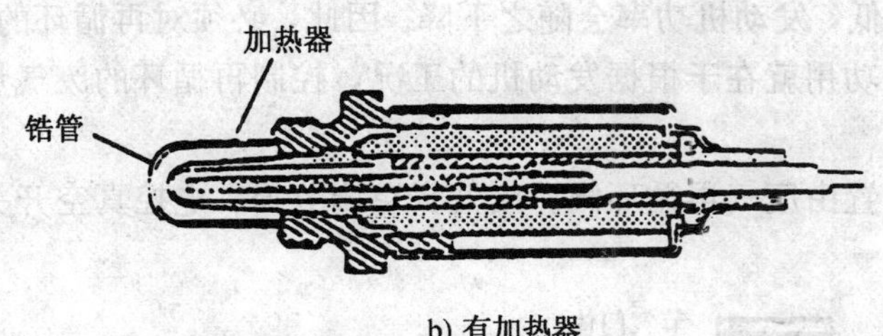

b) 有加热器

图 1-30　二氧化锆传感器

(4) 爆震传感器：为了提高发动机的动力性和经济性，一般需加大点火提前角、增大压缩比，但这样容易引起燃烧爆震。爆震会使发动机过热、功率下降及产生噪声污染等。采用爆震传感器的目的是根据爆震时产生的压力波信号，控制点火提前角，从而消除爆震。

目前采用较多的是压电晶体式传感器，如图 1-31 所示。

(5) 热敏自动开关：热敏自动开关的功用是监测发动机冷却水的温度，控制冷起动喷油器的工作。该开关密封在金属壳内，由热电偶片、电热线圈和触点组成。其上部有两根引出线。当水温低于 14℃时，触点闭合，冷起动器通电喷油；当水温升至 25℃以上时，触点张开，冷起喷油器断电而停止喷油。其结构如图 1-32 所示。

3. 执行器

执行器的功用是根据电控单元（ECU）输出的电控信号完成所需的机械动作，以实现某一系统的调整与控制。将电信号转换为机械运动的方式有多种，从具体结构来看，真正实现这一转换的部件是电磁线圈或各种不同的电动机。

根据发动机控制系统具备的控制功能强弱不同，各种车型上控制发动机的执行器亦有多有少。一般来讲，主要的执行器有：电动汽油泵、电磁喷油器、怠速电控阀、点火装置、废气再循环装置等。

对于上述大部分执行器我们在前面已经讲过，本节不再重复。只对废气再循环装置进行介绍。

废气再循环是指将发动机排出的一部分废气返回到进气管中，和新鲜的混合气混合，然后进入气缸参加燃烧的过程。因为废气中含有大量能吸收热量的 CO_2，因此能降低燃烧的最高温度，减少 NO_X 的生成量，从而减少排放污染。但当废气渗入后，混合气的热值降低，发动机功率会随之下降。因此，必须对再循环的废气量加以控制。电控废气再循环装置的功用就在于根据发动机的工况，控制再循环的废气量，以减少排放污染。

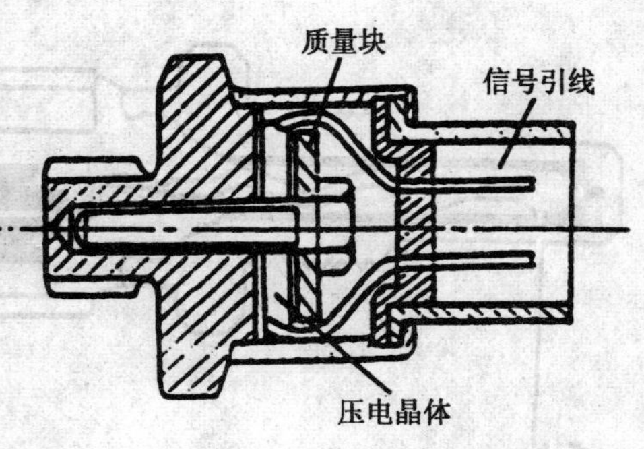

图 1-31　压电式爆震传感器

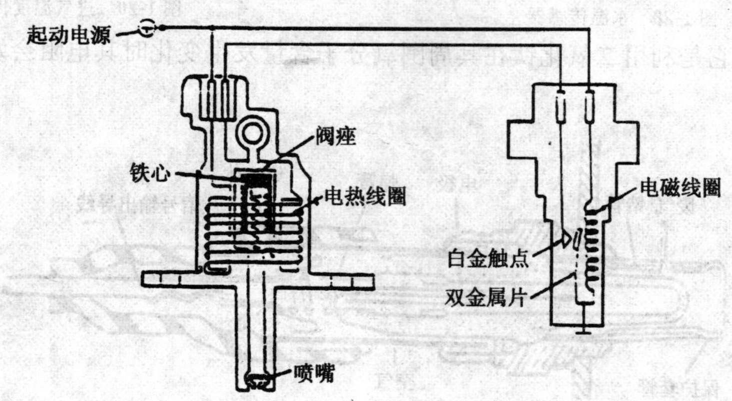

图 1-32　热敏自动开关与冷起动喷油器

电控废气再循环装置由废气再循环阀、废气真空调节阀、电控真空开关阀及相应管道组成，如图 1-33 所示。

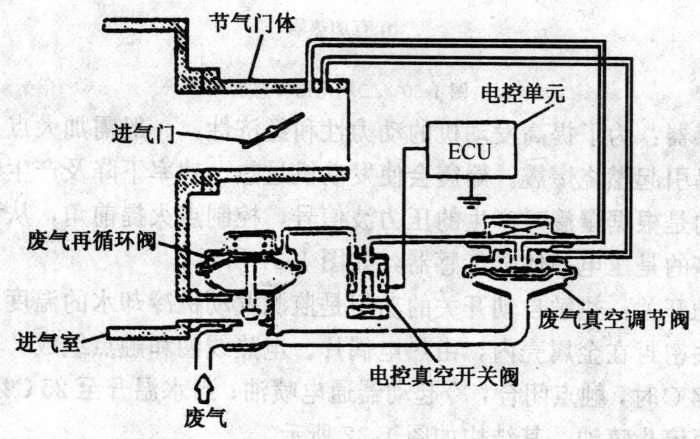

图 1-33　电控废气再循环装置

1）废气再循环阀：废气再循环阀的结构如图 1-33 所示。它是用来控制再循环的废气量。当发动机工作时，作用于废气再循环真空膜片室内的真空度愈大，阀门开启得愈大，再循环的废气量也愈大。膜片真空度由电控单元真空开关阀和废气真空调节阀控制。

2）废气真空调节阀：废气真空调节阀的结构如图 1-33 所示。它的功用是利用进气管的真空度的变化，按节气门开度的大小，控制通往废气再循环阀的真空度，使废气再循环阀的开度随节气门的开度而变化。这样，再循环的废气量便能随发动机负荷的增大而相应地增加。

3）电控真空开关阀：电控真空开关阀的结构如图 1-33 所示。它直接由电控单元控制。电控单元根据空气流量计或进气管压力传感器、发动机转速传感器、水温传感器、节气门位置传感器等信号，通过电控真空开关阀来控制废气再循环装置。当发动机水温低于 55℃，或怠速或小负荷运转、或高速或全负荷运转（转速高于 4000r/min）或者突然加速或减速时，电控真空开关阀关闭，空气进入废气真空调节阀，使废气再循环阀关闭，停止废气再循环。当发动机处于其它工况时，电控真空阀均开启，废气再循环装置都在起作用。

电子控制系统的工作情况如表 1-1 所示。

电子控制系统工作情况表 表 1-1

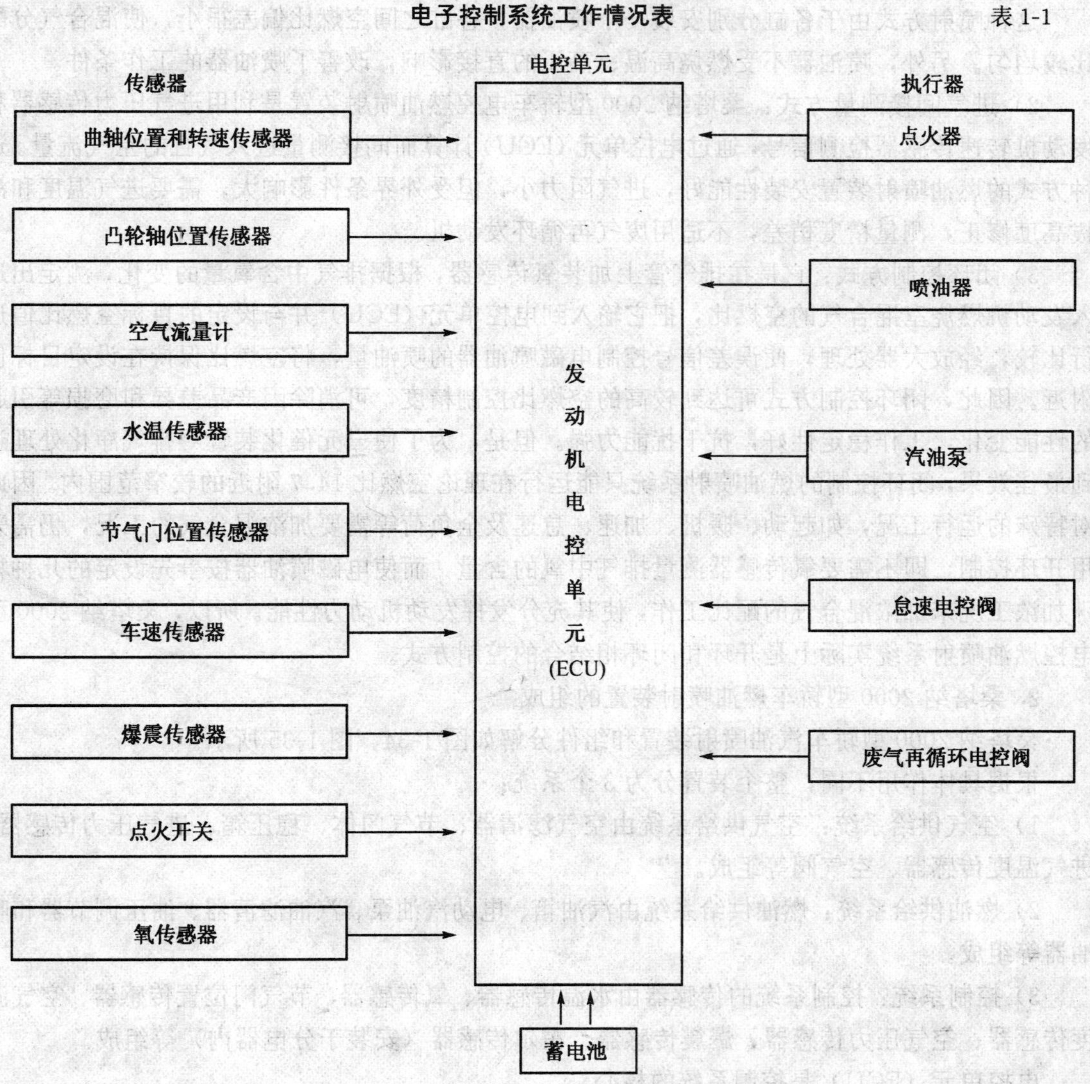

第五节 常见车型燃油喷射装置举例

90 年代以来，电控燃油喷射装置在汽车上应用越来越普遍。例如 1994 年以来美国、日本、德国等制造的汽车凡排量在 2L 以上的发动机都采用了这一装置。我国近年来也有普遍的发展，例如：一汽奥迪、北京切诺基、上海桑塔纳等均采用了这一技术。

下面针对实际车型进行举例。

一、桑塔纳 2000 型轿车的电控燃油喷射装置

1. 桑塔纳电控燃油喷射装置的型式

桑塔纳 2000 型轿车电控燃油喷射发动机属于燃油多点喷射、空气间接测量、带有氧气传感器的闭环控制型式。

1）多点喷射（MPI）方式：桑塔纳 2000 型轿车电控燃油喷射装置采用进气管内多点喷射，即燃油通过喷油器喷在气缸外进气门附近的进气管内。

这种喷射方式由于各缸分别安装一个喷油器，各缸之间空燃比偏差很小，使混合气分配比较均匀。另外，喷油器不受燃烧高温、高压的直接影响，改善了喷油器的工作条件。

2）进气间接测量方式：桑塔纳 2000 型轿车电控燃油喷射装置是利用进气压力传感器和发动机转速传感器检测信号，通过电控单元（ECU）计算而间接测量进入气缸的空气流量。这种方式的燃油喷射装置安装性能好，进气阻力小，但受外界条件影响大，需要进气温度和海拔高度修正，测量精度稍差，不适用废气再循环发动机。

3）闭环控制方式：它是在排气管上加装氧传感器，根据排气中含氧量的变化，测定出进入发动机燃烧室混合气的空燃比，把它输入到电控单元（ECU）并与设定的目标空燃比值进行比较，经放大器处理，使误差信号控制电磁喷油器的喷油量，将空燃比保持在设定目标值附近。因此，闭环控制方式可达到较高的空燃比控制精度，可消除因产品差异和磨损等引起的性能变化，工作稳定性好，抗干扰能力强。但是，为了使三元催化装置对排气净化处理达到最佳效果，闭环控制的燃油喷射系统只能运行在理论空燃比 14.7 附近的较窄范围内。因此对特殊的运行工况，如起动、暖机、加速、怠速及全负荷等需要加浓混合气的工况，仍需采用开环控制，即不需要氧传感器测量排气中氧的含量，而使电磁喷油器按事先设定的几种特殊加浓工况来加浓混合气的配比工作，使其充分发挥发动机动力性能。所以，桑塔纳 2000 型电控燃油喷射系统实际上是开环和闭环相结合的控制方式。

2. 桑塔纳 2000 型轿车燃油喷射装置的组成

桑塔纳 2000 型轿车汽油喷射装置和组件分解如图 1-34、图 1-35 所示。

根据具体作用不同，整个装置分为 3 个系统：

1）空气供给系统：空气供给系统由空气滤清器、节气门体、稳压箱、进气压力传感器、进气温度传感器、空气阀等组成。

2）燃油供给系统：燃油供给系统由汽油箱、电动汽油泵、汽油滤清器、油压调节器和喷油器等组成。

3）控制系统：控制系统的传感器由水温传感器、氧传感器、节气门位置传感器、空气温度传感器、空气压力传感器、爆震传感器、霍尔传感器（安装于分电器内）等组成。

电控单元（ECU）是控制系统的核心。

执行器由电动汽油泵、电磁喷油器、怠速空气阀、点火器等组成。

以上 3 个系统组成部件的结构与原理以前均有详细介绍，本节不再重复。

3. 桑塔纳 2000 型轿车电控燃油喷射装置的简单工作过程

发动机工作时，节气门位置传感器检测驾驶员控制的节气门开度，空气压力传感器检测

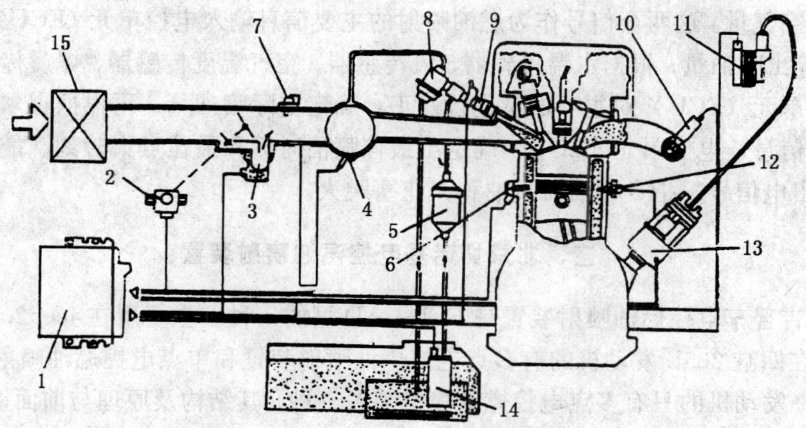

图 1-34　桑塔纳 2000 型轿车电控燃油喷射装置

1-电控单元；2-节气门位置传感器；3-怠速旁通阀；4-空气压力传感器；5-汽油滤清器；6-爆震传感器；7-空气温度传感器；8-油压调节器；9-喷油器；10-氧传感器；11-点火线阀；12-水温传感器；13-分电器；14-电动汽油泵；15-空气滤清器

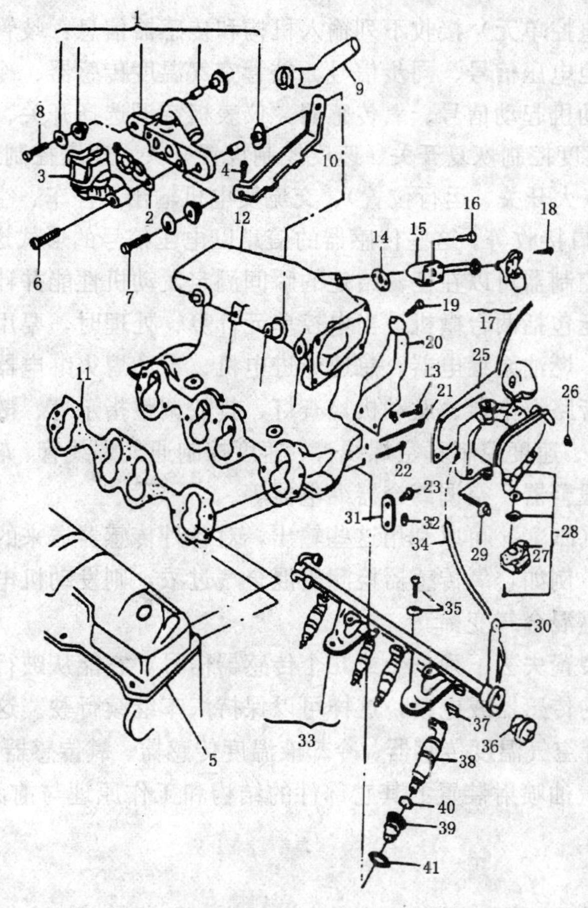

图 1-35　桑塔纳 2000 型轿车电喷系统的组件分解

1-怠速调节器组件；2-怠速调节器密封垫；3-怠速调节器；4、6、7、8、13、16、18、19、21、22、23、29、35-螺钉；5-缸盖；9-软管；10-支架；11-密封垫；12-进气歧管；14-法兰垫片；15-法兰；17-温度压力调节器；20-隔板；24、34-气管；25-节气门垫片；26-堵盖；27-节气门传感器；28-节气门；30-夹紧器；31-进排气管支架；41-垫圈；33-燃油分配管；36-燃油压力调节器；37-喷油嘴夹紧器；38-喷油嘴；39-喷油嘴插入件；40-O 型垫圈进入气缸的空气量。这两个信号作为燃油喷射的主要信息输入电控单元（ECU），由电控单元（ECU）计算出喷油量；根据水温传感器、氧传感器、空气温度传感器、爆震传感器等输入的信息，电控单元（ECU）对主喷油量进行修正，确定实际喷油量；再根据霍尔传感器检测到的曲轴转角信息，电控单元（ECU）确定出最佳喷油时刻和最佳点火时刻。最后由电控单元（ECU）发出电信号，指令喷油器喷油和火花塞跳火。

二、北京切诺基电控汽油喷射装置

切诺基吉普车电控燃油喷射装置是 EFI－－D 型的一种，主要用在 Jeep2.5L 和 4.0L 发动机上。用在四缸 2.5L 发动机的有多点电控燃油喷射装置和单点电控燃油喷射装置两种。用在六缸 4.0L 发动机的只有多点电控燃油喷射装置一种。其结构及原理与前面讲述基本相同。

北京切诺基用单板式发动机控制器（电控单元）掌管整个发动机控制系统的运行。它接收测定发动机各工况所有传感器的信息。将这些信息处理后，发动机控制器控制调节发动机性能的输出装置。输入、处理、输出循环，确保发动机满足排放、经济性和驱动能力的要求。发动机控制器位于机罩下，在内护板上。

发动机控制器（电控单元）接收下列输入机构和传感器信息：歧管绝对压力传感器、曲轴位置传感器、蓄电池电压信号、同步信号、歧管空气温度传感器、冷却液温度传感器、节气门位置传感器、发动机起动信号、氧传感器、仪表板空调选择开关、车速传感器、动力转向开关（仅 2.5L）、速度控制恢复开关、速度控制设置开关、速度控制通/断开关、制动器开关、点火电路检验（点火开关、运行位置）、交流发电机输出、停车、空档开关（仅用于自动变速器）、串行通信接口接收等。这些传感器的信息以电压信号的形式送达发动机控制器。根据这些信息，发动机控制器可以在任一给定的瞬间测定发动机性能并计算响应。

发动机的电控单元包括两台微机。当电控单元计算、处理时，要用到下列输出电路中的一个或几个：喷油器、燃油泵继电器、怠速步进电机、自动熄火继电器、交流发电机灯、交流发电机磁场、平衡旁路继电器、发动机检查灯、排放调整指示灯、散热器风扇继电器、自检插接器（SCD）传送、速度控制真空螺线管、速度控制通气螺线管、转速计、点火线圈、档位指示灯、车辆防盗报警器、空调离合器继电器等。

发动机电控单元（ECU）可以利用这些输出，对各种传感器送来的发动机工作情况信息作直接或间接的修正。例如，氧传感器检测出混合气过浓，则发动机电控单元可直接减少喷油器脉冲宽度，使可燃混合气变稀。

如果发动机控制装置失去下列一个或几个传感器信号，它能从跛行状态维持运转，一般它以 5 个值取代失去的传感器或电路，这样可以保持汽车继续行驶。这几个传感器是：歧管绝对压力传感器、歧管空气温度传感器、冷却液温度传感器、氧传感器、节气门位置传感器。

关于切诺基电控汽油喷射装置的其它部件的结构和工作原理与前面讲述类型大体相似，本节不再重复。

第六节　电控燃油喷射装置的故障诊断

电控燃油喷射装置的故障诊断通常有 3 种方法：

1. 专用检测仪器测量法

它是采用专用的检测仪器进行测量与诊断。通过不同的数据卡可对各种型式的电喷装置进行诊断。

2. 自诊断法

一些带有先进的电子控制系统的汽车都设有自我诊断装置。当电喷装置发生故障时，电子控制系统根据信号分析，将故障信号以发动机故障灯闪烁的形式显示在仪表板上。

3. 人工经验法

它是根据故障现象，以熟悉机理的专业维修人员在参阅《维修手册》等技术资料的基础上直接分析出故障原因的方法。

一、自诊断系统概述

电子控制装置都设有“故障诊断”系统，它以代码的形式储存于电控单元的存储器中，并根据有关信号不断地监控各系统工作情况。当它检测到某系统有故障时，便予以显示，通过分析“诊断码表”所列的各种信号代码，检测出系统的故障。

1. 自诊断系统的发展及应用

随着计算机在汽车上的广泛应用，70年代末，出现了专用检测仪。利用该仪器可观察到电控系统的工作情况。可用于监控发动机的信号，并找出其故障部位。使用这种专用检测仪诊断故障，由于对操作人员技术要求高，所以受到一定限制。

80年代初期，出现了随车诊断系统。该系统利用电控单元对电控装置各部件进行检测和诊断，可以自行找出存在的故障，亦被称为“自我诊断系统”，简称“自诊系统”。但在初期使用阶段，要求车辆要以一定测试规范运行。才能找出故障．故准确率较差。

80年代中期，出现一种可以对车辆电控系统参数实行连续监控的自诊系统。该系统能记录电控各装置的间歇故障。因此，可减少专用仪器的使用，而且查找故障及时方便。但因电控单元内存有限，使其诊断项目数量受到限制，使一些复杂故障得不到诊断。

为了扩充系统的诊断信息和诊断功能，90年代初期，美国、日本一些汽车生产厂家，开始研制出多功能的车外诊断仪，从而提高了电控汽车的故障诊断水平。

由于各种车型的自诊系统自成体系、种类繁多，不能通用，不能使用统一的专用仪器，给维修带来很大不便。按美国标准，把这种自诊系统称为第一代随车自诊系统（OBD—I）。

为了解决上述不足，1994年美国汽车工程师协会（SAE）提出了第二代随车自诊系统（OBD—II）的标准规范。只要各制造厂执行该规范，其诊断模式和诊断插座，便可得到统一。这样，只要用一台仪器即可对各种车辆进行检测和诊断，如果世界各国制造厂家都使用了OBD—II标准，将会给电控汽车的维修工作提供极大方便。

目前电控汽车的自我诊断系统，根据其组成不同，可分为随车自诊系统和车外自诊系统两种。

2. 自诊断系统的工作原理

自诊系统的核心是电控单元。该系统的输入信号电路按使用情况可分为三类：

第一类是描述各电控总成工况参数的信号。

第二类是描述车辆操作的信号。

第三类是来自相关电控系统的信号。

下面举例说明电控装置发生故障时的诊断及处理过程：

1）传感器故障诊断与处理：在发动机运转时，如果传感器输出电路的信号电压超出规定的范围，诊断系统即判定为故障。如：水温传感器工作正常时，其输出电压为0.3～0.4V，如果超出此范围，即被诊断为故障，并记录其代码。自诊系统只能诊断出传感器的损坏或其电路发生短、断路，但无法确认其性能好坏。对于偶然出现的异常信号，诊断系统不立即判为故障。为了使发动机不因水温传感器的故障而停止运转，在出现故障的同时，自诊系统的电控单元会立即采取预先存贮的正常水温值如（80℃），对发动机进行控制，使其能维持一定水平的工作能力。

2）执行器故障诊断与处理：在发动机运转时，电控系统按照发动机工况，不断地向执行机构发出各种指令。若执行器不能正常工作，则其故障由监控回路把信息传输给电控单元，由电控单元进行故障显示，并及时采取相应措施，确保发动机运转安全。如：当发动机点火系的功率管工作异常时，其点火监控回路就没有正常工作的确认信号输回电控单元，这时电控单元就会发出报警信号，并向执行器发出停止喷油的指令，以防止未点燃的混合气进入排气系统。

3）电控单元的故障诊断与处理：电控单元内设监控回路，用以监视电控单元是否按正常的控制程序工作。在监控回路内设有监视时钟，按时对电控单元进行复位。当电控单元发生故障时，程序不能正常执行，时钟不能使电控单元复位，造成溢出，据此即判为故障，并予以显示。

为了防止电控单元出现故障时汽车被迫停驶，在电控单元内备存应急回路。当应急回路收到监控回路发出的异常信号后，便立即启用备用的简单控制程序，使发动机各种工况的喷油量与点火时刻均按原设定的程序进行控制。从而保证汽车维持一定的运行能力。

二、自诊断系统故障代码的读取

电控汽车的故障内容多以代码形式储存于自诊系统电控单元的存贮器中，读取故障代码时可利用随车自诊系统或车外自诊系统。

1. 利用随车自诊系统读取故障代码

1）第一代自诊系统（OBD—I）故障代码的读取

该故障代码的读取方法因汽车制造厂家的不同而各异。大致可分为以下几种方法：

(1) 利用仪表板上的故障警告灯的闪烁规律读取：目前大部分车型可以利用这种方法读取故障代码，如日本生产的丰田、马自达、本田等轿车；美国通用、福特、克莱斯勒公司以及欧洲各汽车公司生产的大部分轿车。

这些车型只要将发动机附近或仪表板下方的故障检测插座内特定的两个插孔（故障自诊插孔和接地插孔）用一根导线连接，然后根据警告灯的闪烁规律和次数，便可读出故障代码。不同车型，其故障检测插座形状和插孔分布方式各不相同，但读取方法基本相同。现以丰田皇冠（CROWN3.0）轿车 2JZ—GE 发动机为例，说明读取方法。

在读取故障代码之前，发动机应处于规定的初始状态：蓄电池电压高于 11V；节气门完全关闭（节气门位置传感器内的怠速开关闭合）；变速器位于空档；自动变速器位于 P 档；关闭所有附属设备（如空调、音响、灯光等）；发动机处于正常工作温度。

当发动机处于上述初始状态后，可按两种方法读取故障代码：

第一种正常方式

①将点火开关置于 ON 位置，但不要起动发动机。

②用一根导线连接故障检测插座或故障诊断插座（TDCL）的 TE1 和 E1 两插孔（图 1-36）

③根据发动机故障警告灯（CHECK ENGINE）的闪烁规律读取故障代码。

若控制系统正常，电控单元内存无故障代码，则警告灯以每秒 5 次的频率连续闪烁。如果有故障代码，则以每秒 2 次的频率闪烁，将两位数代码的十位数和个位数先后用灯的闪烁次数表示。例如故障代码为 23，这时警告灯光以上述频率闪烁两次，表示十位数为 2，随后熄灯 1.5s，再以相同频率闪烁三次，以表示个位数为 3，即 23。然后间隔 2.5s，警告灯再作类似闪烁来输出下一个代码。全部代码输出后，灯熄灭 4.5s，再重新开始显示，直到拔下连接导线为止。电控单元中所存贮的故障代码，不管其发生先后，一律按数字大小为序输出。

第二种测试方式

这种方式与前一种相比，具有更灵敏的故障诊断能力，并能检测起动回路、空调装置、空档起动开关等故障信号。其操作步骤如下：

①将点火开关置于 OFF 位置。

②用一根导线连接故障检测插座或故障诊断插座（TDCL）的 TE2 和 E1 两个插孔。

③将点火开关置于 ON 位置。这时警告灯亮，表明故障自诊系统已进入测试状态，可以开始故障诊断。

但要注意：若点火开关在 ON 时，进行 TE1 和 E1 插孔的连接，则不能进入测试状态。

④起动发动机，并模拟出现故障的行驶状态，车速不低于 10km/h。

⑤路试之后，用另一根导线连接故障诊断插座、故障检测插座 TE1 和 E1 插孔。这时 TE1、TE2 和 E1 三个插孔短接（图 1-37）

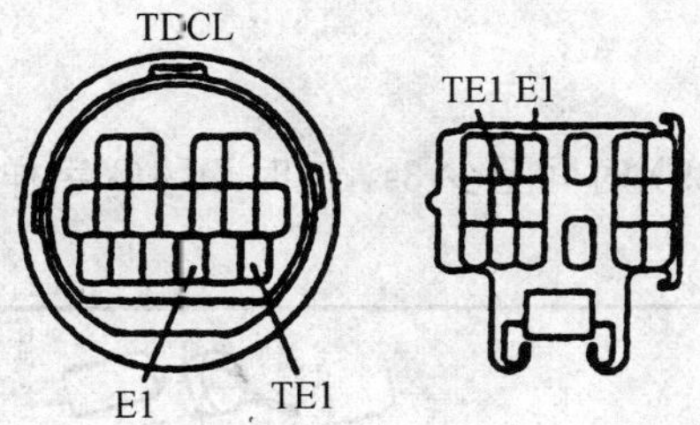

图 1-36　连接 TE1 和 E1 两插座

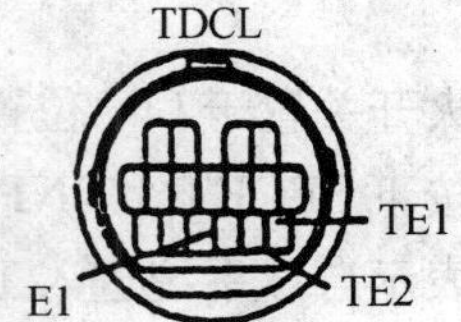

图 1-37　连接 TE1、TE2 和 E1 三插孔

⑥根据发动机故障警告灯的闪烁规律读取故障代码。

(2) 利用万用表指针的摆动规律读取：这种方法是利用万用表来检查故障检测插座上故障代码输出插孔中输出的电脉冲信号，并通过观察指针摆动规律读取代码。其操作步骤如下：

①将点火开关置于 OFF 位置。

②用一根导线将 TE1 和 E1 两插孔相连接。

③将万用表置于直流电压档（内阻应大于 50kΩ/V，量程为 25V 左右），让正极测试棒接故障检查插座上的故障代码输出孔（W 插孔），负极测试棒接地。

④将点火开关置于 ON 位置，但不起动发动机。

⑤根据万用表指针摆动的规律读取代码。

因电脉冲的形式与前述的警告灯闪烁形式相同，所以其代码的识别方法也相同。

这种方法适用于哪些不用发动机警告灯的闪烁来显示故障代码的车型，如美国的通用、福特公司的产品及日本丰田系列的部分车型。

(3) 利用电控单元上红、绿色发光二极管的闪烁规律读取：以日本尼桑 VG30E 发动机为例，介绍读取方法。

注意事项：

①在进行操作时，必须保证电控单元的线束连接完好、接触良好。

②如果断开电控单元的连接器，则点火开关必须置于 OFF 位置。

③操作时严格按规定步骤进行。在读取代码并予以记录之后，应消除存储在电控单元中的故障代码。

④在旋动故障自诊开关时，要小心不可用力硬拧。

⑤在进行操作前应使发动机转动一下。

⑥在电控系统中，曲轴位置传感器特别重要。若有故障，会导致其它信号系统的错误显示，因此应先检查曲轴位置传感器。

操作步骤：

①确认电控单元（图 1-38）上故障自诊开关已按逆时针方向拧到头。

②将点火开关转到 ON 位置，不起动发动机。

③按顺时针方向将故障自诊开关拧到头。

④起动发动机后，根据红、绿两色发光二极管的闪烁规律，读取故障代码。红色表示十位数，绿色表示个位数。

为了保证自诊结果的准确性，在读取故障代码后应消除代码，然后起动发动机并行驶 5～10min 后，再按上述步骤进行故障自诊。如果仍出现原来代码，即表明故障准确。

（4）利用车上的检测器读取：这种方法是利用车上的液晶显示检测器直接读取，其方法最为简便。现以 1988 年丰田公司生产的克列西达（Cressida）和超级人（Scupra）轿车为例进行介绍。

①将点火开关置于 ON 位置，不要起动发动机。

②同时按下 SELET 和 INPUT 两个按键（图 1-39）时间至少 3s，这时 DIAG 字样即显示在屏幕上，表示自诊系统进入工作状态，等待指令。

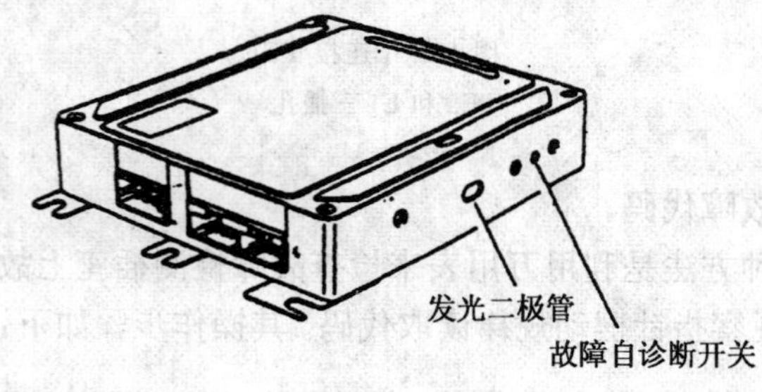

图 1-38 VG30E 发动机电控单元

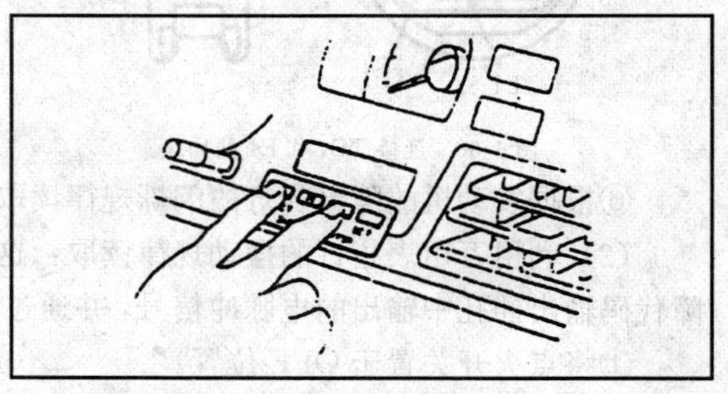

图 1-39 同时按下 SELET 和 INPUT 按键

③稍等片刻，按下 SET 按键，时间至少 3s。如果电控系统正常，ENG－OK 字样显示在屏幕上（图 1-40）。

④如果有故障，则其代码显示在屏幕上（图 1-41）。两个故障代码之间有 3s 的暂停时间。就这样不断输出故障代码。

⑤故障代码确定之后，将点火开关置于 OFF 位置，或按下检测的显示键 ON，这时将显示诊断时间。

必须注意，无论上述哪种方法读取代码，在故障排除后，均应清除电控单元内存贮的故障代码，否则一旦有新故障时，新、旧故障将一起显示。清除方法是将点火开关置于 OFF 位置，然后取出汽油喷射系统的保险 10s 以上时间，即可清除。或拆下蓄电池负极电缆，不过这样会将系统记忆信息一并清除。

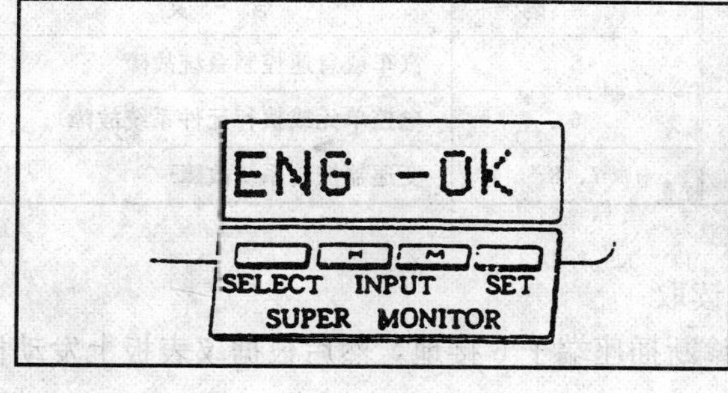

图 1-40 表示发动机无故障

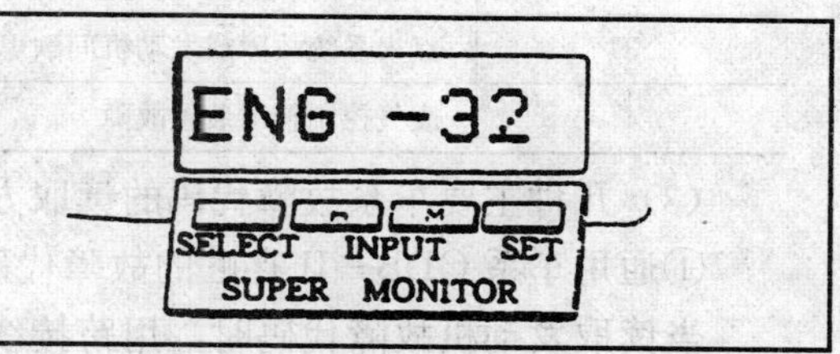

图 1-41 表示发动机故障代码为 32

2）第二代自诊系统（OBD—II）故障代码的读取

上述故障代码的读取方法因汽车制造厂的不同而各异，被称为第一代存储故障代码，即 OBD－Ⅰ。目前诊断码检测仪器已发展到第二代，即 ODB－II，该随车自我诊断系统具有统一的故障诊断插座和统一的故障诊断代码。如图 1-42 所示，第二代诊断针插座为 16 针插座。

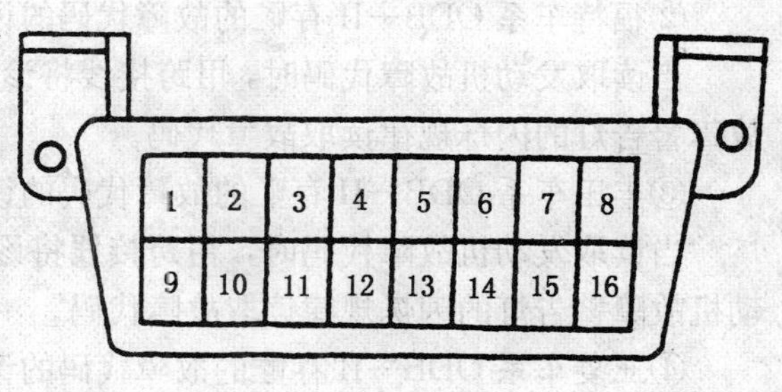

图 1-42 ODB－II 故障诊断插座

（1）诊断针插座的端子代号与含义：见表 1-2。

ODB-II 故障诊断插座的端子代号与含义 表 1-2

代号	含义	代号	含义
1	供制造厂使用	9	供制造厂使用
2	SAE-JI850 资料	10	SAE-JI850 资料
3	供制造厂使用	11	供制造厂使用
4	车身接地	12	供制造厂使用
5	信号回路搭铁	13	供制造厂使用
6	供制造厂使用	14	供制造厂使用
7	ISE-9141 资料传输	15	ISO-9141 资料传输
8	供制造厂使用	16	接蓄电池正极

（2）故障代码的组成：故障代码由五个字组成，如 P0101。

第一个字为英文字母，代表检测系统；

P——代表发动机、变速器电控单元；

B——代表车身电控单元；

C——代表底盘电控单元；

U——未定义，待 SAE 另行发布。

第二个字为制造厂代码，目前 0 代表 SAE 定义的故障代码。

第三个字为 SAE 定义的故障范围代码，如表 1-3 所示。

最后两个字代表原制造厂的故障代码。

SAE 定义的故障范围代码　　表 1-3

代　码	含　义	代　码	含　义
1、2	燃油和空气供给测定系统故障	5	汽车或怠速控制系统故障
3	点火系统故障或发动机间歇熄火	6	电控单元或执行元件系统故障
4	废气控制辅助装置故障	7、8	变速器控制系统故障

(3) 几种主要车系故障代码的读取方法：

①通用车系 ODB—II 存贮的故障代码的读取

当读取发动机故障代码时，用跨接线将诊断插座端子 6 接地，然后根据仪表板上发动机故障警告灯的闪烁规律读取故障代码。

②福特车系 ODB—II 存贮的故障代码的读取

当读取发动机故障代码时，用跨接线将诊断插座端子 13 接地，然后根据仪表板上发动机故障警告灯的闪烁规律读取故障代码。

③丰田车系 ODB—II 存贮的故障代码的读取

当读取发动机故障代码时，用跨接线将诊断插座端子 5 与 6 短接，然后根据仪表板上发动机故障警告灯的闪烁规律读取故障代码。

④三菱车系 ODB—II 存贮的故障代码的读取

当读取发动机故障代码时，用跨接线将诊断插座端子 1 接地，然后根据仪表板上发动机故障警告灯的闪烁规律读取故障代码。

第二代随车诊断系统 ODB—II 标准故障代码如表 1-4 所示。

ODB—II 标准故障代码　　表 1-4

代　码	含　义
P0101	空气流量计检测到进气量不足
P0106	发动机起动时进气歧管压力传感器信号无变化
P0107	进气歧管压力传感器电压信号太低（断路或搭铁）
P0108	进气歧管压力传感器电压信号太高（短路或真空漏气）
P0112	进气温度太低
P0113	进气温度太高
P0117	发动机水温太低
P0118	发动机水温太高
P0122	节气门位置传感器电压太低
P0123	节气门位置传感器电压太高
P0125	水温传感器达到工作温度的时间不正确，进入闭环回路时间不正确；发动机冷车时间太长，不能达到闭环回路工作温度。
P0131	氧传感器电压太低
P0132	氧传感器电压太高
P0201	第 1 组喷油器控制线路不良
P0202	第 2 组喷油器控制线路不良
P0203	第 3 组喷油器控制线路不良
P0204	第 4 组喷油器控制线路不良

续上表

代　码	含　义
P0300	间歇性熄火
P0335	主电控单元无法取得曲轴位置传感器信号
P0340	主电控单元无法取得凸轮轴传感器信号
P0406	废气再循环位置传感器不良
P0500	无法取得车速信号

2. 利用车外自诊系统读取故障代码

1）第一代自诊系统（OBD—Ⅰ）故障代码的车外读取

在进行车外故障诊断时，将厂家提供的该车型专用检测仪的插头与车上的故障诊断插座（如 TDCL 插座）连接。然后打开点火开关，便可方便地从检测仪（图 1-43）的显示屏上读出故障代码。

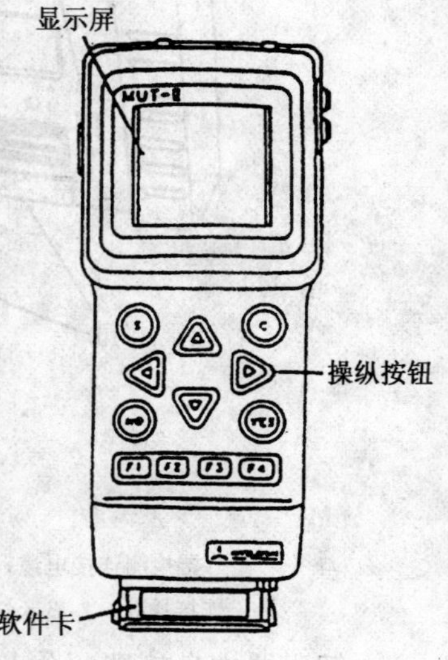

图 1-43　检测仪

通过读取故障代码，能查找出电控装置中大部分传感器及开关线路的短路、断路以及传感器或开关损坏所导致的无输出信号等故障。但是，自诊系统还不能检测出电控装置中所有类型的故障，特别是大部分执行器的故障以及传感器精度误差，如水温传感的测量误差等。因此，目前很多车型，尤其是美国各大汽车公司生产的轿车的自诊系统，除了利用检测仪能读取故障代码外，还能通过万能检测仪对电控单元及其控制电路、传感器、执行器及开关等进行检测，这种功能的特点是：

（1）可直接读取各部分电路的诊断参数。

即将电控单元的运行情况和各输入、输出的电信号瞬时数值（如各传感器的信号、电控单元的计算结果、控制模式以及向各执行器发出的控制信号等），以串行通信的方式经故障诊断插座的有关插孔向外传送。诊断时，接上万能检测仪，上述各参数便会在检测仪的屏幕上显示出来，使整个电控系统的工作一目了然，检测人员可根据发动机运转过程中控制系统各种数据的变化情况，来判断控制系统工作是否正常，或将特定工况下各种信号的数值与标准值进行比较，从而准确地判断出故障的类型和发生的部位。

（2）通过万能测试仪向电控单元发出指令，对汽车进行模拟试验。

比如在发动机运转时，中断某个喷油器的喷油，模拟加速、模拟各种行驶状态，设定对点火正时和怠速进行调整所需的初始状态，以便调整；或在发动机熄火状态下，让电动汽油泵运转，让某个喷油器喷油、某个继电器或某个电磁阀工作等。这种功能最适合检测执行器及其控制电路的故障。

（3）通过检测仪发出指令来消除汽车电控单元内存的故障代码。

这种由指令消除代码的方法简单、易操作。避免了拆电路保险或蓄电池电缆线消除内存故障代码所造成的麻烦。

（4）对不同年份车型的电控系统，只需更换相应软件卡，便可进行检测。

2）第二代自诊系统（OBD—II）故障代码的车外读取

OBD—II 具有统一的诊断模式和诊断插座，故只要用一台仪器即可对各汽车制造厂家生产的各种型号的电控汽车进行试验和诊断。在进行故障诊断时，将解码器与车上的故障诊断插座连接，便可从解码器的显示屏上直接读出故障代码。

3）汽车电脑解码器

目前，不但汽车的电控单元的功能愈来愈完善，而且检测仪器也愈来愈先进。美国、欧洲一些汽车维修设备制造厂，为检修各国不同车型的电控系统，生产了一些通用的汽车电脑检测仪或称汽车电脑解码器。图 1-44a)、b）分别为美国生产的汽车电脑解码器。

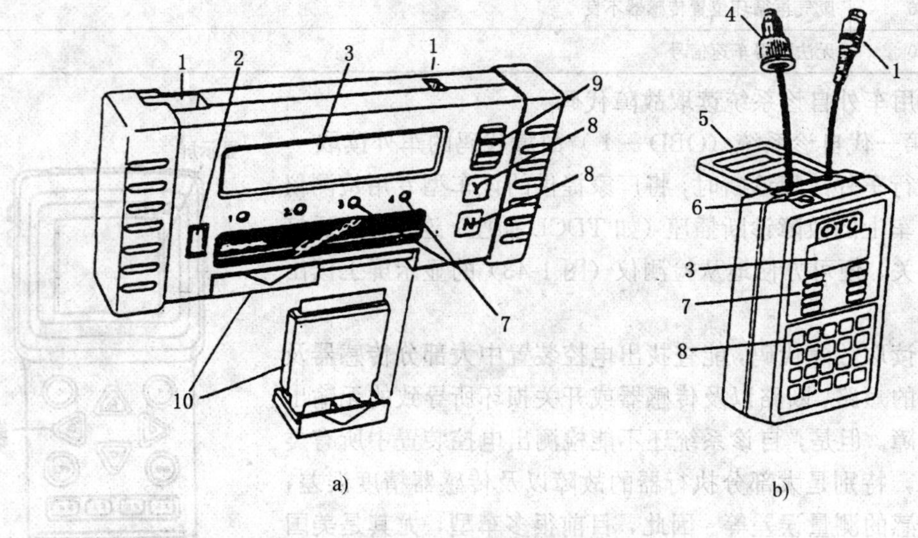

图 1-44 汽车电脑解码器

1-接检测连接电缆；2-接打印机连接电缆；3-显示屏；4-电源连接线；5-支架；6-打印机连接插孔；7-显示灯；8-操纵按钮；9-选择滚轮；10-软件卡

解码器本身就是一个小型电子计算机，其软件存贮有各种车型的电控单元及其控制系统的检测程序和数据资料，并配有各种专用的检测插头。使用时，将被测汽车型号和车辆识别码输入解码器，就能从软件中调出相应的检测程序。然后按照解码器屏幕上的提示，将相应的故障检测插头和车上的故障诊断插座连接。这时，可根据汽车电控单元自诊系统的功能范围和检测要求，选择拟检测的电控系统（如电控发动机、自动变速器、ABS、自动巡航、安全气囊、空气悬架等控制系统）进行检测工作。其内容包括：读取故障代码、显示电控单元的运行数据，测试执行器的工作情况，清除电控单元内存的故障代码等。

使用时应注意，故障排除后，应进行路试，并再次读取故障代码，以检查故障是否已被排除。

三、电控燃油喷射系统的常见故障诊断举例

电控燃油喷射系统最早是由波许公司研制并应用的。到目前为止大体可分为：KE 型（机电混合控制型)、EFI—L 型（电控式进气量直接计量型）EFI—D 型（电控式进气量间接计量型)。后来各国都基本在此基础上开始应用或部分改进。现就上面三种型式中所共性的故障诊断方法加以介绍。

一般来说，对于某一国家生产的具体车型而言都含有自己的一些独特的诊断方法和检测程序。此时，应该参考原车《使用说明书》、《技术维修手册》等有关资料进行工作。

1. KE 型燃油喷射系统故障诊断

以下列出 KE 型喷射系统的 14 种常见故障，每一种故障引起的原因和维修指导与表 1-2

的序号相对应，更为常见的是某一故障产生的原因有几种，对应的检修之处也不唯一，要根据情况处理。

1）发动机不能起动或冷起动困难：故障产生的原因和维修、检测项目见表 1-5 中序号：2、4、6、7、9、11、16～18。

2）发动机不能起动或热起动困难：故障产生的原因和检修项目见表 1-5 中序号：1、3、6、12、15～18。

3）发动机暖机阶段怠速不稳：故障产生的原因和检修项目见表 1-5 中序号：1、4、8、11、16～18、20。

4)发动机处于正常运行温度时怠速不稳：故障产生的原因和检修项目见表 1-5 中序号：1、2、8、12、13、16～18、20。

5）发动机不能加速，且发生回火现象：故障产生的原因和检修项目见表 1-5 中序号：1、2、10、12、13、16～18、20。

6)发动机有负荷时发生回火现象：故障产生的原因和检修项目见表 1-5 中序号：2、6、12、14、16。

KE 型燃油喷射系统故障诊断卡 表 1-5

序号	原　因	检 修 部 位
1	进气系统漏气	检查进气系统漏气部位
2	气流传感盘或控制柱塞运动不畅	检查运动机构状况
3	气流传感盘不回位或不到位	检查复位机构
4	辅助空气阀不能打开	检查阀的功能
5	辅助空气阀不能关闭	检查阀的功能
6	电动燃油泵不工作	检查泵的保险丝、继电器及电动泵
7	冷起动系统失效	检查冷起动系统
8	冷起动阀泄漏	检查冷起动阀
9	温控开关失效	检查温控开关
10	控制油路油压过高	检查油路
11	冷起动控制压力超差	检查油路
12	暖机控制压力过高	检查油路
13	暖机控制压力太低	检查油路
14	基础压力超差	检查油压并用垫片调整
15	燃油系统泄漏	观测燃油系统泄漏部位
16	喷油嘴漏油，开启压力低	在试验台上检查喷油嘴
17	喷油不均匀	检查喷油器
18	怠速调整不当	检查并调整 CO 螺钉
19	节流阀不能全开	检查节流阀
20	空燃比控制系统不起作用	检查空燃比控制系统

7）发动机性能变差：故障产生的原因和检修项目见表 1-5 中序号：1、2、12～14、17、19、20。

8）发动机熄火后还继续运转一段时间：故障产生的原因和检修项目见表 1-5 中序号：2、

3、8、16、18。

9）油耗太高故障产生的原因和检修项目见表 1-5 中序号：8、13、18、20。

10）动力性不佳故障产生的原因：和检修项目见表 1-5 中序号：1、2、10、12～14、17、18、20。

11）怠速时排气中一氧化碳（CO）含量过高：故障产生的原因和检修项目见表 1-5 中序号：2、8、13、18、20。

12）怠速时排气中 CO 含量：过低故障产生的原因和检修项目见表 1-5 中序号：1、2、18、20。

13）发动机怠速过高故障产生的原因和检修项目见表 1-5 中序号：5。

14）发动机无怠速，起动后即熄火：故障产生的原因和检修项目见表 1—5 中序号：6、10、12～14。

2. EFI—L 型燃油喷射系统故障诊断

1）发动机不能起动：故障产生的原因及检修部位见表 1—6 中序号：1-13、19、20。

2）发动机无怠速，起动后即熄火：故障产生的原因及解决办法见表 1-6 中序号：1～4、7、9、11～13、16、18、19、20。

3）发动机怠速不稳：故障产生的原因及解决办法见表 1-6 中序号：1～4、7、9、11～20。

4）怠速过高或过低：故障产生的原因及排除措施见表 1-6 中序号：1～3、9、11、13、14、16、18。

5）排放中 CO 值含量超过标准：故障产生的原因及解决办法见表 1-6 中序号：3、7、9、12、13、16～18。

6）发动机运转不稳、没有规律：故障产生的原因及解决办法见表 1-6 中序号：1～3、7、9、13、17～19。

7）汽车运行中发动机熄火：故障产生的原因及解决办法见表 1-6 中序号：1～3、17、19、20。

8）油耗过高：故障产生的原因及解决办法见表 1-6 中序号：1、2、7、9、12、13、18。

9）发动机功率不足、加速性不良：故障产生的原因及解决办法见表 1-6 中序号：1～4、7、13～15、17、20。

EFI—L 型燃油喷射系统故障诊断卡 表 1-6

序号	原　因	检 修 部 位
1	点火系统故障	蓄电池、分电器、火花塞、点火线圈及点火正时
2	发动机机械故障	检查压缩比、调整气门间隙及机油压力
3	进气系统漏气	检查所有软管及插头
4	燃油系统油路堵塞	检查油箱、滤清器及输油管路
5	继电器故障，喷油器控制导线故障	检查继电器线束
6	燃油泵不工作	检查泵熔断丝、导线及温控开关
7	燃油系统压力不符合标准值	检查油压调节器
8	冷起动阀不工作	测试喷油状况、导线及温控开关
9	冷起动阀漏油	检测冷起动阀

续上表

序号	原因	检修部位
10	温控开关故障	测试温控开关线路电阻值
11	辅助空气阀工作不良	发动机冷态时阀应打开；热态关闭
12	温度传感器失效	20℃时检测，其电阻值 2～3kΩ
13	空气流量计工作不良	检查泵触头，检查阀瓣自由运动状态
14	节流阀不能全闭或全开	重新调整节流阀复位止点
15	节流阀位置传感器工作不良	用欧姆表检查并调整
16	怠速调整不当	调整旁通空气螺钉
17	喷油器失效	检查各个喷油器喷油情况
18	CO 调整不当	重调空气流量计上 CO 螺钉
19	线束接头松动或搭铁	检查并清洁所有接头
20	电控单元故障	用已知完好电控单元对比检测

3. EFI—D 型燃油喷射系统故障诊断

1）发动机不能起动：故障产生的原因及排除措施见表 1-7 中序号：1～5、9、10、12、13、18、19。

2）发动机无怠速，起动后即熄火：故障产生的原因和检修部位见表 1-7 中序号：1、2、4～6、8、11～13、16、18、19。

3）发动机怠速不稳：故障产生的原因及检修项目见表 1-7 中序号：1、2、5～7、9、13～18。

4）怠速过高或过低：故障产生的原因及检修项目见表 1-7 中序号：1、2、6、11、14～17。

5）发动机运转不均匀、无规律：故障产生的原因和检修项目见表 1-7 中序号：1、2、6、7、13、15、17～19。

6）汽车运行发动机中途熄火：故障产生的原因和解决方案见表 1-7 中序号：1、2、6～8、17～19。

7）油耗过高：故障产生的原因及解决办法见表 1-7 中序号：1、2、7、9、12、13。

8）发动机功率不足、加速不良故障产生的原因和检修项目见表 1-7 中序号：1、2、5～7、13～15、17、19。

EFI—D 型燃油喷射系统故障诊断卡 表 1-7

序号	原因	检修部位
1	点火系统故障	蓄电池、分电器、火花塞、点火线圈及点火正时
2	发动机机械故障	检查压缩比、调整气门间隙及机油压力
3	燃油泵不工作	检查泵的保险丝、继电器和燃油泵
4	继电器故障，喷油器导线开路	检查继电器线束
5	燃油系统油路堵塞	检查油箱、滤清器及输油管路
6	进气系统漏气	检查所有软管及插头
7	燃油系统压力不符合标准值	测试并调整油压调节器
8	分电器中触点故障	检查触点

续上表

序号	原　　因	检　修　部　位
9	冷起动阀故障	检查冷起动喷嘴喷油状况及泄漏
10	温控开关工作不良	检查温控开关功能
11	辅助空气阀工作不正常	发动机冷态时阀应打开；热态关闭
12	温度传感器失效	20℃时电阻值：2～3kΩ
13	空气压力传感器失效	用万用表检测
14	节流阀不能全闭或全开	重新调整节流阀复位止点
15	节流阀位置开关调整不当或失效	重新调整、检查或更换
16	怠速调整不当	调整怠速空气螺钉
17	喷油器失效	检查各个喷油器喷油情况
18	线束接头松动或系统搭铁	检查、清洁所有接头
19	电控单元故障	用已知良好电控单元对比检测

第七节　燃油喷射装置的使用、维修注意事项

电子控制燃油喷射发动机，全部工况都在电子控制单元的监控下运行，因此它的故障率较化油器式发动机少得多，特别是中途因发动机故障而停车的比率就更少了。一般发动机出现的故障多数是由于使用不当所造成的。因为电子控制燃油喷射系统既复杂又精密，在使用时一定要按规定操作和维护。

一、接车前的准备工作

由驾驶普通化油器式汽车转驾或接电控燃油喷射式新车前，必须熟读汽车使用说明书，掌握电控汽油喷射和电子点火的基础知识，再对照使用说明书，作到以下几点。

1. 对照说明书，查对电子控制单元（微处理机或控制模块）、各种继电器等主要电子元件的所在位置，以便对其施行保护。在清洗汽车或拆装、搬运时，要尽量避开那些关键电子元件，作到防潮、防油污和防震。

2. 对照说明书，了解仪表盘上各开关、显示灯、仪表等的作用、功能。要尽可能弄懂仪表盘上和各接线插座、接头上的英文缩写含义。

3. 按使用说明书核对随车所配带器件、修车工具等物品是否齐全。

4. 按使用说明书要求，打开点火开关，不起动发动机，开启检查（CHECK）警告灯，了解发动机各系统工作情况；发动机起动后检查灯熄灭为正常。

5. 根据使用说明书的操作要求，驾车试运行，检查转向、制动等系统的工作情况。

二、使用中注意事项

1. 在汽车投入使用以后，另外加装音响电器等设备的天线，应安装在距电子控制单元较远的地方，以防对电子控制单元干扰。禁止使用大功率的无线电发射设备（如 10W 以上的无线电对讲机）及仪器等。如必须加装，需采取防干扰屏蔽等设施。

2. 电控燃油喷射系统的故障较少，常见故障多数是接线不良引起的。所以驾驶这类汽车

的驾驶员，要经常检查各插座接线是否有油污、潮湿、松动，要保持线路接头、插座清洁和可靠。

3. 蓄电池的极性不能接反，不允许在无蓄电池或蓄电池无电的情况下，用外接电源起动电动机，以免电子控制单元因电压过高损坏计算机或其它传感器件。

4. 电子控制汽油喷射发动机装有排气净化（如三元催化、废气再循环、活性碳罐）等装置，对发动机燃用的汽油质量要求较高，必须使用无铅汽油，并要定期更换燃油滤清器。

5. 检查发动机作业时不要吸烟。汽车要远离易燃物，以防意外事故发生。

6. 要知道本车电子控制系统的自检故障代码的含义和显示方式(有单色灯光显示，有红、绿色灯光显示，有直接用数字显示，也有用英文缩写字母显示并附加音响等)。打开点火开关，检查灯亮了或均匀闪烁后熄灭或发动机起动后熄灭为正常；若不熄灭，按上述方式之一显示为不正常，需根据所示故障码检修。如汽车在运行中警告灯燃亮，说明电控燃油喷射系统出了故障，要停车根据显示的故障码进行检修。若自己一时检修不了，又不是发动机或行走机构机械故障的话，电子控制装置会利用自身备用数据控制发动机，以跛行状态维持运行到维修地点进行维修，但不允许带病长途运行。

7. 当故障排除以后，检查灯虽然自动熄灭，但故障码仍然存储在ECU存储器中，应按说明书操作方法使其清除。

目前汽车用电控汽油喷射装置虽然是高质量的，但它仍然需要防震、防潮、防油污，要精心保护它。因为它是整个控制系统的大脑，它损坏了不仅不容易修复，换新的也困难，这意味着汽车将要长时间停驶，浪费更大。

三、维修注意事项

1. 电控燃油喷射式发动机本身的维修与普通汽油机一样，要按规定进行。因此，发动机或汽车出现故障时，首先要弄清发动机或汽车本身是否出现机械故障，如果确实没有故障，方能对电子控制系统进行检查。

2. 检查电子控制系统时，首先应用自检系统检查报警灯显示其故障码，然后根据故障码判断可能发生的部位及性质。

3. 对某子系统或部件进行具体检查之前，应先拆蓄电池搭铁线。但拆去蓄电池搭铁线后，电子控制装置记忆的诊断码会自动清除，因此在拆线前应先用专用设备仪器读取故障代码。

4. 具体拆检时，要尽量用专用工具和专用仪器设备，如用普通仪表检测，一定要注意所用的电源电压，以防损坏电子器件。

5. 喷油器等总成部件上的“O”形密封圈是一次性使用零件，不能重复使用，必须更换新的，以保证其密封性。

6. 电子控制单元一般故障很少，如必须检查时，要用专用仪器设备。一般不允许在修理作业时拆检。

第二章　自动变速器

第一节　概　　述

自动变速器是指液力自动变速器，它是由液力变矩器和齿轮式自动变速系统组合而成的。新型轿车所装用的自动变速器绝大多数是由电子控制的液力自动变速器，简称电控液力自动变速器（EAT）。

一、自动变速器的分类

1．按齿轮变速系统的类型分类

自动变速器按其齿轮变速系统的类型不同，可分为：普通齿轮式和行星齿轮式两种。

1）普通齿轮式自动变速器

普通齿轮式自动变速器体积较大，最大传动比较小，只有少数几种车型使用。

2）行星齿轮式自动变速器

行星齿轮式自动变速器结构紧凑，能获得较大的传动比，为绝大多数车型所采用，本章仅介绍这种型式的自动变速器。

2．按自动变速器的控制方式分类

自动变速器按其控制方式不同可分为：

1）液力控制自动变速器

液力控制自动变速器是通过机械手段，将汽车行驶时的车速及节气门开度的变化这两个参数转变为液压控制信号。阀板中的各个控制阀再根据这些液压控制信号，按照设定的换档规律，通过控制换档执行机构中的元件（离合器和制动器）的动作，实现自动换档（图2-1）。

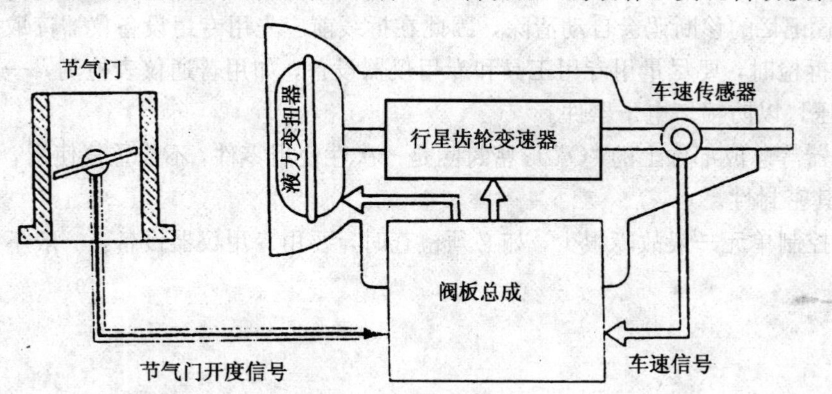

图2-1　液力控制自动变速器控制过程示意图

2）电控液力自动变速器（EAT）

电控液力自动变速器是在液力控制自动变速器的基础上，利用计算机控制技术而实现自动换档的新型液力自动变速器。它是通过各种传感器，将发动机转速、节气门开度、发动机水温、车速以及自动变速器液压油的温度等参数转变为电信号，并输入电控单元。电控单元根据这些电信号，按照设定的换档规律，向换档电磁阀、油压电磁阀等发出控制指令，换档电磁阀和油压电磁阀再将电控单元的指令转变为液压控制信号，然后阀板中的各个控制阀再根据这些液压信号，控制换档执行机构中元件（离合器和制动器）的动作，从而实现自动换档过程（图 2-2）。本章主要介绍电控液力自动变速器的结构和工作原理。

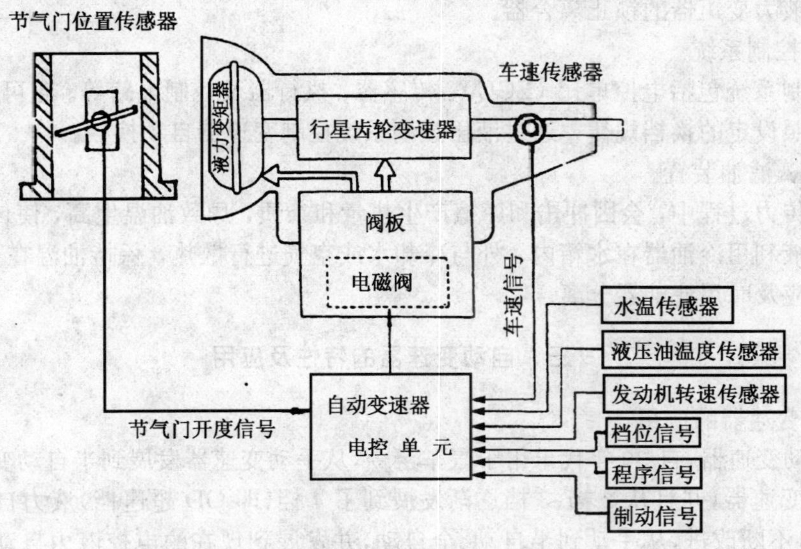

图 2-2　电控液力自动变速器控制过程示意图

二、自动变速器的组成

自动变速器的组成如图 2-3 所示，它主要由液力变矩器、行星齿轮变速系统、液压控制系统、电子控制系统四部分组成。

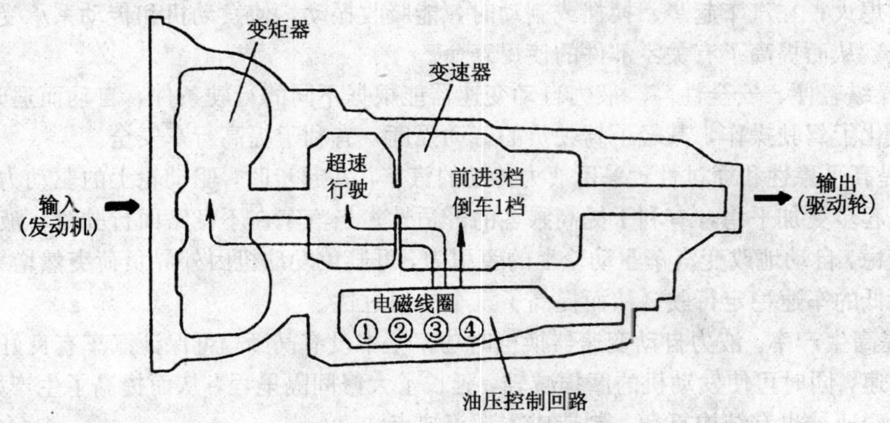

图 2-3　液力自动变速器

1. 液力变矩器

液力变矩器位于自动变速器的最前端，安装在发动机的飞轮上。它利用液力传递的原理，将发动机的动力传给自动变速器的输入轴。它具有一定的减速增扭功能，并能实现无级变速。

2. 行星齿轮变速系统

行星齿轮变速系统包括行星齿轮变速机构和换档执行机构。换档执行机构可以使行星齿轮变速机构处于不同的档位，以实现不同的传动比。大部分自动变速器的行星齿轮变速机构有3～4个前进档和1个倒档，这些档位与液力变矩器相配合，就可实现由起步至最高车速范围内的无级变速。

3. 液压控制系统

液压控制系统包括油泵、阀体、电磁阀、储压器及液压管路，用于控制自动变速器的升档、降档和液力变矩器的锁止离合器。

4. 电子控制系统

电子控制系统包括电控单元（ECU）、传感器、执行器及控制电路等。它可根据汽车的行驶情况，按照设定的换档规律，通过液压控制系统控制变速器自动换档。

5. 冷却、滤油装置

油液在传力过程中，会因冲击和摩擦产生热量和杂质，导致油温生高，使传动效率降低。因此须使油液利用冷油器在水箱内、外与冷却水或空气进行散热，保持油温在80～90℃，所产生的杂质应及时用滤油器分离。

三、自动变速器的特性及应用

1. 自动变速器的应用

液力自动变速器，自30年代末用于汽车至今，从手动变速器发展到半自动变速器，一直到现在的自动变速器，并且从2档、3档逐渐发展到了4档（即OD超速档）液力自动变速器；从操纵角度看，不断改进，从手动到半自动、全自动，并发展到现在的电控液力自动变速器，使其性能更加完善；从车型看，从公共汽车、轿车，到重型货车，自动变速器的应用越来越普遍。

2. 自动变速器的特性

与有级式齿轮变速器相比，汽车上采用液力自动变速器具有以下优点：

1）提高汽车的使用寿命。液力传动汽车的发动机与传动系之间靠液力变矩器来联接，工作介质是液体，它能起一定的缓冲和过载保护作用。例如，外界负荷突然增大时，可防止过载和突然熄火；在汽车起步、换档或制动时，能吸收振动，使发动机和传动系承受的动载荷大为减轻，从而提高了有关零部件的使用寿命。

2）操纵轻便、安全性高。液力自动变速器能根据不同的行驶条件，自动而适时的换档，极大地简化了驾驶操作，减轻了驾驶员的劳动强度，有利于提高行车安全。

3）提高平稳性和通过性。采用液力传动的汽车，在起步时，驱动轮上的驱动力是逐渐增加的，故起步更加平稳，有利于提高乘客的舒适性；当汽车在不良路面行驶时，液力自动变速器能平稳、自动地改变汽车驱动轮上的牵引力，可避免发动机因外界负荷突然增大而熄火，并能以很低的车速稳定行驶，从而提高了汽车的通过性。

4）提高生产率。液力自动变速器换档时功率基本没有间断，可保证汽车有良好的加速性和平均车速，同时可使发动机的摩损减轻，延长了大修间隔里程，从而提高了生产率。但是，液力自动变速器也有结构复杂、制造成本高等缺点。

第二节　液力变矩器

一、液力变矩器的功用

液力变矩器是自动变速器的重要组成部分。它安装在发动机的飞轮上，其作用是将发动机的动力传递给自动变速器中的齿轮变速机构，并具有一定的自动变速和自动变扭矩的功能。

二、液力偶合器的组成与工作原理

1. 液力偶合器的组成

如图 2-4 所示，液力偶合器主要由壳体、泵轮、涡轮 3 部分组成。壳体安装在发动机飞轮上，泵轮与壳体焊在一起，随发动机曲轴一同旋转，是液力偶合器的主动部分；涡轮和输出轴连接在一起，是液力偶合器的从动部分。泵轮和涡轮相对安装，它们统称为工作轮。在泵轮和涡轮上，径向排列着许多平直叶片，泵轮和涡轮不接触，两者之间有约 3～4mm 的间隙，液力偶合器壳体和两工作轮形成的环状空间内充满着液压油。

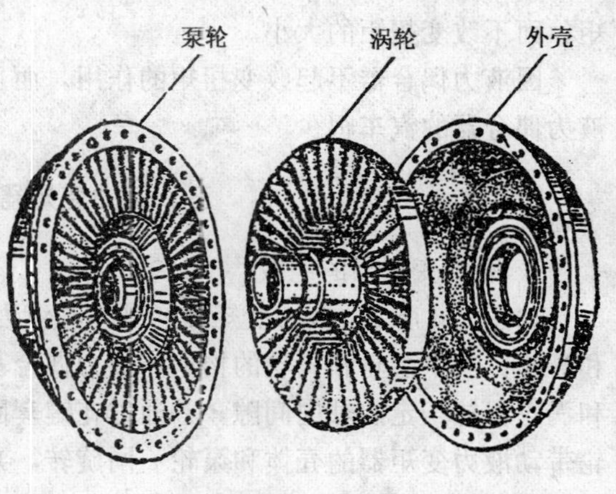

图 2-4 液力偶合器

泵轮和涡轮所包围的空间形成一个封闭的液体循环油道，称为工作腔或循环圆。循环圆的最大直径叫液力偶合器的有效直径。

2. 液力偶合器的工作原理

当发动机运转时，曲轴带动液力偶合器的壳体和泵轮旋转，泵轮叶片内的液压油在泵轮的带动下随泵轮一同旋转。在离心力的作用下，液压油从泵轮叶片内缘被甩向外缘，并从外缘冲向涡轮叶片，使涡轮在液压油的冲击作用下旋转；冲向涡轮叶片的液压油沿涡轮叶片向内缘流动，返回到泵轮的内缘，被泵轮再次甩向外缘。液压油就这样从泵轮流向涡轮，又从涡轮返回泵轮而形成循环的油流（环流）；同时，进入涡轮的液压油在做环流运动的同时，还和涡轮一起绕其轴线做圆周运动，复合成为一空间圆环方向首尾相连的环形螺旋运动，如图 2-5 所示。

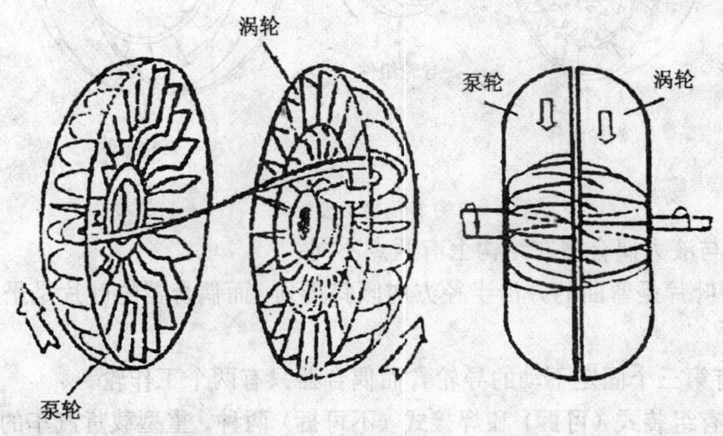

图 2-5 液力偶合器工作原理示意图

在液力偶合器泵轮和涡轮叶片内循环流动的液压油，在从泵轮叶片内缘流向外缘的过程中，泵轮对其作功，其速度和动能逐渐增大；而在从涡轮叶片外缘流向内缘的过程中，液压油对涡轮作功，其速度和动能逐渐减小。因此液力偶合器的传动原理是：发动机的动能通过泵轮传给液压油，液压油在环形螺旋运动中又将动能传给涡轮，涡轮再将液压油的动能转换为机械能输出。

从液力偶合器工作原理可见，液压油在循环流动过程中，除了泵轮和涡轮之间的作用力之外，没有受到任何其它附加外力，故液压油作用在涡轮上的作用力等于泵轮作用在液压油上的作用力，即发动机传给泵轮的扭矩与涡轮上输出的扭矩相等；亦即液力偶合器只传递扭矩，而不改变扭矩的大小。

因液力偶合器不起改变扭矩的作用，而且在汽车低速行驶时的传动效率很低，目前采用液力偶合器的汽车很少。

三、液力变矩器的组成与工作原理

1. 液力变矩器的组成

如图 2-6 所示，液力变矩器的结构与液力偶合器相似，但它有 3 个工作轮，既泵轮、涡轮和导轮。其中泵轮和涡轮的构造与液力偶合基本相同；导轮则位于泵轮和涡轮之间，与泵轮和涡轮保持一定的轴向间隙，并通过花键套固定在变速器从动轴上。发动机运转时，曲轴飞轮带动液力变矩器的壳体和泵轮一同旋转，泵轮内的液压油在离心力的作用下，由泵轮叶片外缘冲向涡轮，并沿涡轮叶片流向导轮，再经导轮叶片流回泵轮叶片内缘，形成循环的油流。导轮的作用是改变涡轮上的输出扭矩。

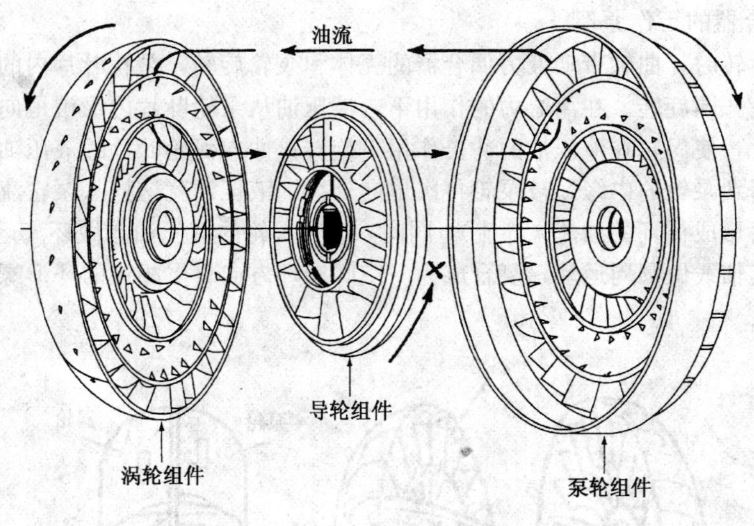

图 2-6 液力变矩器

液力变矩器与液力偶合器在结构上有两点不同：

1）变矩器的叶片是弯曲的并沿半径方向倾斜排列，而偶合器的叶片是平直的并沿半径方向径向排列；

2）变矩器有第三个固定不动的导轮，而偶合器只有两个工作轮。

液力变矩器有组装式（可拆）和焊接式（不可拆）两种。重型载货汽车的液力变矩器，尺寸较大，一般采用可拆式；轿车用的液力变矩器，因其车速较高，现在全部采用焊接不可拆式。

2. 液力变矩器的工作原理

液力变矩器之所以能起变矩作用，是由于在结构上比液力偶合器多了一个固定不动的导轮。在液体循环流动的过程中，固定不动的导轮给涡轮一个反作用力矩，使涡轮输出的扭矩不同于泵轮输入的扭矩。

如图 2-7 的叶片展开示意图所示。为便于说明，设发动机的转速和负荷不变，即液力变矩器泵轮的转速 n_b 及扭矩 M_b 为常数。

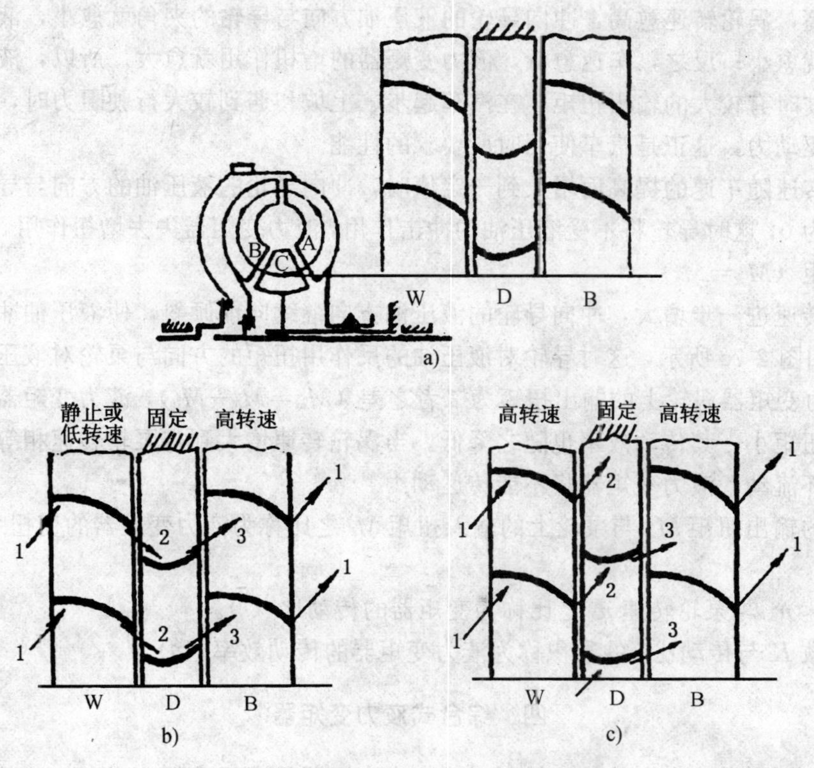

图 2-7　液力变矩器工作原理示意图

a）叶片展开示意图；b）起步时；c）车速较高时

1-由泵轮冲向涡轮的液压油方向；2-由涡轮冲向导轮的液压油方向；3-由导轮流回泵轮的液压油方向；*W*-泵轮；*D*-涡轮；*B*-导轮

汽车在起步之前，涡轮转速为 0，发动机通过液力变矩器壳体带动泵轮旋转，并对液压油产生扭矩 M_b，该扭矩即为液力变矩器的输入扭矩。液压油在泵轮叶片的推动下以一定的速度，按图 2-7b 中箭头 1 的方向冲向涡轮叶片的上缘，对涡轮产生冲击扭矩 M_w，该扭矩即为液力变矩器的输出扭矩。此时，涡轮静止不动，冲向涡轮的液压油沿涡轮叶片流向涡轮叶片下缘，并以一定的速度冲向导轮，对导轮也产生一个冲击扭矩 M_d，然后沿固定不动的导轮叶片流回泵轮。当液压油从涡轮流向导轮时，液压油给导轮一个冲击扭矩 M_d，则导轮通过液压油给涡轮叶片一反作用扭矩，这个扭矩与 M_d 大小相等，方向相反。由此可知，液力变矩器涡轮上的输出扭矩在数值上等于输入扭矩与导轮对涡轮的反作用扭矩之和（M_b+M_d）。显然，此时由于有导轮的存在，涡轮输出扭矩大于泵轮输入扭矩，液力变矩器具有增大扭矩的作用。液力变矩器输出扭矩增大的部分即为固定不动的导轮对循环流动的液压油的反作用扭矩，其数值取决于由涡轮冲向导轮的液流速度和液流方向与导轮叶片之间的夹角。当液流速度不变时，液流与叶片的夹角愈大，反作用扭矩愈大，液力变矩器的增扭作用也就愈大。一般液力变矩器的最大输出扭矩可达输入扭矩的 2.6 倍左右。

当汽车在液力变矩器输出扭矩的作用下起步后，与之相联系的涡轮也开始旋转，其转速随着汽车的加速不断增加。这时由泵轮冲向涡轮的液压油除了沿着叶片流动之外。还要随着涡轮旋转，使得由涡轮下缘出口处冲向导轮的液压油的方向发生了变化，不再与涡轮出口处叶片的方向相同，而是沿着涡轮旋转的方向向前倾斜了一个角度，使冲向导轮的液流方向与导轮叶片间的夹角变小，导轮上所受的冲击扭矩也相应减小，液力变矩器的增扭作用随之减小。车速愈高，涡轮转速愈高，冲向导轮的液压油方向与导轮的夹角就愈小，液力变矩器的增扭作用也就愈小；反之，车速愈低，液力变矩器的增扭作用就愈大。所以，液力变矩器在汽车低速行驶时有较大的输出扭矩，在汽车起步、上坡和遇到较大行驶阻力时，能使驱动轮获得较大的驱动力，这正是汽车使用时所要求的性能。

当涡轮转速随车速的提高而增大到一定值时，冲向导轮的液压油的方向与导轮叶片之间的夹角减小为 0，这时导轮将不受液压油的冲击作用，液力变矩器失去增扭作用，其输出扭矩等于输入扭矩（$M_w=M_b$）。

若涡轮转速进一步增大，冲向导轮的液压油方向继续向前倾斜，使液压油冲击在导轮叶片的背面，如图 2-7c 所示，这时导轮对液压油的反作用扭矩的方向与泵轮对液压油的扭矩方向相反，液力变矩器涡轮上的输出扭矩为二者之差（$M_w=M_b-M_d$），液力变矩器的输出扭矩反而比输入扭矩小，其传动效率也随之降低。当涡轮转速增大到与泵轮转速相等时，由于液压油停止循环流动，液力变矩器将不能传递动力。

涡轮上的输出扭矩 M_w 与泵轮上的输入扭矩 M_b 之比称为液力变矩器的变扭系数（K），或称变扭比。

涡轮转速 n_w 与泵轮转速 n_b 之比称为变矩器的传动比（i）。

变矩系数 K 与传动比 i 的乘积称为液力变矩器的传动效率（η）。

四、综合式液力变矩器

由上述分析可知，当涡轮转速较低时，液力变矩器的变扭系数 K 大于 1，其传动效率较高；当涡轮转速增加到一定数值时，变扭系数 $K=1$；此后，若涡轮转速继续增大，液力变矩器的传动效率将小于 1，其输出扭矩也随之下降。因此，上述这种液力变矩器是不适合实际使用的。

目前在装用自动变速器的汽车上使用的变矩器都是综合式液力变矩器，如图 2-8 所示。它与上述液力变矩器的不同之处在于它的导轮不是完全固定不动的，而是通过单向超越离合器（又称单向啮合器或自由轮离合器）支承在固定于变速器壳体的导轮固定套上（单向超越离合器的结构与工作原理见本章第三节）。这一单向超越离合器使导轮可以顺时针方向旋转（从发动机前面向后看），但不能朝逆时针方向旋转。

当涡轮转速较低时，从涡轮流出的液压油从正面冲击导轮叶片（图 2-7b），对导轮施加一个朝逆时针方向旋转的力矩，但由于单向超越离合器在逆时针方向具有锁止作用，导轮锁止在导轮固定套上，这时的变矩器具有一定的增扭作用（变扭系数 $K>1$）。当涡轮转速增大到某一数值时，液压油对导轮的冲击方向与导轮叶片之间的夹角为 0，此时变扭系数 $K=1$。若涡轮转速继续增大，液压油将从反面冲击导轮（图 2-7c），对导轮产生一个顺时针方向的扭矩。由于单向超越离合器在顺时针方向没有锁止作用，可以自由滑转，所以导轮在液压油的冲击下开始朝顺时针方向旋转，此时导轮对液压油没有反作用力矩，变矩器不起增扭作用，其工作特性和液力偶合器相同，这时涡轮转速较高，变矩器处于高效率的工作范围。

导轮开始空转的工作点称为偶合点。综合式液力变矩器在涡轮转速由 0 到偶合点的工作范围内按液力变矩器的特性工作，在涡轮转速超过偶合点转速之后按液力偶合器的特性工作。

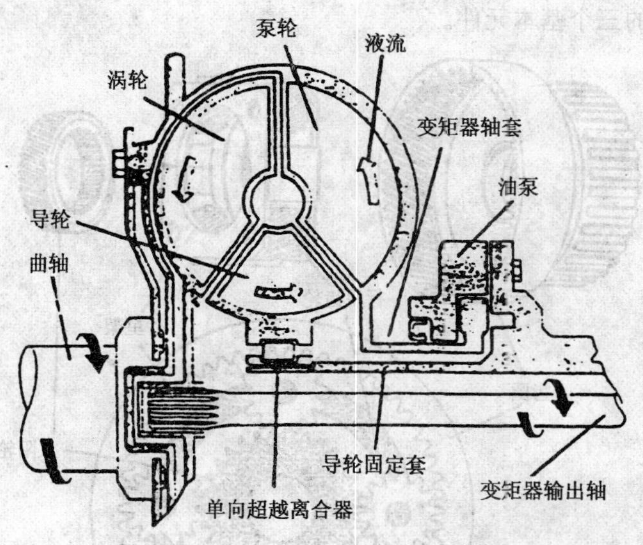

图 2-8 综合式液力变矩器

因此，这种液力变矩器既利用了液力变矩器在涡轮转速较低时所具有的增扭特性，又利用了液力偶合器在涡轮转速较高时所具有的高传动效率的特性。

第三节 行星齿轮变速系统

一、行星齿轮变速系统的功用

自动变速器中的变矩器虽然能在很大的范围内实现无级变速，但由于变矩器只有在输出转速接近于输入转速时才具有较高的传动效率，而且它的增扭作用不够大，只能增加 2～4 倍，此扭矩远不能满足汽车的使用要求。因此在自动变速器中设置行星齿轮变速系统，使其输出扭矩进一步增大 2～4 倍。

自动变速器中的行星齿轮变速系统和传统的手动齿轮变速器一样，具有空档、倒档及 2～4 个前进档，只不过它的档位的变换不是由驾驶员直接控制，而是由自动变速器中的电子控制系统和液压控制系统来控制，通过换档执行机构的动作来改变齿轮变速机构的传动比而实现自动换档的。

二、行星齿轮变速系统的组成

行星齿轮变速系统由行星齿轮机构和换档执行机构两部分组成。行星齿轮机构的作用是改变传动比和传动方向，即构成不同的档位；换档执行机构的作用是实现档位的变换。

1. 行星齿轮机构的结构和类型

1）行星齿轮机构的结构

一般的行星齿轮机构是由 1 个太阳轮、1 个齿圈、1 个行星架和支承在行星架上的几个行星齿轮组成的，称为 1 个行星排（如图 2-9 所示）。太阳轮、齿圈及行星架有一个共同的固定轴线；行星齿轮空套在固定于行星架的行星齿轮轴上，并同时与太阳轮和齿圈啮合。当行星齿轮机构运转时，空套在行星齿轮轴上的几个行星齿轮一方面可以绕着自己的轴线旋转（自转），另一方面又可随着行星架一起绕着太阳轮回转（公转）。在行星排中，太阳轮、齿圈和行星架称为行星排的三个基本元件。

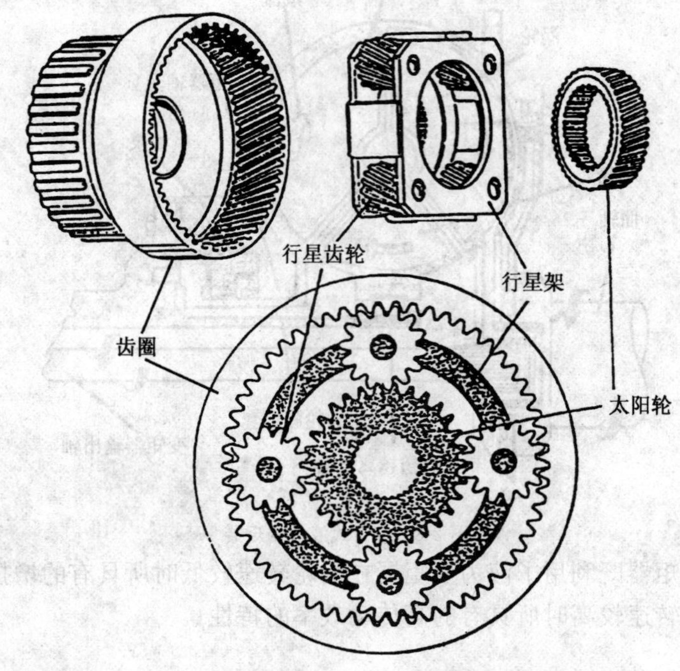

图 2-9 行星齿轮机构

2）行星齿轮机构的类型

行星轮可以按不同的方式进行分类：

（1）按齿轮的啮合方式不同，行星齿轮机构可以分为内啮合式和外啮合式两种（图 2-10）。

因内啮合式行星齿轮机构结构紧凑，传动效率高，故汽车用自动变速器基本上都采用这种结构。

（2）按齿轮的排数不同，行星齿轮机构可分为单排（图 2-10a）和多排两种。多排行星齿轮机构是由几个单排行星齿轮机构组成的。在汽车自动变速器中通常采用由 2 个或 3 个单排行星齿轮机构组成的多排行星齿轮机构。

（3）按太阳轮和齿圈之间的行星齿轮组数的不同，行星齿轮机构可以分为单行星齿轮式（图 2-10a）和双行星齿轮式（图 2-11）两种。

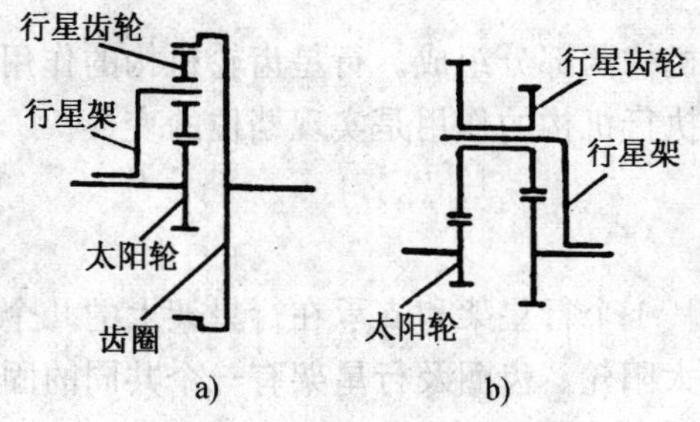

图 2-10 行星齿轮机构啮合方式

a）内啮合行星齿轮机构；b）外啮合行星齿轮机构

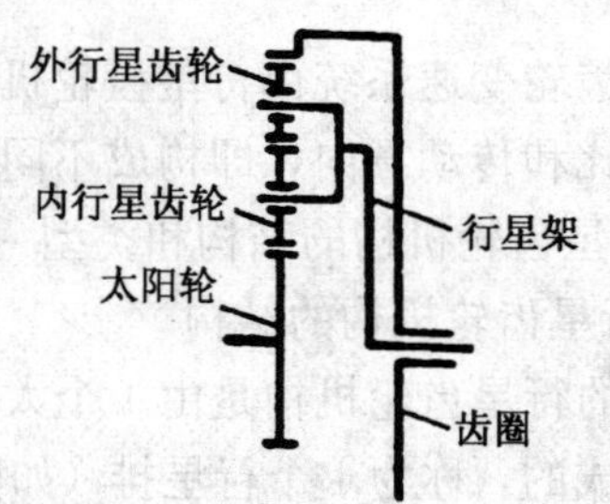

图 2-11 双行星齿轮机构啮合方式

双行星齿轮机构在太阳轮与齿圈之间有两组互相啮合的行星齿轮，其中外面一组和齿圈啮合，里面一组和太阳轮啮合。它与单行星齿轮机构相比，在其它条件相同的情况下，齿圈可以得到反向传动。

3）行星齿轮机构的变速原理

由于单排行星齿轮有两个自由度，因此它没有固定的传动比，不能直接用于变速传动。为了组成具有一定传动比的传动机构，必须将太阳轮、齿匿和行星架3个基本元件中的1个固定（即使其转速为0，也称为制动），或使其运动受到一定约束（即让该构件以某一固定的转速旋转），或将其两个基本元件互相连接在一起（即两者转速相同），使行星排变为只有1个自由度的机构，以获得确定的传动比。

行星排在运转时，由于行星齿轮存在着自转和公转两种运动状态，因此其传动比的计算方法和普通定轴式齿轮传动机构不同。下面以最简单的单排行星齿轮机构为例，对其传动比的计算方法进行定性分析。

在单排行星齿轮机构中，行星齿轮只起中间轮（惰轮）的作用，因此单排行星齿轮机构的传动比取决于太阳轮齿数 Z_1 和齿圈齿数 Z_2，与行星齿轮的齿数无关。

在太阳轮、齿圈和行星架这3个基本元件中，可以任选其中两个基本元件分别作为主动件和从动件，只要第三个基本元件有确定的转速（0或某一数值），即可推算出该机构的传动比，下面分别分析几种可能出现的情况：

（1）如图2-12a所示，齿圈固定，太阳轮为主动件，行星架为从动件时，传动比的数值大于1，为减速传动。

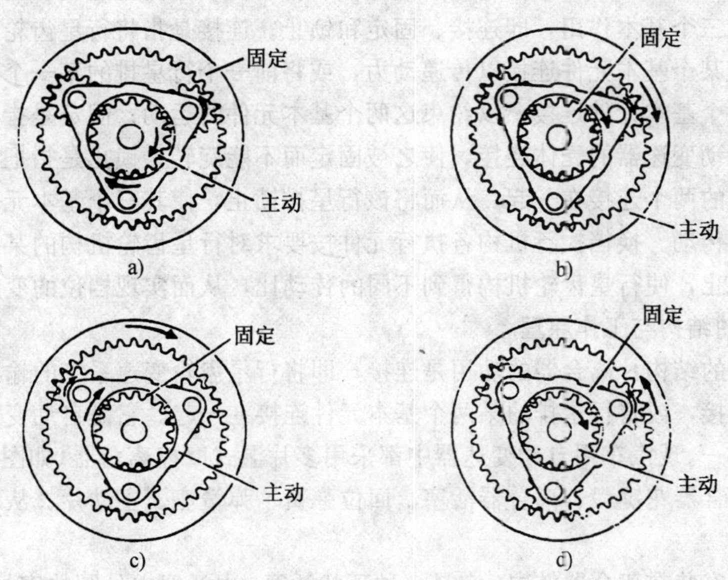

图2-12　行星齿轮机构变速原理示意图

（2）如图2-12b所示，太阳轮固定，齿圈为主动件，行星架为从动件时，传动比的数值也大于1，为减速传动。

（3）如图2-12c所示，太阳轮固定，行星架为主动件，齿圈为从动件时，传动比的数值小于1，为增速传动，相当于超速档。

（4）若行星架固定，则行星齿轮只能自转不能公转，行星排成为一个定轴式齿轮传动机构，而且太阳轮和齿圈的转向相反。此时若太阳轮为主动件，齿圈为从动件，则传动比为负值，故为反向减速传动，相当于倒档。

(5) 若3个基本元件都没有被固定，各个基本元件都可以自由转动，则该机构有两个自由度，因此不论以哪两个基本元件为主动件、从动件，都不能传递动力，此时相当于空档。

(6) 若将任意两个基本元件互相连接起来，使 $n_1=n_2$ 或 $n_2=n_3$，则由行星排的运动特性方程可知，第三个基本元件的转速必与前两个基本元件的转速相同，即3个基本元件将以同样的转速一同旋转。此时不论哪两个基本元件为主动件、从动件，其传动比都是1，这种情况相当于直接档。

多排行星齿轮机构同样也具有两个以上的自由度。为了使它具有确定的传动比，同样也要对它的某些基本元件的运动进行约束（即固定或互相连接），使它变为只有1个自由度的机构。当被约束的基本元件不同时，该机构的传动比也会随之不同，从而组成不同的档位。车用自动变速器一般有3～4个不同传动比的前进档和1个倒档。当所有的基本元件都没有被固定时，即可得到空档。

2. 换档执行机构的结构和工作原理

行星齿轮变速系统的换档执行机构和传统的手动齿轮变速器不同，行星齿轮变速系统中的所有齿轮都是处于常啮合状态，它的档位变换不是通过移动齿轮使之进入啮合或脱离啮合来进行的，而是通过以不同的方式对行星齿轮机构的基本元件进行约束（即固定或连接某些基本元件）来实现的。通过适当地选择被约束的基本元件和约束的方式，就可以使该机构具有不同的传动比，从而组成不同的档位。

行星齿轮变速系统的换档执行机构由离合器、制动器和单向超越离合器三种不同的执行元件组成，它有三个基本作用，即连接、固定和锁止。连接是指将行星齿轮变速系统的输入轴与行星排中的某个基本元件连接以传递动力，或将前一个行星排的某一个基本元件与后一个行星排中的某个基本元件连接，以约束这两个基本元件的运动；固定是指将行星排中的某一基本元件与自动变速器的壳体连接，使之被固定而不能旋转；锁止是指把某个行星排中的三个基本元件中的两个连接在一起，从而将该行星排锁止，使其三个基本元件以相同的转速旋转，产生直接传动。换档执行机构各执行元件按要求对行星齿轮机构的某些基本元件进行连接、固定或锁止，使行星齿轮机构得到不同的传动比，从而实现档位的变换。

1) 离合器的结构与工作原理

(1) 离合器的结构：离合器的功用是连接，即将行星齿轮变速系统的输入轴和行星排的某个基本元件连接，或将行星排的某两个基本元件连接在一起。它是自动变速器中最重要的换档执行元件之一。现汽车用自动变速器中都采用多片湿式摩擦离合器（如图2-13a所示）。它由离合器鼓、离合器花键毂、离合器活塞、回位弹簧、弹簧座、主动片、从动片、调整垫片及密封圈组成。

离合器活塞安装在离合器鼓内。它是一种环状活塞，由活塞内外圆的密封圈保证其密封，从而和离合器鼓一起形成一个封闭的环状液压缸，并通过离合器鼓内圆轴颈上的进油孔和控制油道相通。主动片和从动片交错排列，两者统称为离合器片。主动片的外花键齿安装在离合器鼓的内花健齿圈上，可沿齿圈键槽作轴向移动；从动片由其内花键齿与离合器毂的外花键齿连接，也可沿键槽作轴向移动。从动片的两面烧结有摩擦系数较大的的铜基粉末冶金层或合成纤维层。

(2) 离合器的工作原理：离合器毂和离合器鼓分别以一定的方式和变速器输入轴与行星排的某个基本元件相连接。一般离合器鼓为主动件，离合器毂为从动件（如图2-13b所示）。当

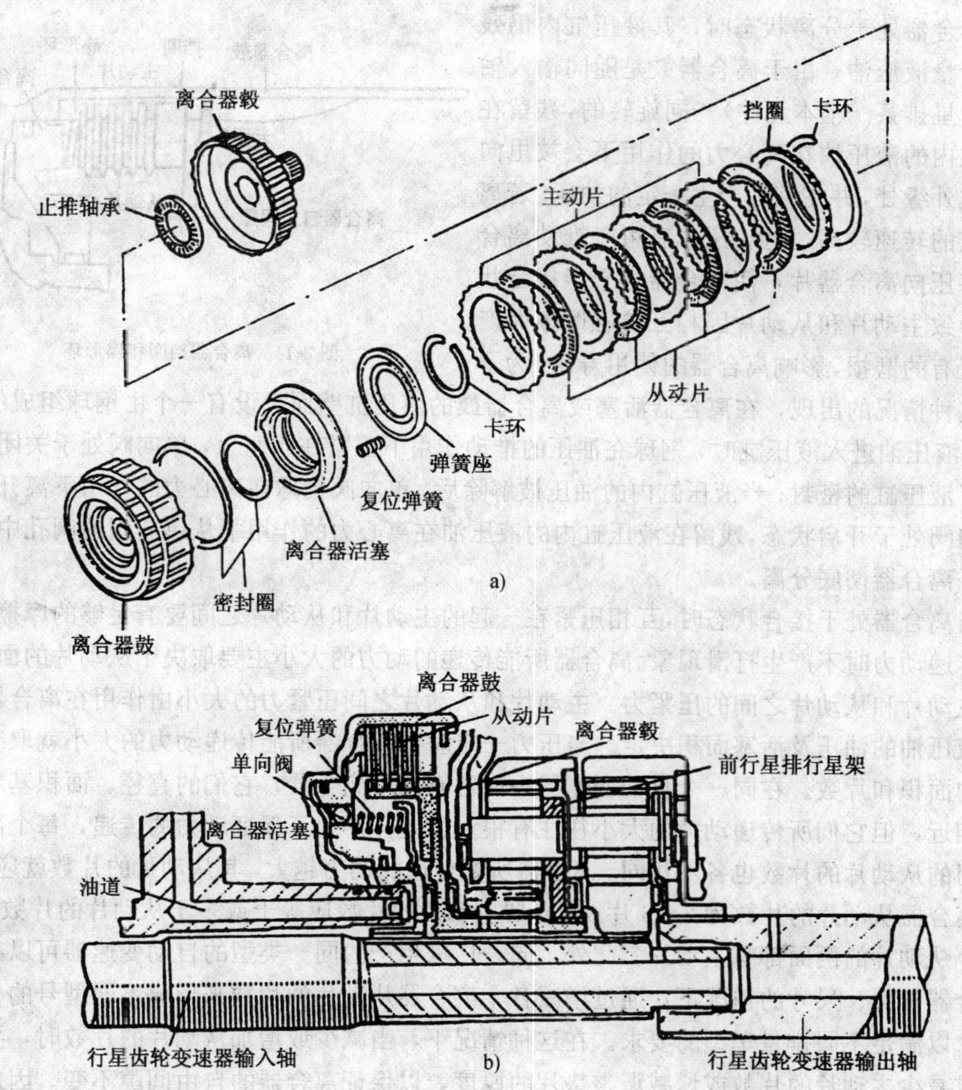

图 2-13　离合器

a）离合器组成；b）离合器工作原理示意图

来自控制阀的液压油进入离合器液压缸时，作用在离合器活塞上的液压油的压力推动活塞，使之克服回位弹簧的张力而移动，将所有的主动片和从动片相互玉紧在一起；主动片和从动片之间的摩擦力使离合器鼓和离合器毂连接为一整体，分别与离合器鼓与离合器毂连接的输入轴和行星排的基本元件也因此被连接在一起，此时离合器处于姜合状态。

当液压控制系统将作用在离合器液压缸内的液压油的压力解除后，离合器活塞在回位弹簧的作用下压回液压缸的底部，并将液压缸内的液压油从进油孔排出。此时主动片和从动片相互分离，两者之间无压力，离合器鼓和离合器毂可以朝不同方向或以不同转速旋转，离合器处于分离状态。此时，离合器活塞和离合器片或离合器片和卡环之间有一定的轴间隙，以保证主动片和从动片之间无任何轴向压力，这一间隙称为离合器的自由间隙（如图 2-14 所示）。其大小可以用挡圈的厚度来调整。一般离合器自由间隙的标准为 0.5～2.0mm。

有些离合器在活塞和钢片之间有一个碟形环（如图 2-14 所示）。它具有一定的弹性，可以减缓离合器接合玎的冲击力。

离合器处于分离状态时，其液压缸内仍残留有少量液压油。由于离合器鼓是随同输入轴（或行星排某一基本元件）一同旋转的，残留在液压缸内的液压油在离心力的作用下会被甩向液压缸外缘处，并在该处产生一定的油压。若离合器鼓的转速较高，这一压力有可能推动离合器活塞压向离合器片，使离合器处于半接合状态，导致主动片和从动片因相互接触摩擦而产生不应有的磨损，影响离合器的使用寿命。为了防止这种情况的出现，在离合器活塞或离合器鼓的液压缸壁面上设有一个由钢球组成的单向阀。当液压油进入液压缸时，钢球在油压的推动作用下压紧在阀座上，单向阀处于关闭状态，保证了液压缸的密封；当液压缸内的油压被解除后，单向阀钢球在离心力的作用下离开阀座，使单向阀处于开启状态，残留在液压缸内的液压油在离心力的作用下从单向阀的阀孔中流出，保证了离合器彻底分离。

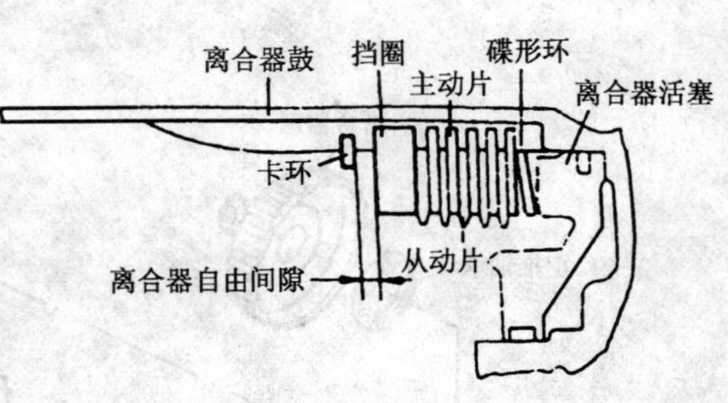

图 2-14　离合器挡圈和碟形环

当离合器处于接合状态时，互相压紧在一起的主动片和从动片之间要有足够的摩擦力，以保证传递动力时不产生打滑现象。离合器所能传递的动力的大小主要取决于从动片的面积、片数及主动片和从动片之间的压紧力。主动片和从动片之间压紧力的大小由作用在离合器活塞上的液压油的油压及活塞面积决定。当压力一定时，离合器所能传递动力的大小就取决于从动片的面积和片数。在同一个自动变速器中通常有几个离合器，它们的直径、面积基本上相同或相近，但它们所传递动力的大小往往有很大的差异。为了保证动力的传递，每个离合器所使用的从动片的片数也各不相同。离合器所要传递的动力越大，其从动片的片数就应越多。一般离合器从动片的片数为 2～6 片。离合器主动片的片数应等于或多于从动片的片数，以保证每个从动片的两面都有主动片。此外，同一厂家生产的同一类型的自动变速器可以在不改变离合器外形、尺寸的情况下，通过增减各个离合器从动片的片数来形成不同型号的自动变速器，以满足不同排量车型的要求。在这种情况下，当减少或增加从动片的片数时，要相应增加或减少主动片的片数或增减调整垫片的厚度，以保证离合器的自由间隙不变。因此有些离合器在相邻两个从动片之间装有两片主动片，这是为了保证自动变速器在改型时的灵活性，并非漏装了从动片。

2）制动器的结构与工作原理

制动器的功用是将行星排中的太阳轮、齿圈、行星架三个基本元件中的 1 个加以固定，使之不能旋转。制动器的结构型式较多，目前最常见的是带式制动器和片式制动器。

(1) 带式制动器的结构与工作原理：带式制动器又称制动带，它由制动鼓、制动带、液压缸及活塞组成（图 2-15)。制动鼓与行星排的某一基本元件连接，并随之一同旋转。制动带的一端支撑在变速器壳体上的制动带支架或制动带调整螺钉上，另一端与液压缸活塞上的推杆连接。制动带内表面为一层摩擦系数较高的摩擦衬片。液压缸被活塞分隔为施压腔和释放腔两部分，分别通过各自的控制油道与控制阀相通。制动带的工作由作用在活塞上的液压油控制。

当液压缸的施压腔和释放腔内均无液压油时，带式制动器不工作，制动带与制动鼓之间有一定的间隙，制动鼓可以随着与它相连接的行星排基本元件一同旋转。

当液压油进入液压缸的施压腔时，作用在活塞上的液压油推动活塞，使之克服回位弹簧

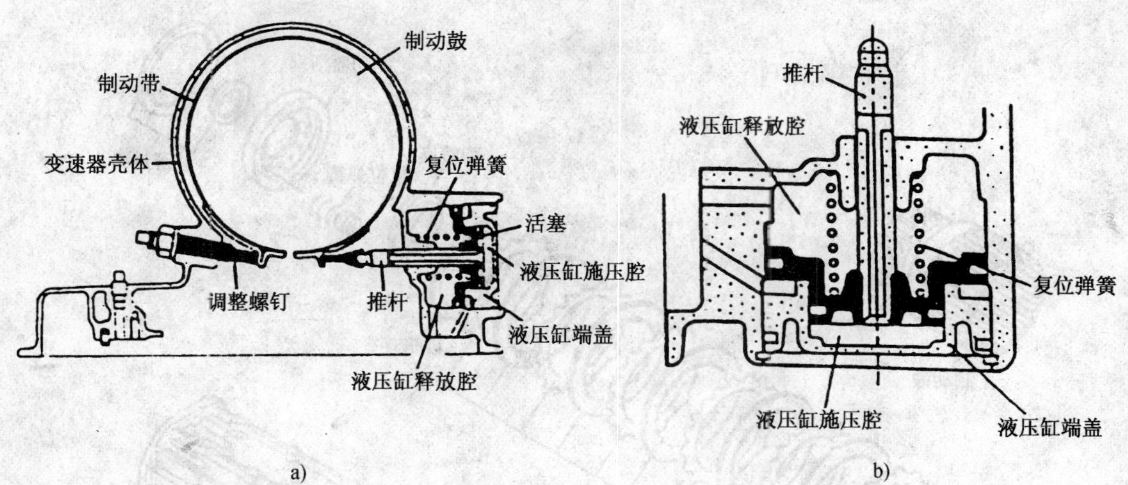

图 2-15 带式制动器

的张力而移动，活塞通过推杆将制动带箍紧在制动鼓上，于是制动鼓被锁住而不能旋转，此时制动器处于制动状态。在制动器处于制动状态，且有液压油进入液压缸的释放腔时，由于释放腔一侧的活塞面积大于施压腔一侧的活塞面积，活塞两侧所受的压力不相等，释放腔一侧的压力大于施压腔一侧的压力，因此活塞在这一压力差及回位弹簧张力的共同作用下后移，推杆随之回缩，制动带被放松，制动器由制动状态转变成释放状态。

当带式制动器不工作时，制动带与制动鼓之间应有适当的间隙。间隙太大或太小都会影响制动器的正常工作。这一间隙的大小可用制动带调整螺钉来调整。在装复时，一般将螺钉向内拧紧至一定力矩，然后再退回规定的圈数（通常为 2～3 圈）。

（2）片式制动器的结构与工作原理：片式制动器由制动器鼓、回位弹簧、钢片、摩擦片及制动器毂等组成。它的结构与工作原理与多片式湿式离合器基本相同，但片式制动器的制动鼓（相当于离合器鼓）是固定在变速器壳体上的（如图 2-16 所示），钢片（相当于离合器主动片）通过外花键安装在固定于变速器壳体上的制动鼓内花键中，摩擦片（相当于离合器从动片）则通过内花键和制动毂上的外花键连接。

当制动器不工作时，钢片和摩擦片之间没有压力，制动器毂可以自由旋转。

当制动器工作时，来自控制阀的液压油进入制动器鼓内的液压缸中，油压作用在制动器活塞上，推动活塞将制动器摩擦片和钢片紧压在一起，与行星排某一基本元件连接的制动器毂就被锁住而不能旋转。

片式制动器的工作平顺性优于带式制动器，因此近年来在轿车自动变速器中采用的越来越多。另外，片式制动器也易通过增减摩擦片数来满足不同排量发动机的要求。

3)单向超越离合器的结构与工作原理:单向超越离合器又称单向啮合器或自由轮离合器。它广泛应用在行星齿轮变速系统及综合式液力变矩器中。它在行星齿轮变速系统中的作用和离合器、制动器相同，也是用于固定或连接行星排中的太阳轮、行星架或齿圈等基本元件，让行星齿轮变速系统组成不同传动比的档位。单向超越离合器是依靠其单向锁止原理来实现固定或连接作用的，其连接和固定也只是单向的，当与之相连接的元件受力方向与锁止方向相同时，该元件即被固定或连接；当受力方向与锁止方向相反时，该元件即被释放或脱离连接。

单向超越离合器有多种型式，目前常见的是滚柱斜槽式和楔块式两种。

（1）滚柱斜槽式单向超越离合器：滚柱斜槽式单向超越离合器由外环、内环、滚柱、滚

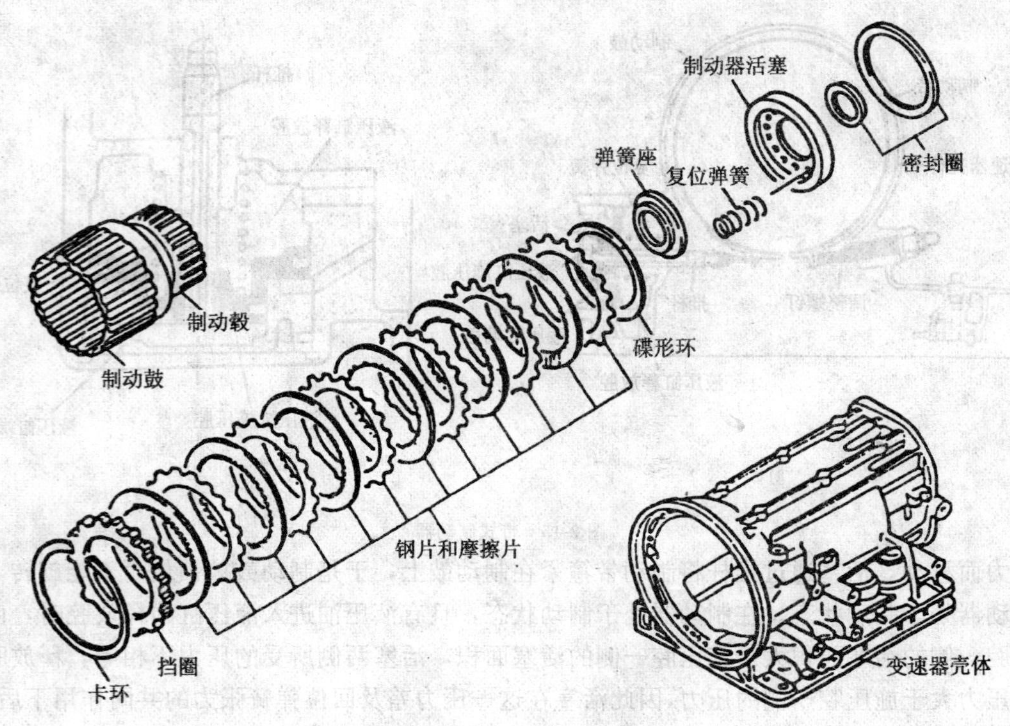

图 2-16　片式制动器

柱回位弹簧等组成(如图 2-17 所示)。内环通常用内花键和行星排的某个基本元件连接或和变速器壳体连接，外环则通过外花键和行星排的另一基本元件连接或和变速器壳体连接。在外环的内表面制有与滚柱相同数目的楔形槽，内外环之间的楔形槽内装有滚柱和弹簧。弹簧的张力将各滚柱推向楔形槽较窄的一端。

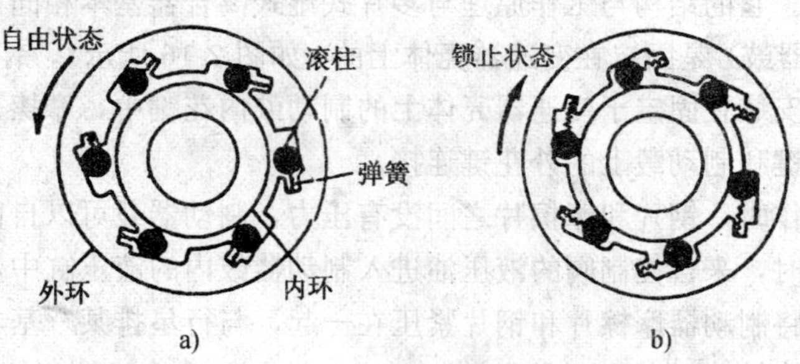

图 2-17　滚柱斜槽式单向超越离合器

a）自由状态；b）锁止状态

如图 2-17a，当外环相对于内环朝逆时针方向转动时，在刚刚转动的瞬间，滚柱在摩擦力的作用下，克服弹簧的张力而滚向楔形槽较宽的一端，外环相对于内环可以自由滑转，此时单向超越离合器处于自由状态。

如图 2-17b，当外环相对于内环朝顺时针方向转动时，滚柱在摩擦力和弹簧张力的作用下被卡死在楔形槽较窄的一端，于是内外环被锁止为一体，不能相对转动，此时单向超越离合器处于锁止状态，与外环连接的基本元件便被固定或者和与内环相连接的元件连接成一个整体。

单向超越离合器的锁止方向取决于外环上楔形槽的方向。在装配时不可装反，否则会改变其锁止方向，使行星齿轮变速器不能正常工作。

（2）楔块式单向超越离合器：楔块式单向超越离合器和滚柱斜槽式单向超越离合器相似，也有外环、内环、滚柱（楔块）等（图 2-18）。不同之处在于它的外环上没有楔形槽，其滚柱不是圆柱形，而是特殊形状的楔块。楔块在 A 方向上的尺寸略大于内外环之间的距离 B，而 C 方向上的尺寸则略小于 B。

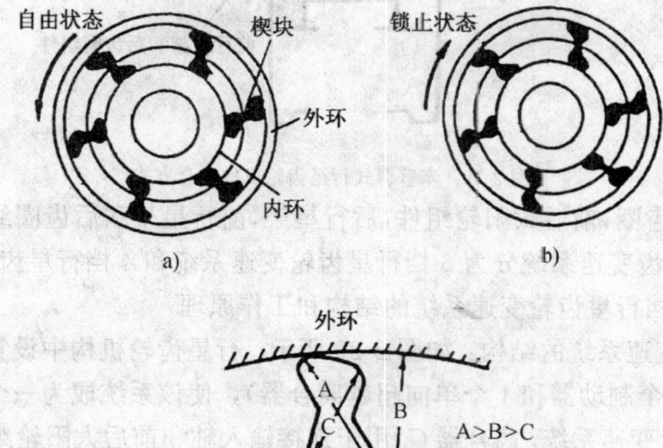

图 2-18 楔块式单向超越离合器

a）自由状态；b）锁止状态；c）楔块尺寸

当外环相对于内环朝顺时针方向旋转时，楔块在摩擦力的作用下立起，因自锁作用而被卡死在内外环之间，使内环和外环无法相对滑转，此时单向超越离合器处于锁止状态；当外环相对于内环朝逆时针方向旋转时，楔块在摩擦力的作用下倾斜，脱离自锁状态，内外可以相对滑转，此时单向超越离合器处于自由状态。

楔块式单向超越离合器的锁止方向取决于楔块的安装方向。在维修时不可装反，否则同样会改变其锁止方向，影响自动变速的正常工作。

三、行星齿轮变速系统的结构与工作原理

不同车型自动变速器在结构上往往有很大差异，主要表现在：前进档的档数不同，离合器、制动器及单向超越离合器的数目和布置方式不同，所采用的行星齿轮机构的类型不同。前进档的数目越多，行星齿轮变速系统中的离合器、制动器及单向超越离合器的数目就越多。离合器、制动器、单向超越离合器的布置方式主要取决于行星齿轮变速系统前进档的档数及所采用的行星齿轮机构的类型。对于行星齿轮机构类型相同的行星齿轮变速系统来说，其离合器、制动器及单向超越离合器的布置方式及工作过程基本上是一致的。轿车自动变速器所采用的行星齿轮机构的类型主要有两类，即辛普森式和拉维萘赫式行星齿轮机构。目前大部分轿车（如通用轿车、丰田系列轿车、尼桑轿车等）都采用辛普森式行星齿轮机构，故本章仅以此为例介绍其结构和工作原理。

如图 2-19 所示，辛普森式行星齿轮机构由两个内啮合式单排行星齿轮机构组合成，其结构特点是：前后两个行星排的太阳轮连接为一体，称为前后太阳轮组件；前一个行星排的行星架和后一个行星排的齿圈连接为一体，称为前行星架和后齿圈组件；输出轴通常与前行星架和后齿圈组件连接。经过上述的组合后，该机构成为一种具有 4 个独立元件的行星齿轮机构。这

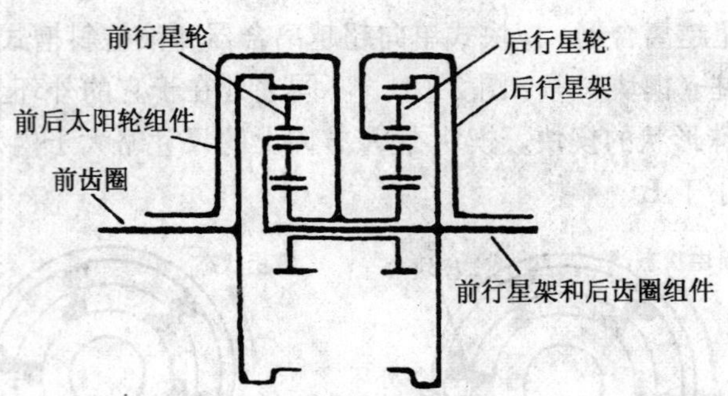

图 2-19 辛普森式行星齿轮机构啮合方式

4 个独立元件是:前齿圈,前后太阳轮组件,后行星架,前行星架和后齿圈组件。根据前进档的档数不同,可将行星齿变速系统分为 3 档行星齿轮变速系统和 4 档行星齿轮变速系统两种。

1. 辛普森式三档行星齿轮变速系统的结构和工作原理

(1) 行星齿轮变速系统的结构：如图 2-20 所示，行星齿轮机构中设置了 5 个换档执行元件（2 个离合器、2 个制动器和 1 个单向超越离合器），使该系统成为一个具有 3 个前进档和 1 个倒档的行星齿轮变速系统。离合器 C_1 用于连接输入轴和前后太阳轮组件，离合器 C_2 用于连接输入轴和前齿圈，制动器 B_1 用于固定前后太阳轮组件，制动器 B_2 和单向超越离合器 F_1 都是用于固定后行星架。

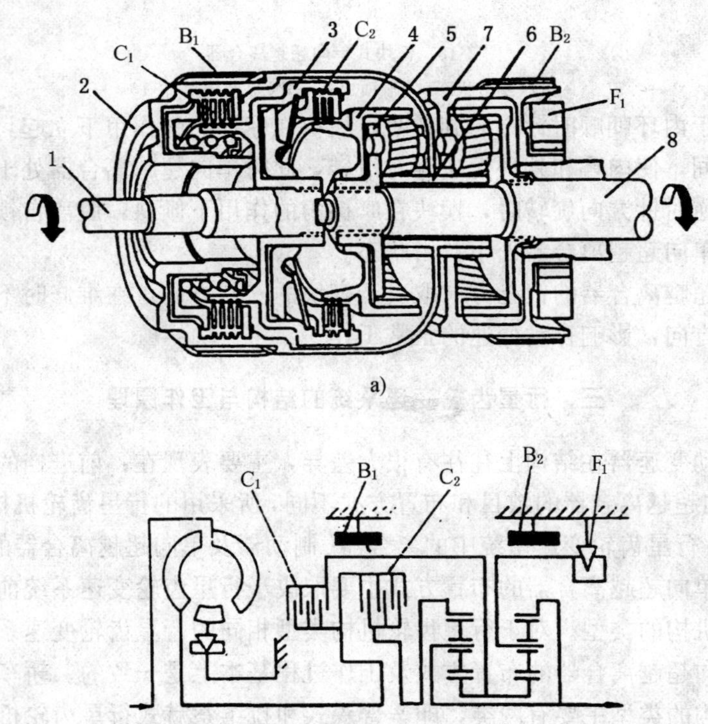

图 2-20 辛普森式三档行星齿变速系统

a) 结构；b) 换档执行元件的布置

1-输入轴；2-倒档及高档离合器鼓；3-前进离合器鼓和倒档及高档离合器毂；4-前进离合器毂和前齿圈；5-前行星架；6-前后太阳轮组件；7-后行星架和低档及倒档制动器鼓；8-输出轴；C_1-倒档及高档离合器；C_2-前进离合器；B_1-2 档制动器；B_2-低档及倒档制动器；F_1-低档单向超越离合器

5 个换档执行元件在各档位的工作情况如表 2-1 所示。

辛普森三档行星齿轮变速系统换档执行元件工作情况 表 2-1

操纵手柄位置	档　位	换执行元件				
		C_1	C_2	B_1	B_2	F_1
D	1 档		O			O
	2 档		O	O		
	3 档	O	O			
R	倒档	O			O	
S、L 或 2、1	1 档		O		O	
	2 档		O	O		

注：O——接合、制动或锁止。

由表中可知，当行星齿轮变速系统处于停车档和空档之外的任何一个档位时，5 个换档执行元件中都有两个处于工作状态（接合、制动或锁止），其余 3 个不工作（分离、释放或自由状态）。处于工作状态的两个换档执行元件中至少有一个是离合器 C_1 或 C_2，以便使输入轴与行星排连接。当变速器处于任一前进档时，离合器 C_2 都处于接合状态，此时输入轴与行星齿轮机构的前齿轮圈接合，使前齿圈成为主动件，因此离合器 C_2 也称为前进离合器。倒档时，离合器 C_1 接合，C_2 分离，此时输入轴与星齿轮机构的前后太阳轮组件接合，使前后太阳轮组件成为主动件；另外，离合器 C_1 在 3 档（直接档）时也接合，因此，离合器 C_1 也称为倒档及高档离合器。制动器 B_1 仅在 2 档才工作，称为 2 档制动器。制动器 B_2 在 1 档和倒档时都工作，因此称为低档及倒档制动器。由此可知，换档执行元件的不同工作组合决定了行星齿轮变速系统的传动方向和传动比，从而决定了行星齿轮变速系统所处的档位。

(2) 行星齿轮变速系统各档的传动路线：

①1 档：如图 2-21 所示，此时前进离合器 C_2 接合，使输入轴和前齿圈连接，同时单向超越离合器 F_1 处于自锁状态，后行星架被固定。来自液力变矩器的发动机动力经输入轴、前进离合器 C_2 传给前齿圈，使前齿圈朝顺时针方向旋转。在前行星排中，前行星齿轮在前齿圈的驱动下一方面朝顺时针方向公转，带动前行星架朝顺时针方向转动，另一方面作顺时针方向的自转，并带动前后太阳轮组件朝逆时针方向转动；在后行星排中，后行星轮在后太阳轮的驱动下朝顺时针方向作自转时，对后行星架产生一个逆时针方向的力矩，而低档单向超越离合器 F_1 对后行星架在逆时针方向具有锁止作用，因此后行星架固定不动，使后齿圈在后行星轮的驱动下朝顺时针方向转动。因此，在前进 1 档时，由输入轴传给行星齿轮机构的动力是经过前后行星排同时传给前行星架和后齿圈组件，再传给与之相连接的输出轴，从而完成动力输出的。

汽车在 1 档行驶时有两种工作状态：

a) 当汽车在行驶中处于 D 位 1 档时，若驾驶员突然松开加速踏板，发动机将立即降至怠速。此时汽车在惯性作用下仍以原来的车速前进，驱动轮将通过自动变速器输出轴反向带动行星齿轮变速系统运转，行星齿轮机构的前行星架和后齿圈组件成为主动件，前齿圈则成为从动件。由于低档单向超越离合器 F_1 对后行星架在顺时针方向无锁止作用，后行星架在后行星轮的带动下朝顺时针方向自由转动，使行星齿轮机构失去传递动力的作用，与驱动轮连接的输出轴的反向驱动力无法经过行星齿轮变速系统传给变速器输入轴。此时汽车作空档滑行，这种情况在一般使用条件下有利于提高乘坐舒适性和燃油经济性，但在汽车下陡坡时却无法

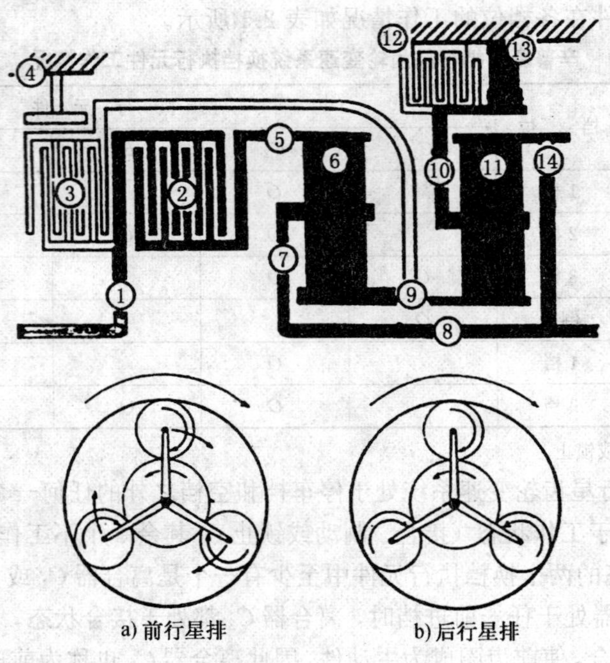

图 2-21　1 档动力传递路线示意图

1-输入轴；2-前进离合器 C_2；3-倒档及高档离合器 C_1；4-2 档制动器 B_1；5-前齿圈；6-前行星轮；7-前行星架；8-输出轴；9-前后太阳轮组件；10-后行星架；11-后行星轮；12-低档及倒档制动器 B_2；13-低档单向超越离合器 F_1；14-后齿圈

利用发动机的怠速运转阻力来实现发动机制动，让汽车减速，即无发动机制动作用。

b）当操纵手柄位于 L 位或 1 位而行星齿轮变速系统处于 1 档时，前进离合器 C_2 和低档及倒档制动器 B_2 同时工作，此时行星齿轮变速系统的工作状态与 D 位 1 档时相同。但由于低档及倒档制动器 B_2 处于制动状态，不论是加速还是怠速滑行，后行星架都是固定不动的。当汽车滑行，发动机处于怠速工况而车速较高时，驱动轮在汽车惯性的作用下，通过输出轴和行星齿轮变速系统带动其输入轴以原来的速度旋转，导致与行星齿轮变速系统输入轴连接的液力变矩器涡轮的转速高于泵轮的转速，来自汽车驱动轮的反向驱动力通过变矩器作用于发动机曲轴上。同样，发动机怠速运转的牵制阻力通过变矩器和行星齿轮变速系统作用于驱动轮，使驱动轮转速下降，从而实现发动机的制动作用。

②2 档：如图 2-22 所示，前进离合器 C_2 和 2 档制动器 B_1 同时工作。此时输入轴仍经前进离合器 C_2 和前齿圈连接，同时前后太阳轮组件被 2 档制动器 B_1 固定。发动机动力经液力变矩器和行星齿轮变速系统的输入轴传给前齿圈，使其朝顺时针方向转动。由于前太阳轮转速为 0，因此前行星轮在前齿轮圈的驱动下一方面朝顺时针方向作自转，另一方面朝顺时针方向作公转，同时带动前行星架及输出轴朝顺时针方向转动。此时后行星排处于自由状态，后行星轮在后齿圈的驱动下朝顺时针方向一边自转一边公转，带动后行星架朝顺时针方向空转。由此可知，2 档时发动机的动力全部经前行星排传到输出轴。

在 2 档状态下，汽车滑行时驱动轮的反向驱动可经过行星齿轮变速系统传至发动机，即具有发动机制动作用。

③3 档：如图 2-23 所示，前进离合器 C_2 和倒档及高档离合器 C_1 同时接合，把输入轴与前齿圈及前后太阳轮组件连接成一体。由于这时前行星排中有两个基本元件互相连接，从而

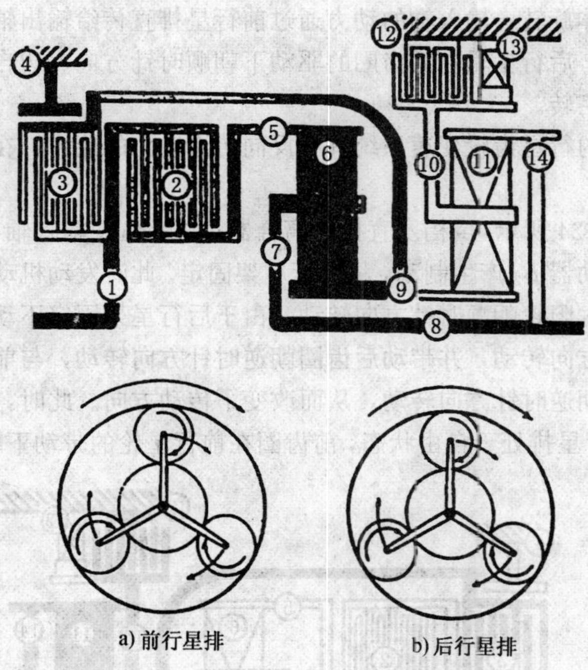

图 2-22　2 档动力传递路线示意图

1-输入轴；2-前进离合器 C_2；3-倒档及高档离合器 C_1；4-2 档制动器 B_1；5-前齿圈；6-前行星轮；7-前行星架；8-输出轴；9-前后太阳轮组件；10-后行星架；11-后行星轮；12-低档及倒档制动器 B_2；13-低档单向超越离合器 F_1；14-后齿圈

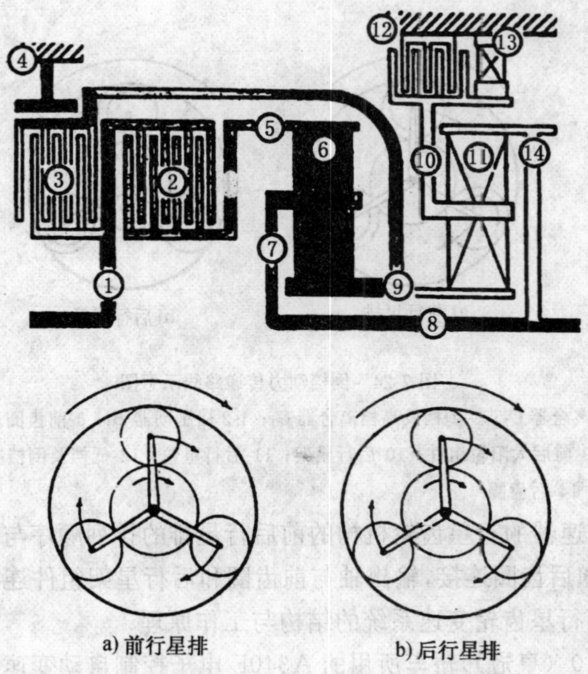

图 2-23　3 档动力传递路线示意图

1-输入轴；2-前进离合器 C_2；3-倒档及高档离合器 C_1；4-2 档制动器 B_1；5-前齿圈；6-前行星轮；7-前行星架；8-输出轴；9-前后太阳轮组件；10-后行星架；11-后行星轮；12-低档及倒档制动器 B_2；13-低档单向超越离合器 F_1；14-后齿圈

使前行星排连成一体旋转，输入轴的动力通过前行星排直传给输出轴，即直接档。此时后行星排处于自由状态，后行星轮在后齿圈的驱动下朝顺时针方向一边自转一边公转，带动后行星架朝顺时针方向空转。

在 3 档状态下的行星齿轮变速系统具有反向传递动力的能力，在汽车滑行时能实现发动机制动。

④倒档：如图 2-24 所示，倒档及直接档离合器 C_1 接合，使输入轴与前后太阳轮组件连接，同时低档及倒档制动器 B_2 产生制动，将后行星架固定。此时发动机动力经输入轴传给前后太阳轮组件，使前后太阳轮朝顺时针方向转动。由于后行星架固定不动，后行星轮在后太阳轮的驱动下朝逆时针方向转动，并带动后齿圈朝逆时针方向转动，与前行星架和后齿圈组件连接的输出轴也随之朝逆时针方向转动，从而改变了传动方向。此时，前行星排中由于前齿圈可以自由转动，前行星排处于自由状态，前齿圈在前行星轮的带动下朝逆时针方向自由转动。

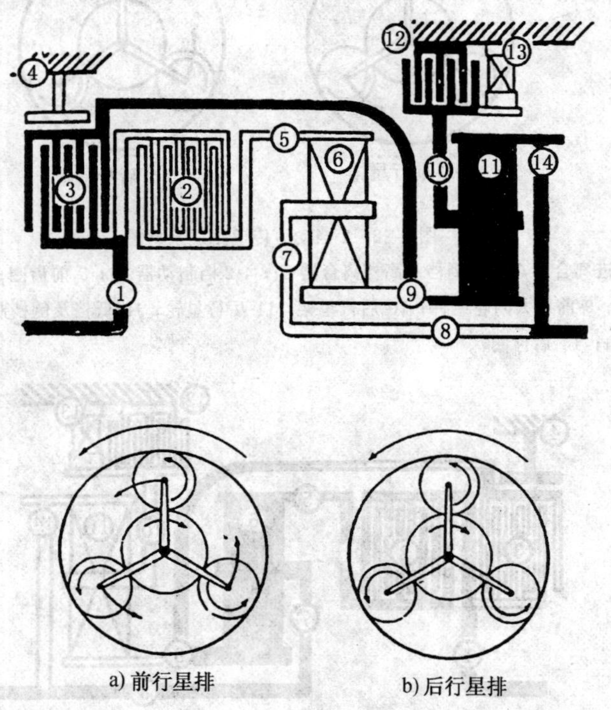

图 2-24 倒档动力传递路线示意图

1-输入轴；2-前进离合器 C_2；3-倒档及高档离合器 C_1；4-2 档制动器 B_1；5-前齿圈；6-前行星轮；7-前行星架；8-输出轴；9-前后太阳轮组件；10-后行星架；11-后行星轮；12-低档及倒档制动器 B_2；13-低档单向超越离合器 F_1；14-后齿圈

有些车型自动变速器的行星齿轮机构的前后行星排的排列顺序与图 2-20 相反，即输入轴通过前进离合器 C_2 和后齿圈连接，输出轴与前齿圈和后行星架组件连接，但工作原理都一样。

2. 3 行星排 4 档行星齿轮变速系统的结构与工作原理

丰田 CROWN3.0（皇冠）轿车所用的 A340E 电子控制自动变速器就采用了这种行星齿轮变速系统。

①结构：如图 2-25 所示，这种 4 档行星齿轮变速器是在不改变原辛普森式 3 档行星齿轮变速系统的主要结构和大部分零部件的情况下，另外再增加一个单排行星齿轮机构和相应的换档执行元件来产生超速档而实现的。这个单排行星齿轮机构称为超速行星排。它安装在行

星齿轮变速系统的前端。其行星架是主动件，与变速器输入轴连接；齿圈为被动件，与后面的双排行星齿轮机构连接。超速行星排的工作由直接离合器 C_0 和超速制动器 B_0 来控制，直接离合器 C_0 用于将超速行星排的太阳轮和行星架连接，超速制动器 B_0 用于固定超速行星排的太阳轮。

为了改善 2～3 档的换档平顺性和使变速器在前进低档位置发动机有制动作用，在原 3 档行星齿轮变速系统的基础上进行了改进。

a）在前后太阳轮组件和 2 档制动器 B_1 之间串联了一个单向超越离合器 F_2，称为 2 档单向超越离合器。单向超越离合器的内环和前后太阳轮组件连接，外环和 2 档制动器 B_1 连接，在逆时针方向对前后太阳轮组件具有锁止作用。当行星齿轮变速系统处于 2 档时，前进离合器 C_2 和 2 档制动器 B_1 仍同时工作。汽车加速时，前后太阳轮组件的受力方向为逆时针方向，由于 2 档单向超越离合器 F_2 的外环被 2 档制动器 B_1 固定，因此前后太阳轮朝逆时针方向的旋转趋势被 2 档制动器 B_1 及 2 档单向超越离合器锁止，使 2 档得以实现。当行星齿轮变速器由 2 档换至 3 档时，即使倒档及直接档离合器 C_1 在 2 档制动器 B_1 释放之前就已接合，但由于倒档及直接档离合 C_1 接合之后，前后太阳轮组件的受力方向改变为顺时针方向，而在顺时针方向上 2 档单向超越离合器 F_2 对前后太阳轮组件没有锁止作用，前后太阳轮组件仍可以朝顺时针方向旋转，使换档能顺利进行。

b）在前后太阳轮组件和变速器壳体之间另外设置了一个制动器 B_3（如图 2-25），即 2 档强制制动器。制动器 B_3 是否工作是由操纵手柄的位置决定的，当操纵手柄位于前进档位置（D）时，制动器 B_3 不工作；当操纵手柄位于前进档位置（2、1 或 S、L）而行星齿轮变速器处于 2 档时，制动器 B_3 工作。这样不论汽车加速或减速，前后太阳轮组件都被该制动器固定，此时的 2 档在汽车放松加速踏板减速时能产生发动机制动作用。目前大多数轿车自动变速器都采用这种结构。

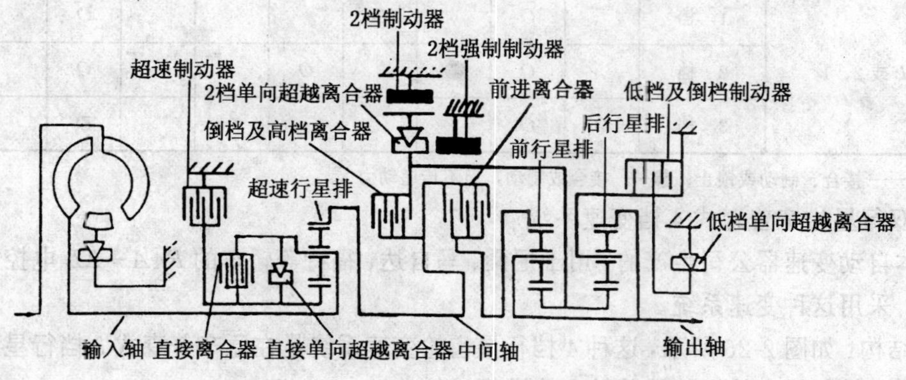

图 2-25　3 行星排 4 档行星齿轮变速系统

②工作原理：根据行星齿轮变速系统的变速原理，当超速制动器 B_0 放松、直接离合器 C_0 接合时，超速行星排处于直接传动状态，其传动比为 1；当超速制动器 B_0 制动，直接离合器 C_0 放松时，超速行星排处于增速传动状态，传动比小于 1。

当行星齿轮变速系统处于 1 档、2 档、3 档或倒档时，超速行星排中的超速制动器 B_0 放松，直接离合器 C_0 结合，使超速行星排处于传动比为 1 的直接传动状态，而后半部分的双排行星齿轮机构各换档执行元件的工作和原辛普森式 3 档行星齿轮变速器在 1 档、2 档、3 档及倒档时的工作完全相同（表 2-2）。来自变矩器的发动机动力经超速行星排直接传给后半部分的双排行星齿轮机构，此时行星齿轮变速系统的传动比完全由后半部分的双排行星齿轮机构及相应的换档执行元件来控制。

当行星齿轮变速系统处于超速档时，后半部分的双排行星齿轮机构保持在 3 档位置，其传动比为 1；而在超速行星排中，由于超速制动器 B_0 产生制动，直接离合器 C_0 放松，使超速行星排处于增速传动状态，其传动比小于 1。

③直接单向超越离合 F_0 的作用：

直接离合器 C_0 在自动变速系统处于超速档以外的任何一个档位时都处于接合状态，因此当发动机刚刚起动而油泵尚未建立起正常的油压时，直接离合器 C_0 就已处于半接合状态，这样易使其摩擦片因打滑而加剧磨损。为了防止出现这种情况，在直接离合器 C_0 处并列布置了一个直接单向超越离合器 F_0，使超速行星排在逆时针时对太阳轮产生锁止作用，防止直接离合器 C_0 的摩擦片在半接合状态下打滑；直接离合器 C_0 的另一作用是改善由 3 档升至超速档时的换档平顺性。

3 行星排 4 档行星齿轮变速系统各换档执行元件在不同档位的工作情况如表 2-2 所示。

3 行星排辛普森式 4 档行星齿轮变速系统换档执行元件的工作情况 表 2-2

操纵手柄位置	档位	换档执行元件									
		C_1	C_2	B_1	B_2	B_3	F_1	F_2	C_0	B_0	F_0
D	1 档		O				O		O		O
	2 档		O	O				O	O		O
	3 档	O	O	●					O		O
	超速档	O	O	●						O	
R	倒档	O			O				O		O
S、L 或 2、1	1 档		O		O				O		O
	2 档		O	●		O			O		O
	3 档	O	O						O		O

注：O——接合、制动或锁止；●——接合或制动，但不传递动力。

3. 双行星排辛普森式 4 档变速系统

日本自动变速器公司生产的，用于尼桑、马自达、福特等轿车的 $R4A-EL$ 电控液力自动变速器，采用这种变速系统。

1）结构：如图 2-26 所示，这种 4 档行星齿轮变速系统是在原辛普森式 3 档行星齿轮变速系统中的双排行星齿轮机构的基础上改进而成的。

改进后的行星齿轮机构除了前齿圈和后行星架仍互相连接为一体之外，前行星排和后行星排的其它基本元件全部各自独立，形成一种具有 5 个独立元件的行星齿轮机构。在这 5 个独立元件中，后太阳轮始终和输入轴连接，输出轴则与前齿圈和后星行架组件连接。在这种行星齿轮机构中设置了 4 个离合器、2 个制动器和 2 个单向超越离合器，使之成为具有 4 个前进档和 1 个倒档的 4 档行星齿轮变速系统，并且在 1 档、2 档、3 档都有两种工作状态，即有发动机制动或无发动机制动。这 8 个换档执行元件的布置方式如图 2-26 所示。

8 个换档执元件在行星齿轮变速系统各档位的工作情况如表 2-3 所示。表中各部件的功能见表 2-4。

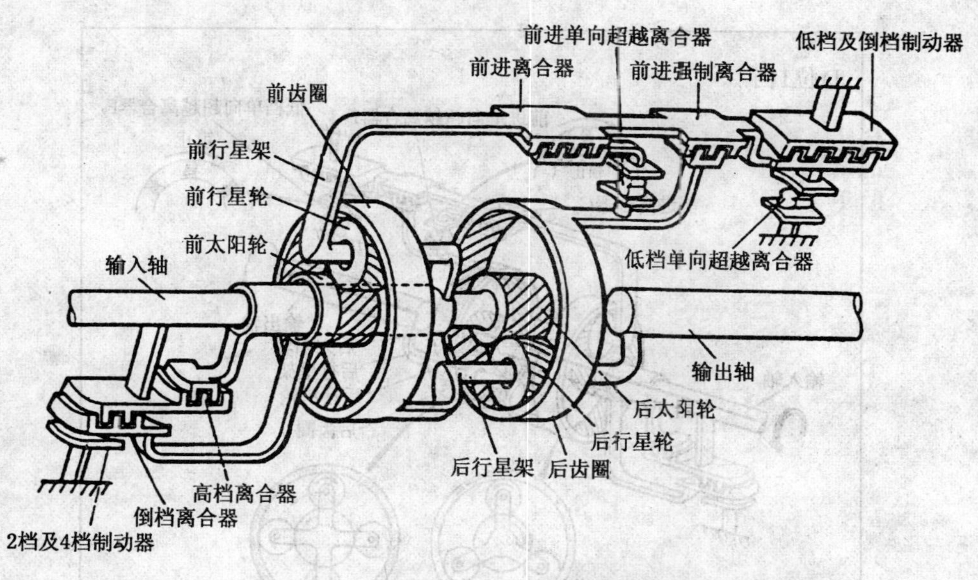

图 2-26　双行星排 4 档行星齿轮变速系统

双行星排辛普森式 4 档行星齿轮变速系统换档执行元件的工作情况　　表 2-3

操纵手柄位置	档位	换档执行元件							
		C_1	C_2	C_3	C_4	B_1	B_2	F_1	F_2
D	1　档			*O*				*O*	*O*
	2　档			*O*		*O*		*O*	
	3　档		*O*	*O*				*O*	
	超速档		*O*	●		*O*			
R	倒档	*O*					*O*		
S、*L* 或 2、1	1　档			●	*O*		*O*		
	2　档			●	*O*	*O*			
	3　档		*O*	●	*O*				

注：*O*——接合、制动或锁止；●——接合或制动，但不传递动力。

4 档行星齿轮变速系统各部件的功能　　表 2-4

部件	部件名称	功　　能
C_1	倒档离合器	连接输入轴和前太阳轮
C_2	高档离合器	连接输入轴和前行星架
C_3	前进离合器	连接前行星架和后齿圈
C_4	前进强制离合器	连接前行星架和后齿圈，与 C_1、F_1 并联布置，在操纵手柄位于前进低档时使前进档具有发动机制动作用
B_1	2 档及 4 档制动器	用于固定前太阳轮
B_2	低档及倒档制动器	与 F_2 并联布置，一同用于固定前行星架
F_1	前进单向超越离合器	与 C_3 串联，防止后齿圈逆时针方向转动
F_2	低档单向超越离合器	防止前行星架逆时针方向转动

2）各档位时的动力传递路线：其动力传递路线如图 2-27 所示：

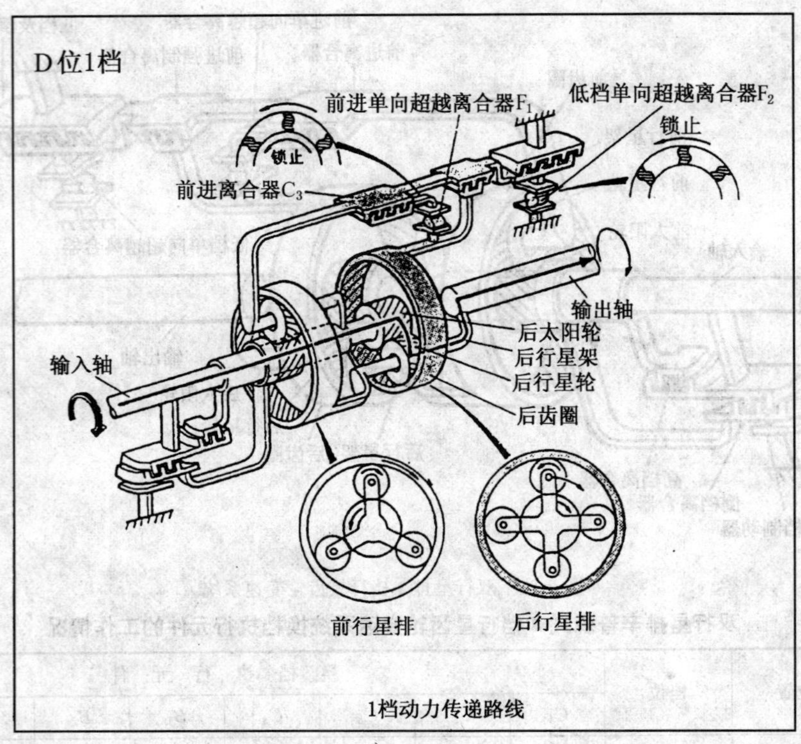

a)

D位2档

锁止

前进单向超越离合器F_1

低档单向超越离合器F_2

自由

前进离合器C_3

前齿圈

前行星架

前行星轮

前太阳轮

输入轴

输出轴

后太阳轮

后行星架

后行星轮

后齿圈

2档及4档制动器B_1

前行星排

后行星排

2档动力传递路线

b)

图 2-27

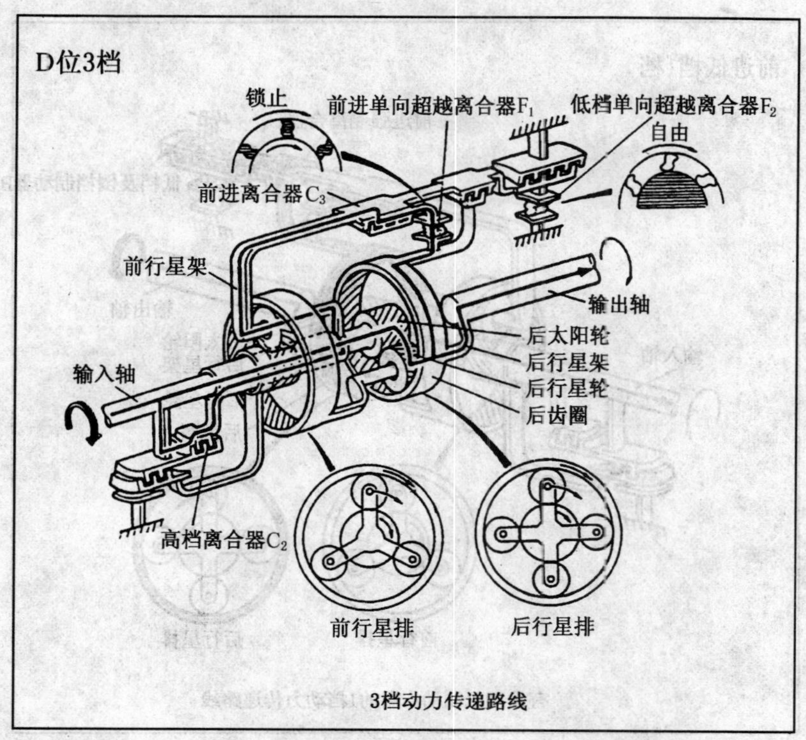

c)

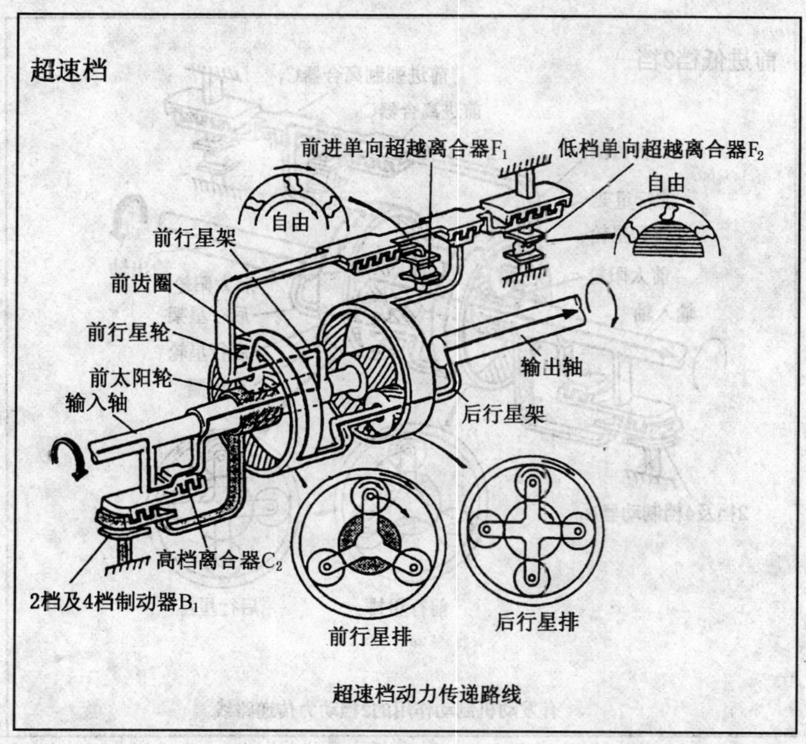

d)

图 2-27

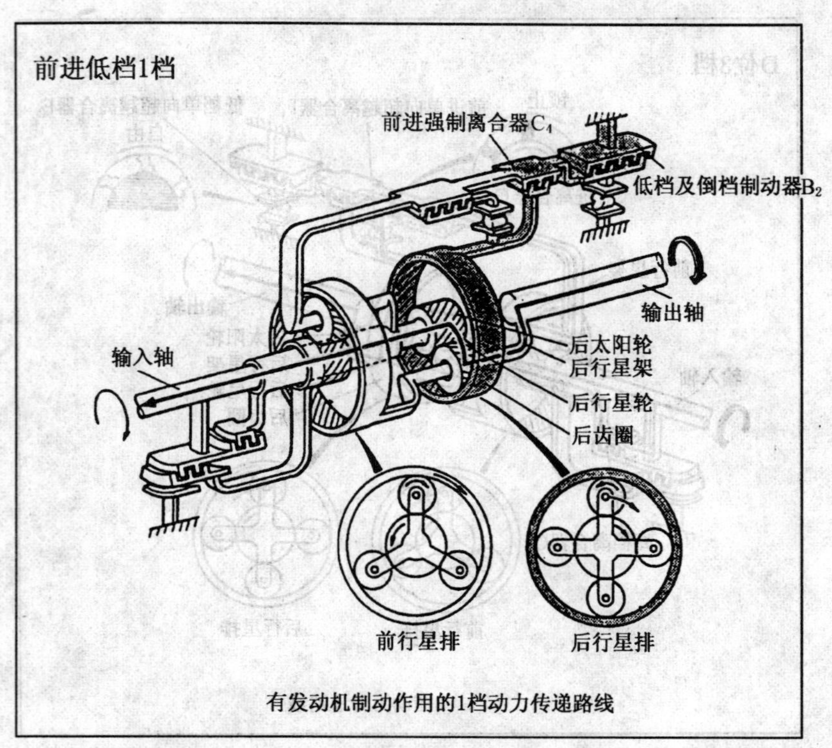

e)

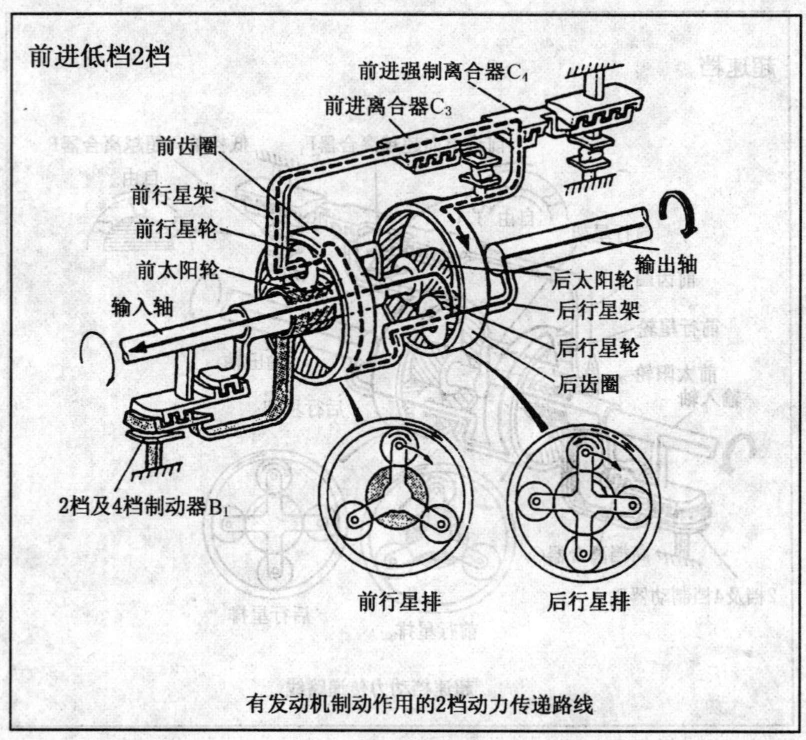

f)

图 2-27

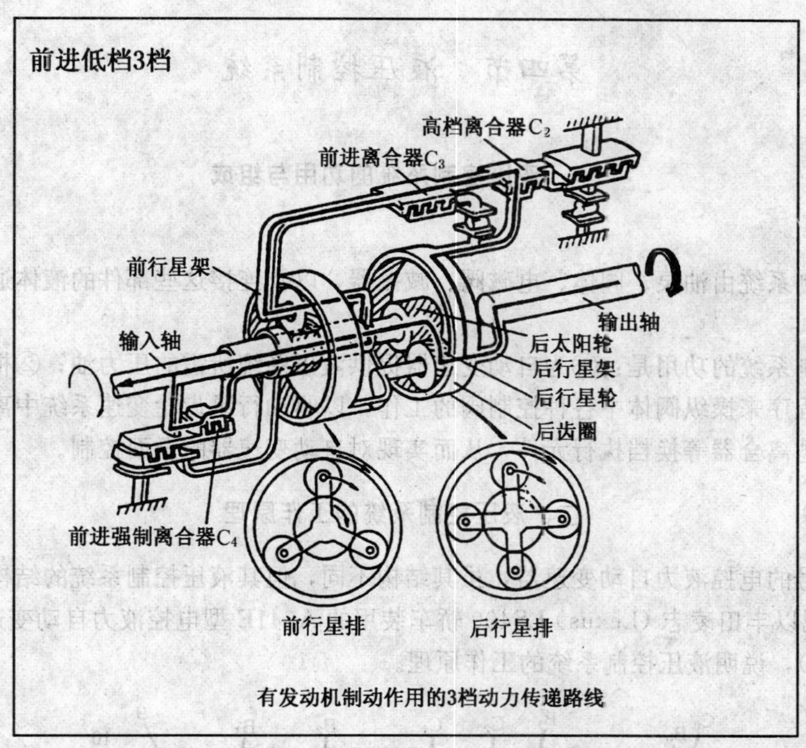

有发动机制动作用的3档动力传递路线

g)

倒档

前进单向超越离合器F_1
低档及倒档制动器B_2
锁止
前齿圈
前行星架
前行星轮
前太阳轮
输出轴
输入轴
后行星架
倒档离合器C_1
前行星排
后行星排

倒档动力传递路线

h)

图 2-27 双行星排辛普森式 4 档行星齿轮变速系统各档动力传递路线

第四节 液压控制系统

一、液压控制系统的功用与组成

1．组成

液压控制系统由油泵、阀体、电磁阀、减振器，以及连接这些部件的液体通道组成。

2．功用

液压控制系统的功用是：①为自动变速器提供液压系统所需的压力油；②根据电子控制系统的控制程序来操纵阀体中各种控制阀的工作，以驱动行星齿轮变速系统中离合器、制动器及单向超越离合器等换档执行元件，从而实现对自动变速器的全面控制。

二、液压控制系统的工作原理

各种型号的电控液力自动变速器，虽其结构不同，但其液压控制系统的结构与工作原理基本相同。现以丰田凌志（Lexus）LS400 轿车装用的 A341E 型电控液力自动变速器为例（如图 2-28 所示），说明液压控制系统的工作原理。

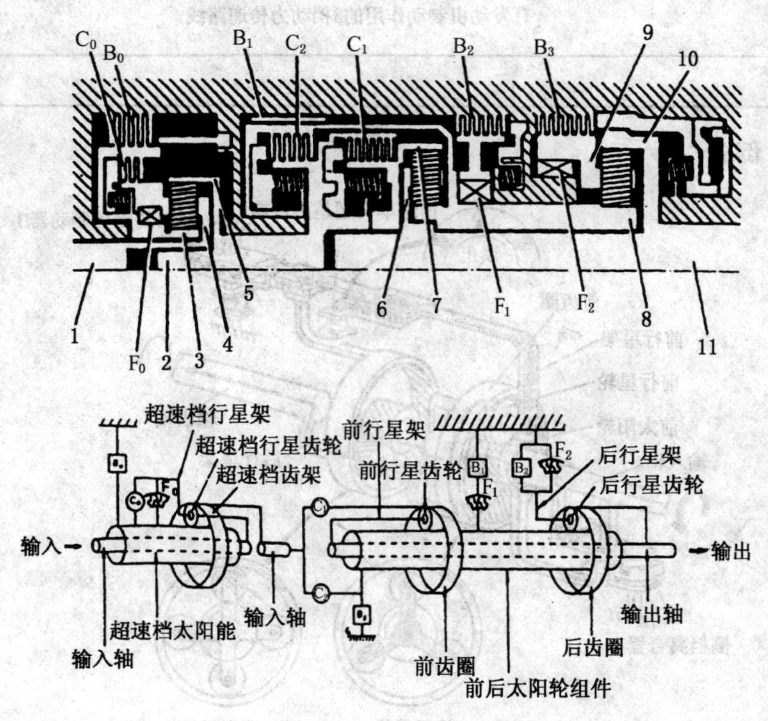

图 2-28 A341E 自动变速器行星排及换档执行元件

1-输入轴；2-中间轴；3-超速行星排太阳轮；4-超速行星排行星架；5-超速行星排齿圈；6-前行星架；7-前齿圈；8-前后太阳轮组件；9-后行星架；10-后齿圈；11-输出轴；C_0-直接离合器；C_2-倒档及高档离合器；C_1-前进离合器；B_0-超速制动器；B_2-2 档制动器；B_3-低档及倒档制动器；B_1-2 档强制制动器；F_0-直接单向超越离合器；F_2-低档单向超越离合器；F_1-2 档单向超越离合器

该液压控制系统工作原理如图 2-29 所示。

这种自动变速器的阀体上有四个电磁阀，其工作均由来自电子控制系统的电信号控制。1

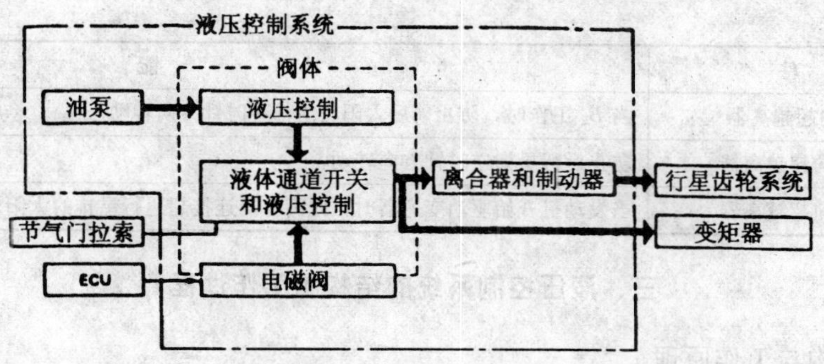

图 2-29　液压控制系统原理图

号和 2 号电磁阀用于操纵换档阀，以变换自动变速器的档位。3 号电磁阀用于控制液力变矩器单向超越离合器的接合与分离。4 号电磁阀则用于控制前进档减振器活塞的背压，它在换档过程中按照电子控制系统的控制信号开启泄油孔，降低储压器的背压，以减缓换档执行元件的油压增长速度，降低换档时齿轮的冲击。

在 1 号和 2 号电磁阀的操纵下，变速器自动换档的工作情况如表 2-5 所示。表中各部件的功能见表 2-6。

A341E 自动变速器换档电磁阀和换档执行元件工作情况　　表 2-5

操纵手柄位置	档　位	1 号电磁阀	2 号电磁阀	换　档　执　行　元　件									
				C_1	C_2	B_1	B_2	B_3	F_1	F_2	C_0	B_0	F_0
P	驻车档	开	关								O		
R	倒　档	开	关		O			O			O		O
N	空档	开	关								O		
D	1　档	开	关	O						O	O		O
	2　档	开	开	O			O		O		O		O
	3　档	关	开	O	O		●				O		O
	超速档	关	关	O	O		●					O	
3	1　档	开	关	O						O	O		O
	2　档	开	开	O		O	●		O		O		O
	3　档	关	开	O	O		●				O		O
1—2 (*L*)	1　档	开	关	O				O		O	O		O
	2 档	开	开	O		O	●		O		O		O

注：*O*——接合、制动或锁止；●——接合、制动，但不传递动力。

A341E 自动变速器各部件的功能　　表 2-6

零　部　件		功　　能
C_1	前进离合器	连接输入轴和前行星排齿圈
C_2	倒档及高档离合器	连接输入轴和前后太阳轮组件
C_0	直接离合器	连接超速档太阳轮和行星架
B_1	2 档强制制动器	防止前后太阳轮组件顺时针或逆时针方向转动
B_2	2 档制动器	防止 F_1 的齿圈顺时针或逆时针转动，从而防止前后太阳轮组件逆时针方向转动。
B_3	低档及倒档制动器	防止后行星架顺时针或逆时针方向转动
B_0	超速制动器	防止超速档太阳轮顺时针或逆时针方向转动

续上表

零部件		功能
F_1	2档单向超越离器	当 B_2 工作时，防止前后太阳轮组件逆时针方向转动
F_2	低档单向超越离器	防止后行星架逆时针方向转动
F_0	直接单向超越离器	当发动机开始驱动变速器时，此离合器连接超速行星排的太阳轮和行星架。

三、液压控制系统的结构和工作过程

1. 油泵结构与工作原理

1）功用

油泵是自动变速器最重要的总成之一。它通常安装在液力变矩器的后方，由变矩器后端的轴套驱动。它的功用是为系统提供润滑油和液压控制系统所需的压力油。在发动机运转时，不论汽车是否行驶，油泵都在运转，为自动变速器中的液力变矩器、换档执行机构、液压控制阀等部分提供所需的一定压力的液压油，以保证其正常工作。

2）结构与工作原理

（1）内啮合齿轮泵：一般轿车或小客车采用的是内啮合式齿轮泵（各种丰田汽车自动变速器都采用这种油泵），它主要由主动齿轮、从动齿轮、泵体、泵盖和环形油封等组成（图 2-30）。从动齿轮是一个内齿圈。壳体的齿轮槽内有一个月牙形凸台（图 2-31），将主动齿轮和从动齿轮之间的工作腔分隔为吸油腔和泵油腔，两腔不通。在壳体上有进油口和出油口，进油通过滤油器，出油口通过油道与相关的液压控制阀相通。主动齿轮的内圈有两个凸键，与安装在液力变矩器后的轴套是键槽相啮合。

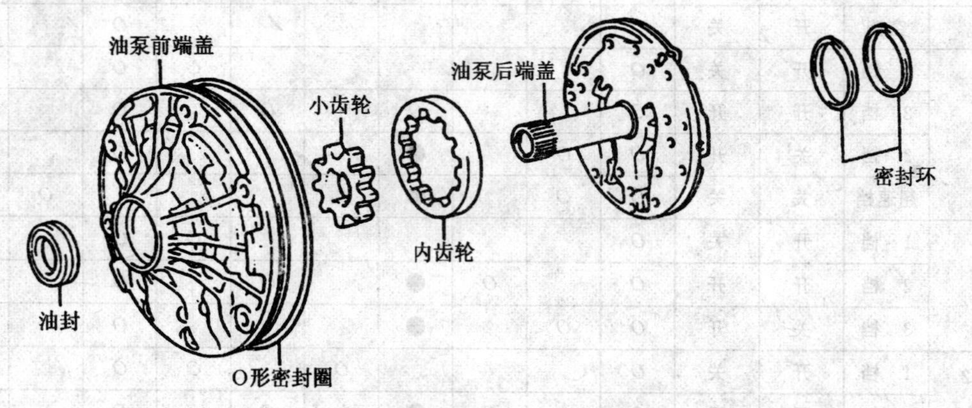

图 2-30 内啮合齿轮泵

发动机转动运转时，变矩器壳体后端的轴套带动主动齿轮和从动齿轮一起朝顺时针方向旋转。此时，在吸油腔，由于主动齿轮和从动齿轮不断退出啮合，容积由小变大，产生吸力，将油液从进油口经滤网吸入泵体内，且随着齿轮的的旋转，齿间的液压油被带到泵油腔；在泵油腔，由于主动齿轮和从动齿轮不断进入啮合，容积由大变小，使油压升高，从而将液压油以一定的压力泵出。在油泵的出油道中装有限压阀，以限制输出的最高油压而保证其油压的稳定，从而保证系统安全工作。

（2）转子泵：另一种按照内啮合原理工作的油泵是转子泵或称摆线转子泵（图 2-32），马自达 626 轿车的自动变速器采用这种油泵。它主要由内转子、外转子、泵体及泵盖组成。内转子为外齿轮；外转子为内齿轮。内外转子的旋转中心不同，两者之间有偏心距。一般内转子的齿数为 4、6、8、10 等，而外转子比内转子多 1 个齿。内转子的齿数越多，出油脉动就越小。通常自动变速器上所用的转子泵的内转子都是 10 个齿。

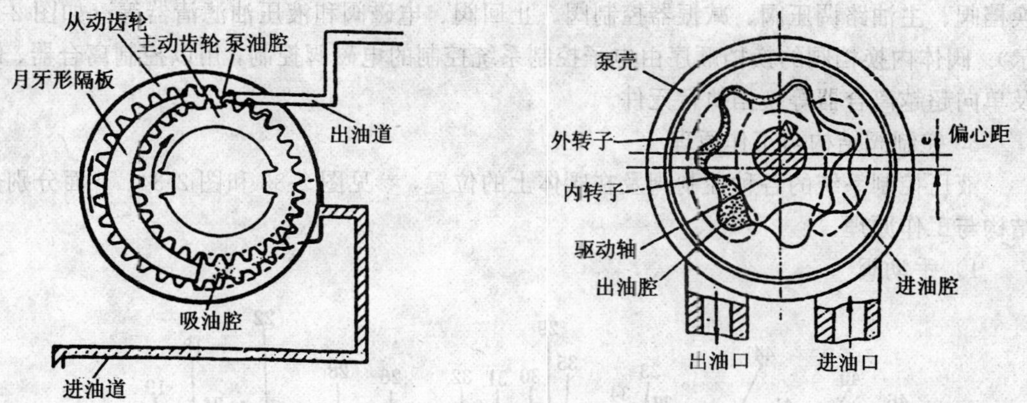

图 2-31　内啮合齿轮泵工作原理　　图 2-32　摆线转子泵

发动机运转时，驱动轴带动内外转子朝相同方向旋转。内转子为主动件，外转子为从动件，外转子的转速比内转子每圈慢 1 个齿。内外转子的齿廓能保证在油泵运转时，不论内外转子转到什么位置，各齿均处于啮合状态，即内转子每个齿的齿廓曲线上总有一点和外转子的齿廓曲线相接触，从而在内、外转子间形成与内转子齿数相同个数的工作腔。这些工作腔的容积随着转子的旋转而不断变化，当转子朝着顺时针方向旋转时，内转子、外转子中心线右侧的各个工作腔的容积由小变大，产生吸力，将液压油从进油口吸入；在内转子、外转子中心线的左侧的各个工作腔的容积由大变小，使油压升高，从而将液压油以一定的压力从出油口泵出。

2. 阀体结构与工作原理

现仍以丰田凌志(Lexus)LS400 轿车装用的 A341E 型电控液力自动变速器为例，说明阀体的结构与工作原理。

如图 2-33 所示，该变速器阀体为分体式，由上阀板、下阀板、隔板和衬垫组成，用以控

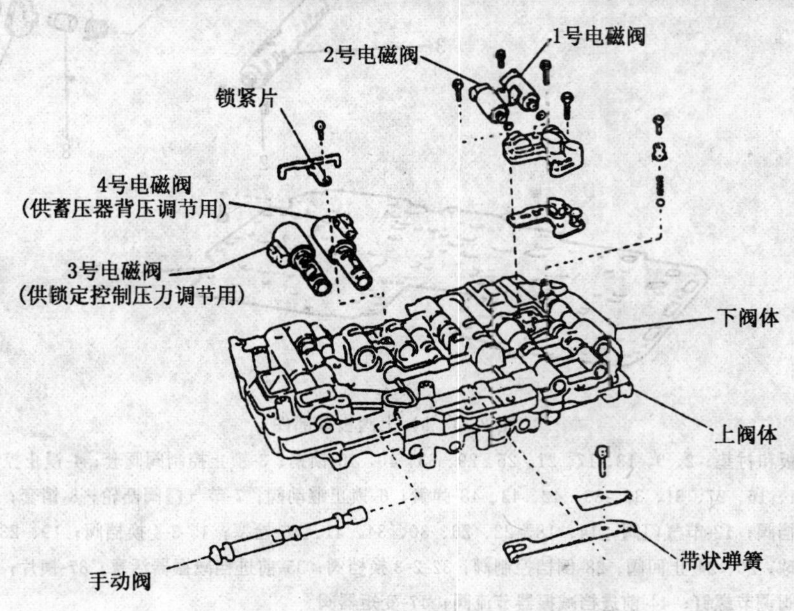

图 2-33　A341 自动变速器阀体

制离合器、制动器及液压变扭器的单向超越离合器。阀体的上阀板上有节气门阀、换档阀、降档阀、锁止继动阀、止回阀和辅助液压油滤油器等（如图 2-34a 所示）；下阀板上装有手动阀、换档阀、主油路调压阀、减振器控制阀、止回阀、电磁阀和液压油滤清器等（如图 2-34b 所示）。阀体内换档阀的换档顺序由电子控制系统控制的电磁阀控制，用以控制离合器、制动器及单向超越离合器等换档执行元件。

3. 控制阀结构与工作原理

液压控制系统的各种控制阀及在阀体上的位置，参见图 2-33 和图 2-34。下面分别介绍其结构与工作原理。

1）手动阀

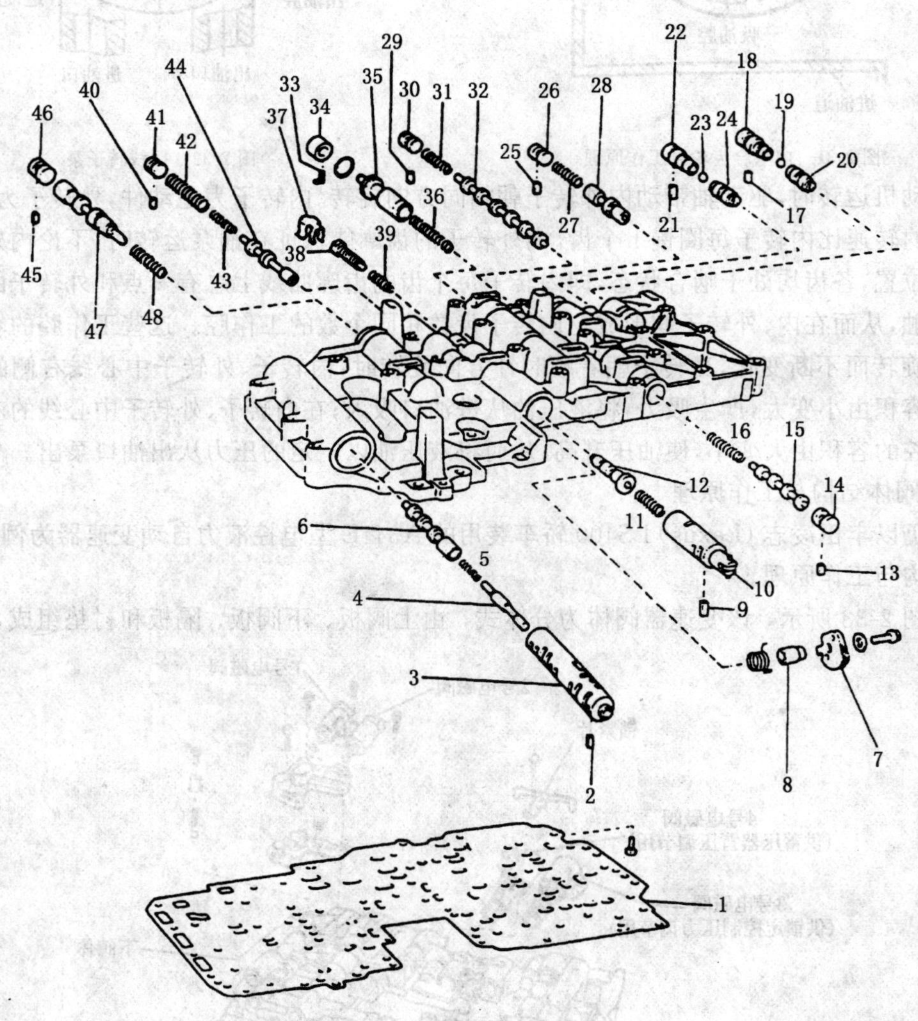

图 2-34　a）上阀板零部件

1-隔板和衬垫；2、9、13、17、21、25、29、33、40、45-锁销；3-锁止控制阀阀套；4-锁止控制阀；5、11、16、27、31、36、39、42、43、48-弹簧；6-锁止继动阀；7-节气门阀凸轮；8-销套；10-强制降档阀；12-节气门阀；14、18、22、26、30、34、41、46-栓塞；15-3-4 换档阀；19、23-止回阀阀球；20、24-止回阀；28-倒档控制阀；32-2-3 换档阀；35-前进档减振器活塞；37-锁片；38-节气门阀调节螺钉；44-前进档减振器节流阀；47-变矩器阀

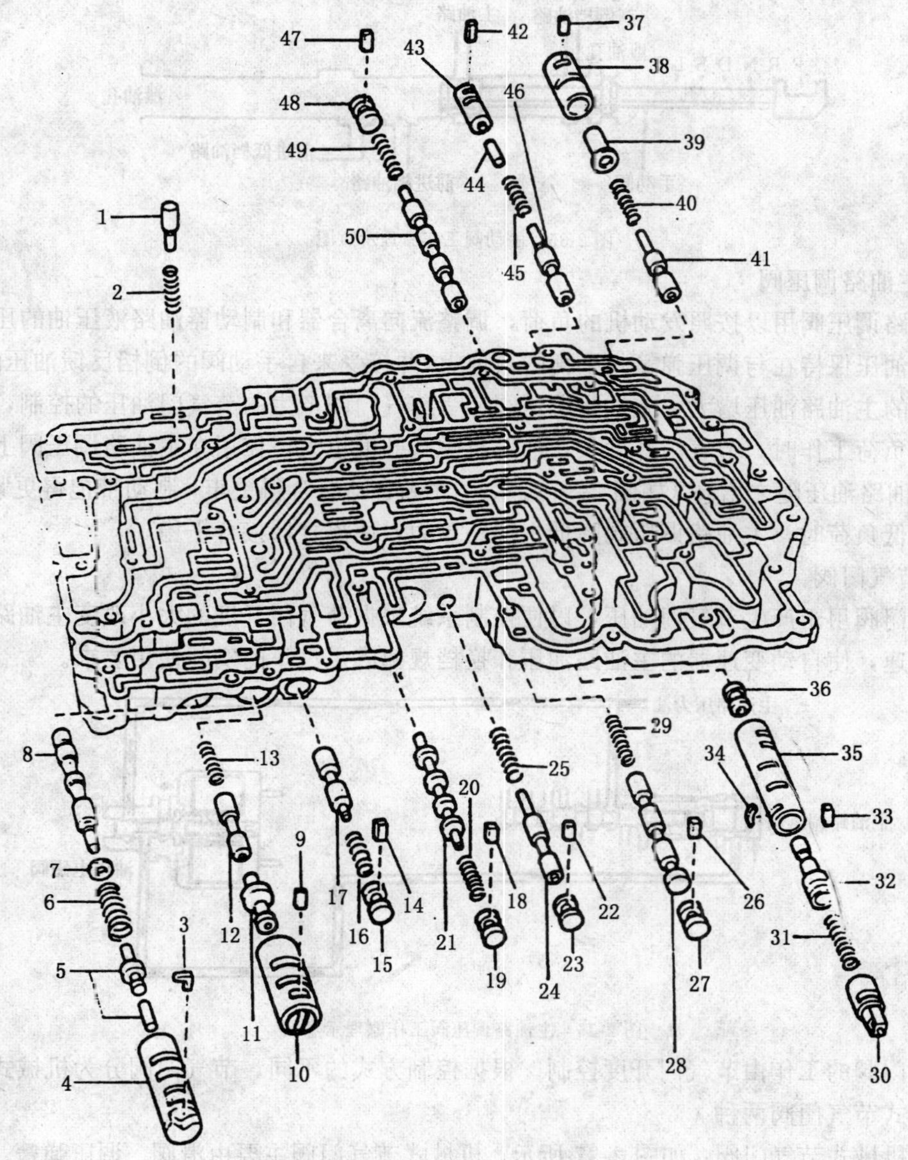

图 2-34 b）下阀板零部件 A341 自动变速器阀板零部件

1-止回阀；2、6、13、16、20、25、29、31、40、45、49-弹簧；3、9、14、18、22、26、33、34、37、42、47-锁销；4、10、35、38、43-阀套；5、11、36、39、44-阀杆；7-垫圈；8-主油路调压阀；12-锁止控制阀；15、19、23、27、30、48-栓塞；17-止回阀；21-电磁转换阀；24-电磁调节阀；28-截止阀；32-减振器控制阀；41-滑行调节阀；46-滑行调节阀；50-1-2 换档阀

手动阀由自动变速器的操纵手柄控制，驾驶员通过操纵手柄拨动手动阀。当操纵手柄位于不同位置时，手动阀也移至相应的位置，使进入手动阀的主油路液压油进入不同的控制油路（图 2-35），以使自动变速器处于不同档位状态。例如，操纵手柄位于倒档（*R*）位置时，手动阀使主油路接通倒档油路，该油路直接将主油路液压油送入倒档离合器和倒档制动器，使自动变速器实现倒档；操纵手柄位于前进档（*D*）位置时，手动阀除了接通前进档控制油路之外，还将主油路液压油直接送入前进离合器（在所有前进档中，前进离合器都处于接合状态）。

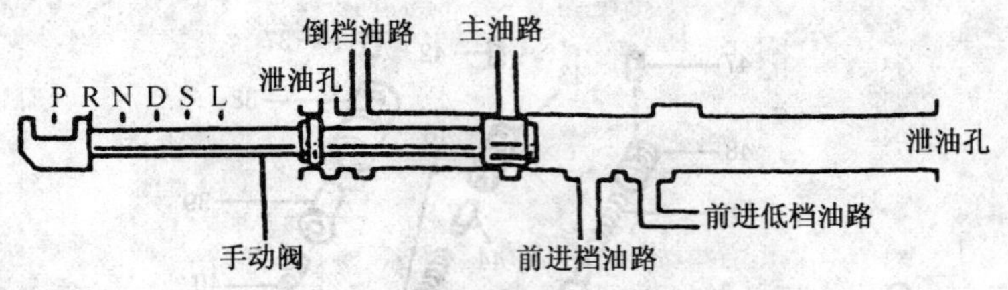

图 2-35　手动阀工作原理示意图

2）主油路调压阀

主油路调压阀用以按照发动机的负荷，调整流向离合器和制动器油路液压油的压力。它使主油路油压保持在与调压弹簧相平衡的数值上，并接受来自手动阀的倒档反馈油压的作用，使倒档时的主油路油压增大；主油路调压阀还受节气门阀产生的节气门油压的控制，在发动机处于高负荷工作时，节气门开度大，油压电磁阀开度也大，作用在主油路调压阀上的油压增高，主油路油压随之增高（如图 2-36 所示），使离合器接合得更牢，制动带抱得更紧，以防打滑。在低负荷时，主油路调压阀降低主油路压力，使离合器接合平稳。

3）节气门阀

节气门阀用于产生节气门油压，以便控制系统根据节气门开度的大小改变主油路油压及档位与车速，使自动变速器的主油路油压和换档规律满足汽车的实际使用要求。

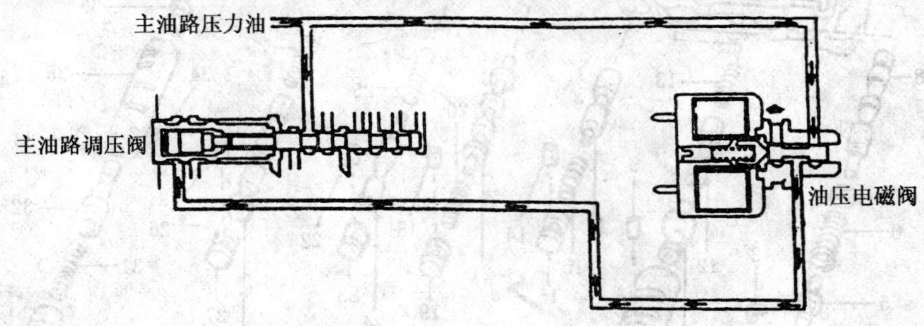

图 2-36　主油路调压阀工作原理示意图

节气门阀的工作由节气门开度控制。根据控制方式的不同，节气门阀分为机械式节气门阀和真空式节气门阀两种。

（1）机械式节气门阀：如图 2-37 所示，机械式节气门阀主要由滑阀、调压弹簧、挺杆和凸轮等组成。

主油路压力从 A 口进入，经过滑阀开口处的节流减压后成为节气门液压油，其压力即为节气门油压。节气门出口 B 处的节气门液压油经孔道进入滑阀右端，对滑阀产生一个向左的推力。

节气门油压随滑阀开口的开大而增大，当滑阀右端的油压大于弹簧张力时，滑阀左移，关小滑阀开口，出口 B 处的油压随之下降；当滑阀右端的油压小于弹簧张力时，滑阀右移，开大滑阀开口，使出口 B 处的油压上升。即节气门油压的大小取决于调压弹簧的张力。

机械式节气门阀的凸轮经过拉索与节气门摇臂连接。当驾驶员踏下节气门踏板使节气门开大时，拉索拉动凸轮转动，推动挺杆右移，压缩调压弹簧，调压弹簧的张力增大，节气门油压随之增大。反之，当节气门关小时，挺杆左移，调压弹簧张力减小，节气门油压随之降低。

由此可知，机械式节气门阀所产生的节气门油压和节气门的开度成正比，节气门开度愈

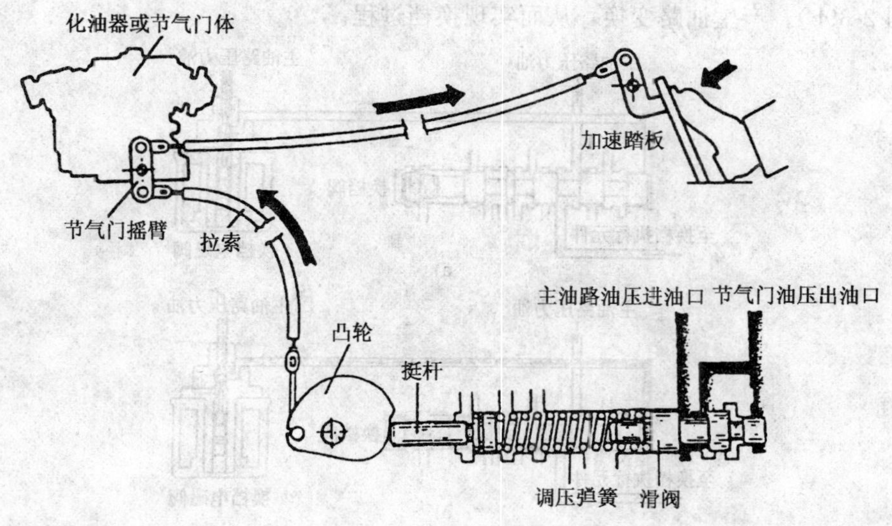

图 2-37　机械式节气门阀

大，节气门油压也愈高。

(2) 真空式节气门阀：如图 2-38 所示，真空式节气门阀主要由真空膜片室、膜片弹簧、膜片、推杆和滑阀等组成。

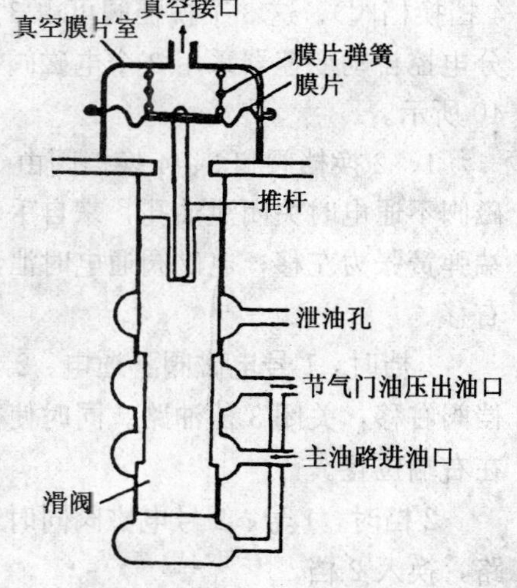

图 2-38　真空式节气门阀

主油路液压油经滑阀节流后的压力（节气门油压）取决于滑阀的开度。滑阀的下端作用着来自节气门阀出油口 B 的节气门油压，该油压对滑阀产生一个向上的推力。滑阀上端通过推杆和真空膜片接触。节气门后方的真空度通过软管进入真空膜片室。滑阀上端向下的作用力为膜片弹簧的张力和作用在膜片上的真空吸力之差。

当滑阀下端的节气门油压大于上端的作用力时，滑阀上移，关小滑阀开口，使节气门油压下降；当滑阀下端的油压小于上端的作用力时，滑阀下移，开大滑阀开口，使节气门油压上升。

因此，真空式节气门阀所调节的节气门油压的大小取决于发动机节气门后的真空度。当节气门开度较小时，节气门后的真空度较大，使真空膜片对滑阀的推力减小，节气门油压较低；当节气门开度较大时，节气门后的真空度较小，使真空膜片对滑阀的推力增大，节气门油压相应增大。由此可知，真空式节气门阀所产生的节气门油压也是随着节气门开度的增大而增大的。

4）换档阀

换档阀的工作完全由换档电磁阀控制。其控制方式有 2 种：一是施压控制，即通过开启或关闭换档阀控制油路的进油孔来控制换档阀的工作；另一种是泄压控制，即通过开启或关闭换档阀的泄油孔来控制其工作。

施压控制方式的工作原理如图 2-39 所示，换档阀的左端通过油路和换档电磁阀相通。当电磁阀关闭时，没有油压作用在换档阀左端，换档阀在右端弹簧张力的作用下移向左端（图 2-39a）；当电磁阀开启时，主油路液压油经电磁阀作用在换档阀左端，使换档阀克服弹簧张力右移（图 2-39b），产生油路变换，从而实现换档过程。

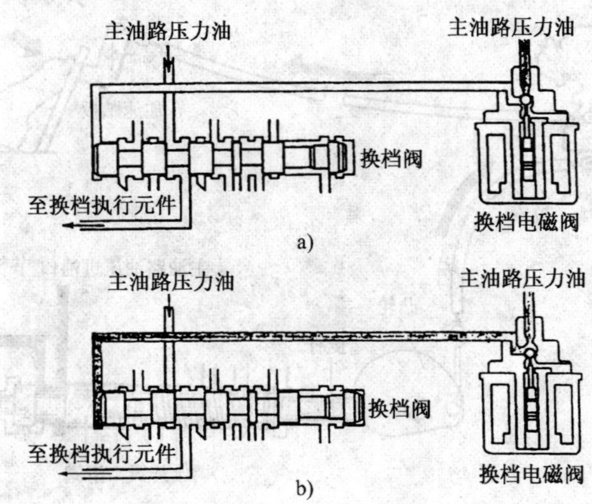

图 2-39　换档阀工作原理示意图

有 4 个前进档的自动变速器通常有 3 个换档阀（分别为 1、2 换档阀、2、3 换档阀和 3、4 档换档阀）。这 3 个换档阀可由 3 个换档电磁阀控制，也可只用 2 个电磁阀控制。目前大部分电控自动变速器采用 2 个电磁阀控制 3 个换档阀的泄压控制方式，其换档控制原理如图 2-40 所示。

1、2 换档阀和 3、4 换档阀由 1 号电磁阀共同控制，2、3 换档阀由 2 号电磁阀控制。电磁阀不通电时关闭泄油孔，来自手动阀的主油路液压油作用在各换档阀右端，使滑阀克服左端弹簧张力左移；电磁阀通电时泄油孔开启，换档阀右端泄压，滑阀在左端弹簧张力作用下右移。

1 档时，1 号电磁阀不通电、2 号电磁阀通电，1－2 换档阀左移，关闭 2 档油路；2－3 换档阀右移，关闭 3 档油路。同时使主油路油压作用在 3－4 换档阀左端，让 3－4 换档阀锁止在右端位置。

2 档时，1 号、2 号电磁阀同时通电，1－2 换档阀右端油压下降，滑阀右移，打开 2 档油路，换入 2 档。

3 档时，1 号电磁阀通电、2 号电磁阀不通电，2－3 换档阀右端油压上升，滑阀左移，打开 3 档油路，换入 3 档。同时使主油路油压作用在 1－2 换档阀左端，并让 3－4 换档阀左端泄压。

4 档时，1 号、2 号电磁阀均不通电，3－4 换档阀右端控制油压上升，滑阀左移，关闭直接离合器油路，打开超速制动器油路，换入超速档。

5）强制降档阀

强制降档阀用于节气门全开或接近全开时，强制性地将自动变速器降低 1 个档位，以获得良好的加速性能。

如图 2-41 所示，强制降档阀是一种电磁阀，它由安装在加速踏板上的强制降档开关控制。当加速踏板踏至接近全开时，强制开关闭合，使强制电磁阀通电，电磁阀作用在阀杆上的推力消失，阀心在弹簧张力的作用下右移，打开油路，使主油道的液压油进入各换档阀的左端，强迫换档阀右移，让自动变速器降低 1 个档位。

6）锁止控制阀

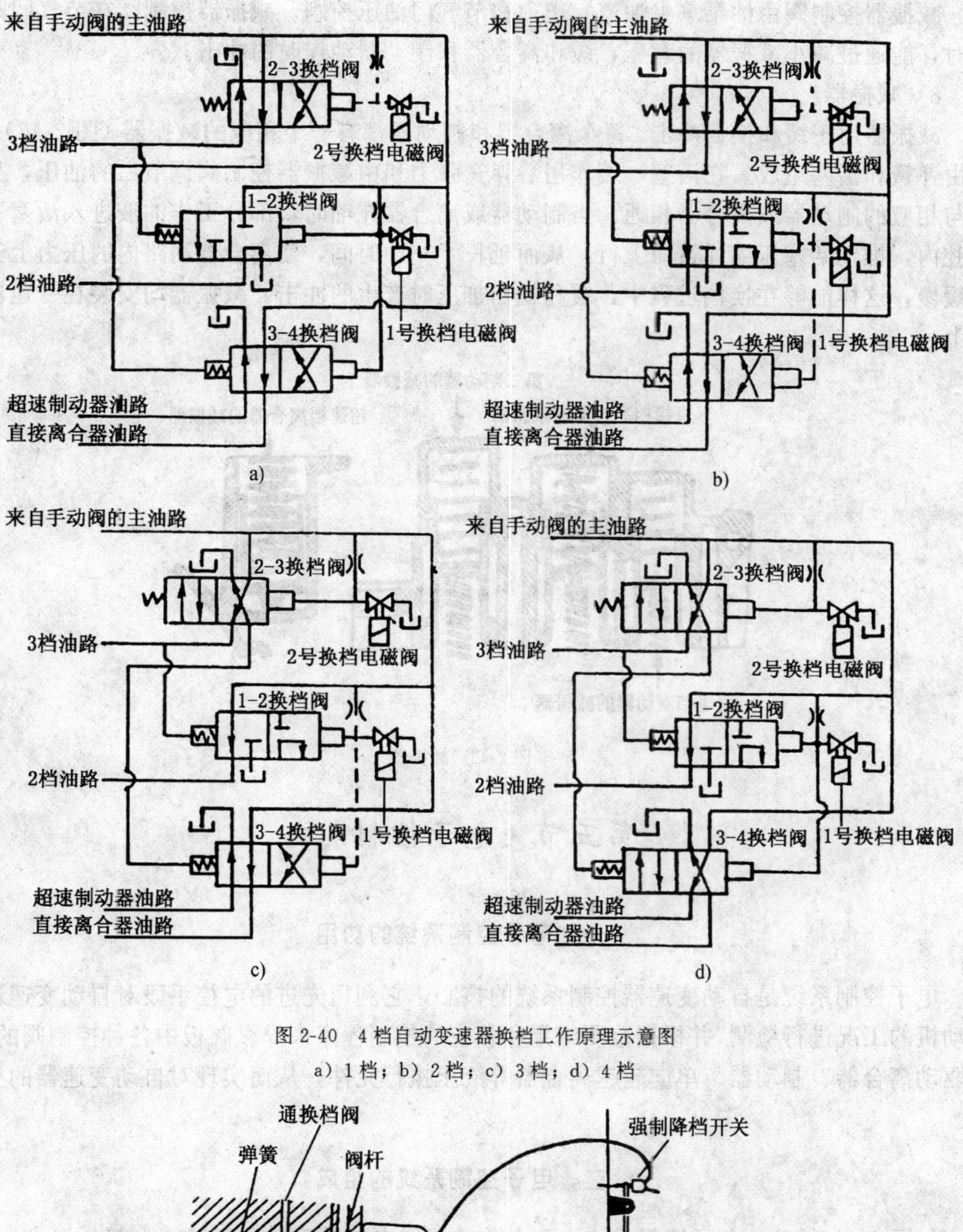

图 2-40　4 档自动变速器换档工作原理示意图

a）1 档；b）2 档；c）3 档；d）4 档

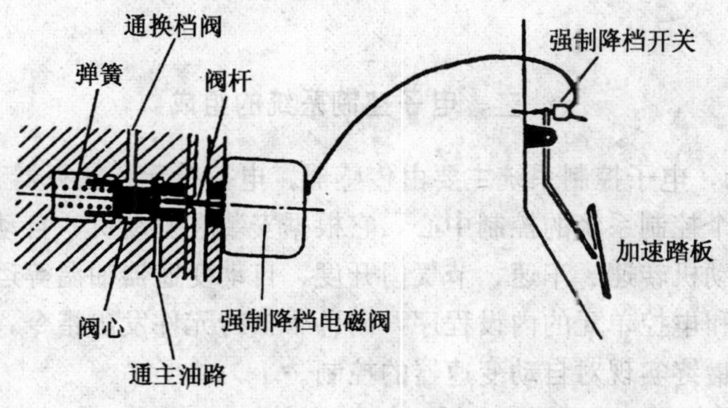

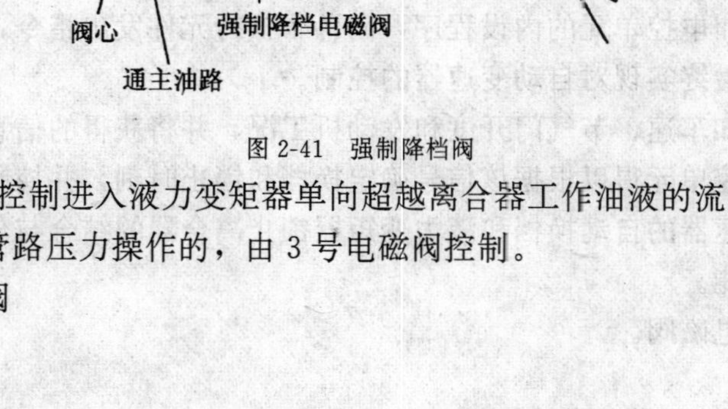

图 2-41　强制降档阀

锁止控制阀用以控制进入液力变矩器单向超越离合器工作油液的流量。锁止控制阀是由来自 1—2 换档阀的管路压力操作的，由 3 号电磁阀控制。

7）减振器控制阀

减振器控制阀由油泵（主油道）压力和节气门油压控制。减振器控制阀在节气门阀开度小时，能通过减小减振器的背压，缓和离合器和制动器动作时的冲击。

8）减振器

减振器用于缓和换档冲击。每个离合器和制动器都有一个相应的减振器（图 2-42）。减振器由弹簧和活塞组成。在活塞一端作用着弹簧张力和由减振器控制阀调节后的油压，另一侧则与相应的制动器或离合器相通。当制动器或离合器充油时，部分工作油液进入活塞下方的油腔内，推动活塞压缩弹簧而上行，从而延长了充油时间，使离合器油路内的压力上升的比较缓慢，这样能够在换档过程中，缓和初始加压时产生的冲击。减振器均安装在变速器的壳体上。

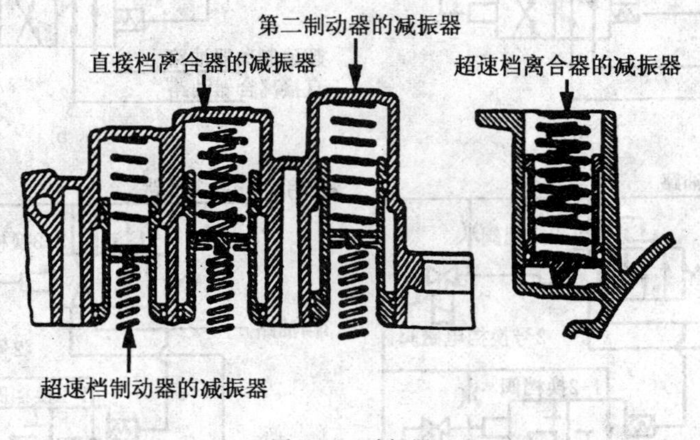

图 2-42　减振器

第五节　电子控制系统

一、电子控制系统的功用

电子控制系统是自动变速器控制系统的核心，它利用先进的电控手段对自动变速器以及发动机的工况进行检测，并根据检测结果和相应的控制程序来操纵阀板中各种控制阀的工作，以驱动离合器、制动器、单向超越离合器等液压执行元件，从而实现对自动变速器的全面控制。

二、电子控制系统的组成

如图 2-43 所示，电子控制系统主要由传感器、电控单元和执行器三大部分组成。

电控单元是整个控制系统的控制中心，它根据安装在发动机、自动变速器及汽车上的各种传感器，测得发动机转速、车速、节气门开度、自动变速器油温等运转参数，再根据各个控制开关送来信号和电控单元的内设程序，向各个执行元件发出指令，以操纵阀板中各种控制阀的工作，从而最终实现对自动变速器的控制。

传感器用于感知车速、节气门开度和发动机工况，并将获得的信息转换成电信号，提供给电控单元，使电控单元得以根据该信号确定换档和锁止时刻，并控制液压控制系统相应的电磁阀，以实现变速器的自动换档和液力变矩器锁止离合器的结合与分离。电控单元还具有故障自诊和保护功能。

执行器主要是电磁阀。

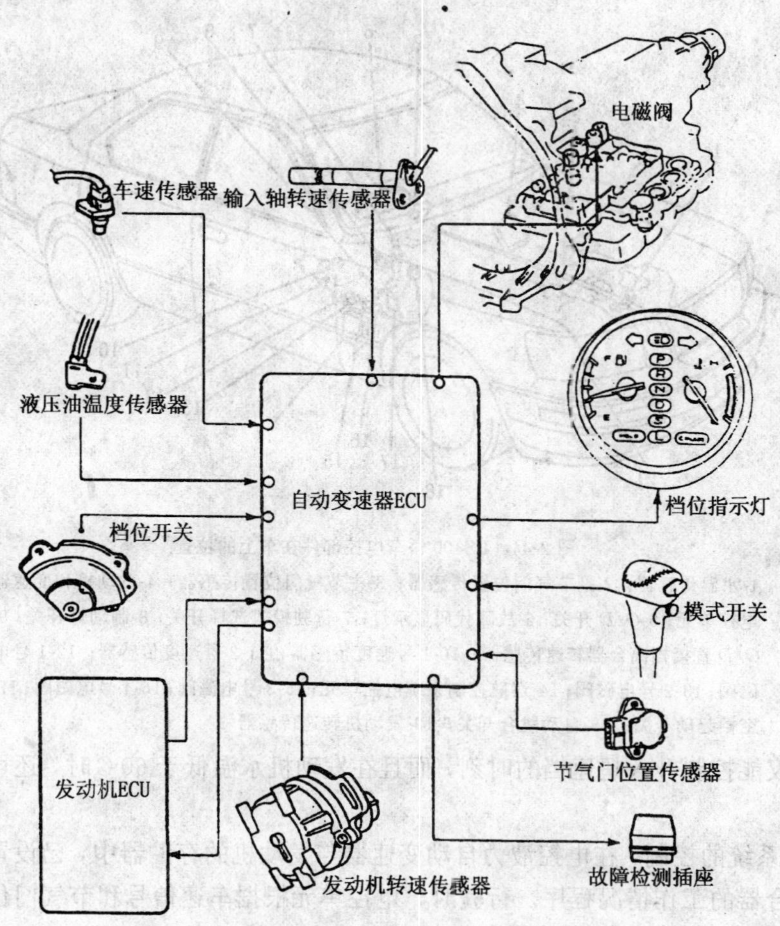

图 2-43　电子控制系统的组成

丰田凌志 LS400 轿车电控液力自动变速器电子控制系统各部件在车上的位置如图 2-44 所示。

三、电子控制系统的结构与工作原理

1. 电子控制系统的工作原理

现以丰田凌志 A341E 电子控制液力自动变速器为例，说明电控系统的工作原理。该电控系统工作原理如表 2-7 所示，电控线路见图 2-45。该自动变速器在换档时，其电控系统还能对发动机的扭矩和换档离合器与制动器的液压进行控制，从而减少了变速器自动换档时的冲击。

2. 电控单元工作原理

对自动变速器而言，电控单元具有以下功能：

1）换档正时的控制：在电控单元的存贮器中，预先设置了各种行驶模式（动力模式和正常模式）及在不同条件下各档位的最佳换档时刻。车辆行驶时，电控单元根据选定的行驶模式选择开关和空档起动开关的信号，以及行驶时的车速和节气门位置传感器的信号，从存贮器中选定最佳换档时刻，控制电磁阀进行换档。但选档手柄位于 R、P、N 位置时，则完全靠机械控制。

2）超速档的控制：在选档手柄处于前进档 D 位（驱动档位）且超速开关已打开的情况下，

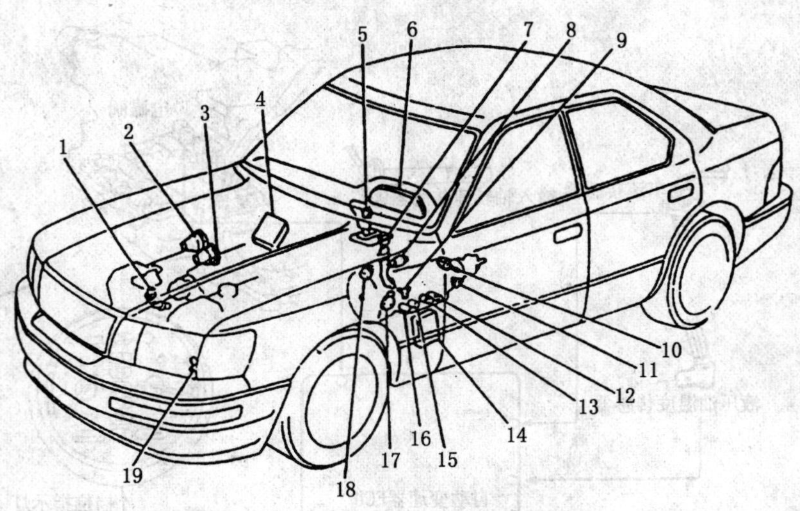

图 2-44　LS400 轿车电控部件在车上的位置

1-水温传感器；2-副节气门位置传感器；3-主节气门位置传感器；4-发动机和变速器电控单元；5-*O/D* 开关；6-故障代码显示灯；7-行驶模式选择开关；8-制动灯开关；9-*O/D* 直接档离合器转速传感器；10-1 号速度传感器；11-2 号速度传感器；12-1 号电磁阀；13-2 号电磁阀；14-巡航控制系统电控单元；15-3 号电磁阀；16-4 号电磁阀；17-空档起动开关；18-自动跳合开关；19-发动机转速传感器

电控单元不仅能控制升入超速档的时刻，而且在发动机水温低于 60℃时，还可以防止变速器升入超速档。

3）锁止系统的控制：在电控液力自动变速器与发动机的存贮器中，已设置了每一行驶模式下锁止离合器的工作情况程序。行驶时，电控单元根据车速信号和节气门位置传感器的信号，按预先设置的程序，通过锁止电磁阀，控制锁止正时。

当踩下制动踏板或发动机水温低于 60℃时，电控单元立即切断锁止电磁阀电路，强制脱开锁止离合器，以防驱动轮被制动抱死，导致发动机熄火。电控单元还可以防止变速器油压过低时，锁止离合器接合；调节锁止离合器的液压，从而使锁止离合器平顺地接合。

4）减振器背压的控制：电控单元根据来自节气门位置传感器、车速传感器和超速档离合器转速传感器的信号决定换档时作用在离合器和制动器上的最佳工作压力，并通过 4 号电磁阀调节减振器的背压，以控制作用在离合器和制动器上的油压，从而使行星齿轮变速器换档更加平稳。

5）发动机扭矩的控制：当电控单元根据所接收的各方信息，判断变速器需要换档时，会发出指令，暂时延迟点火时刻，以控制发动机扭矩，从而保证平顺地换档。

6）故障自诊断功能：当电控系统出现故障时，电控单元能自行诊断，并通过超速档开关“O/D OFF”指示灯的闪烁，输出故障代码，以示故障的部位或内容。

7）失效保持功能：电控单元具有故障保持功能。一旦电控系统出现故障而失效时，电控单元仍能对有关电磁阀进行最基本的控制，使车辆继续行驶。

3. 传感器结构与工作原理

1）节气位置传感器

（1）功用：节气门位置传感器安装在发动机的节气门体上，用于检测节气门的开度，为自动变速器的档位变换提供依据，从而使自动变速器的换档规律在任何行驶条件下都能满足汽车的实际使用要求。

电控系统工作原理

表 2-7

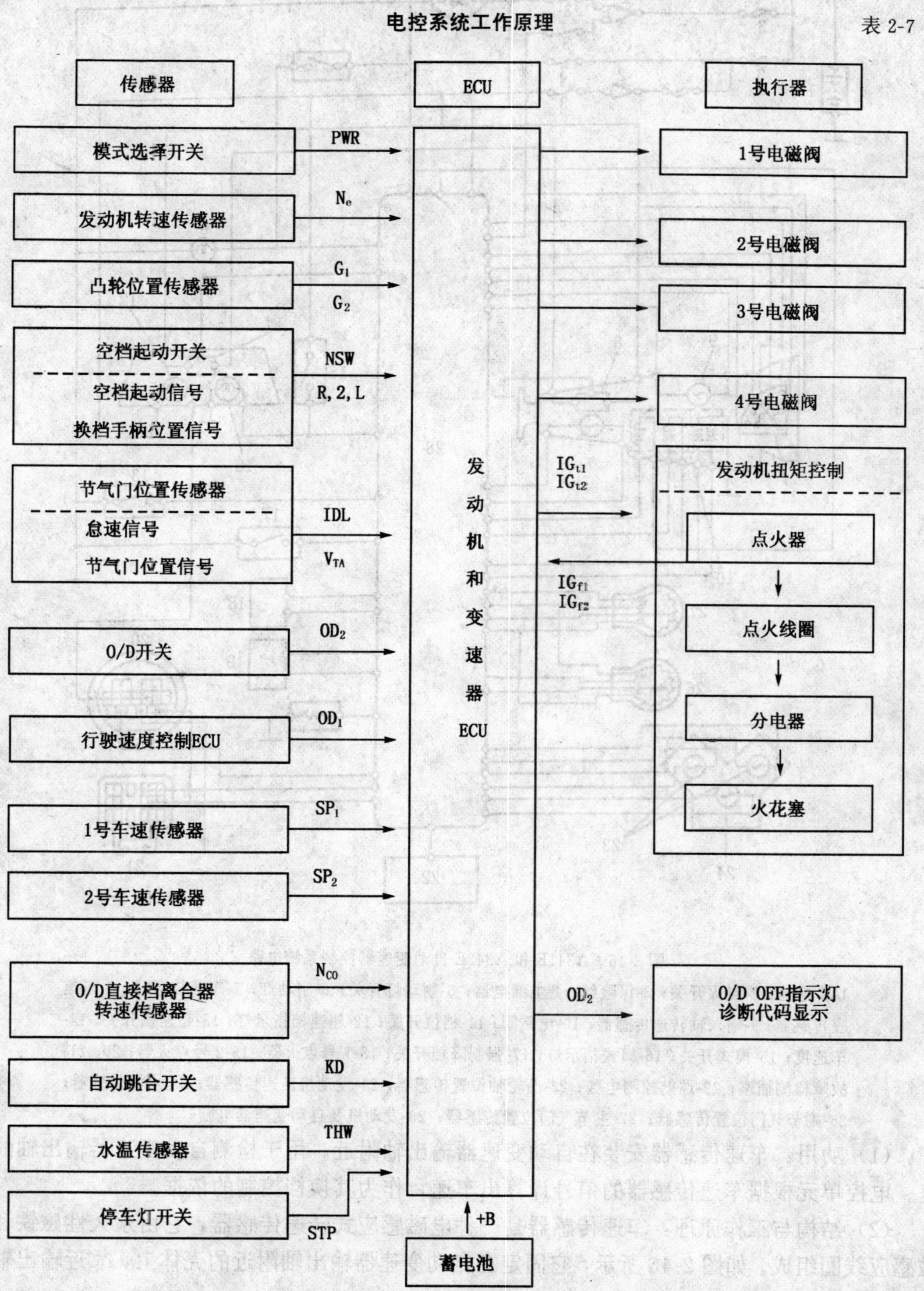

(2) 结构及工作原理：自动变速器通常采用的是线性可变电阻型节气门位置传感器。其结构与工作原理见第一章。

2) 车速传感器

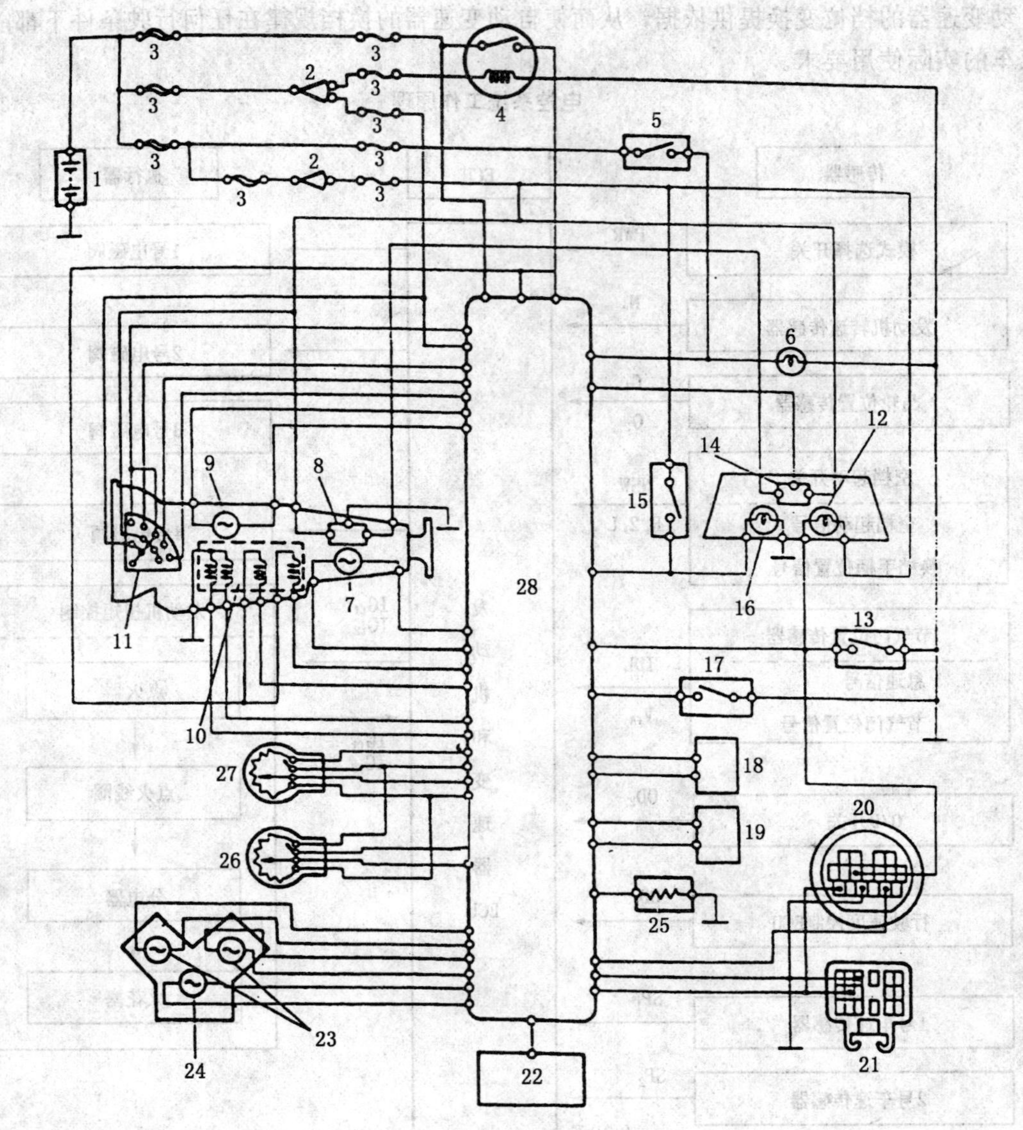

图 2-45　A341E 和 A342E 自动变速器控制系统电路

1-蓄电池；2-点火开关；3-保险丝；4-主继电器；5-制动灯开关；6-制动灯；7-车速传感器；8-车速表传感器；9-输入轴转速传感器；10-电磁阀；11-档位开关；12-超速档指示灯；13-超速档开关；14-车速度；15-模式开关；16-模式指示灯；17-强制降档开关；18-1 号点火器；19-2 号点火器；20、21-故障检测插座；22-巡航控制电脑；23-凸轮轴位置传感器；24-发动机转速传感器；25-水温传感器；26-副节气门位置传感器；27-主节气门位置传感器；28-发动机及自动变速器电脑

(1) 功用：车速传感器安装在自动变速器输出轴附近。用于检测自动变速器输出轴的转速。电控单元根据车速传感器的信号计算出车速，作为其换档控制的依据。

(2) 结构与工作原理：车速传感器是一种电磁感应式转速传感器，它由永久性磁铁和电磁感应线圈组成。如图 2-46 所示，它固定在自动变速器输出轴附近的壳体上，靠近输出轴上的停车锁止齿轮。

当输出轴转动时，停车锁止齿轮的凸齿不断地靠近或离开车速传感器，使感应线圈内的磁通量发生变化，从而产生交流感应电压。车速愈高，输出轴的转速也愈高，感应电压的脉

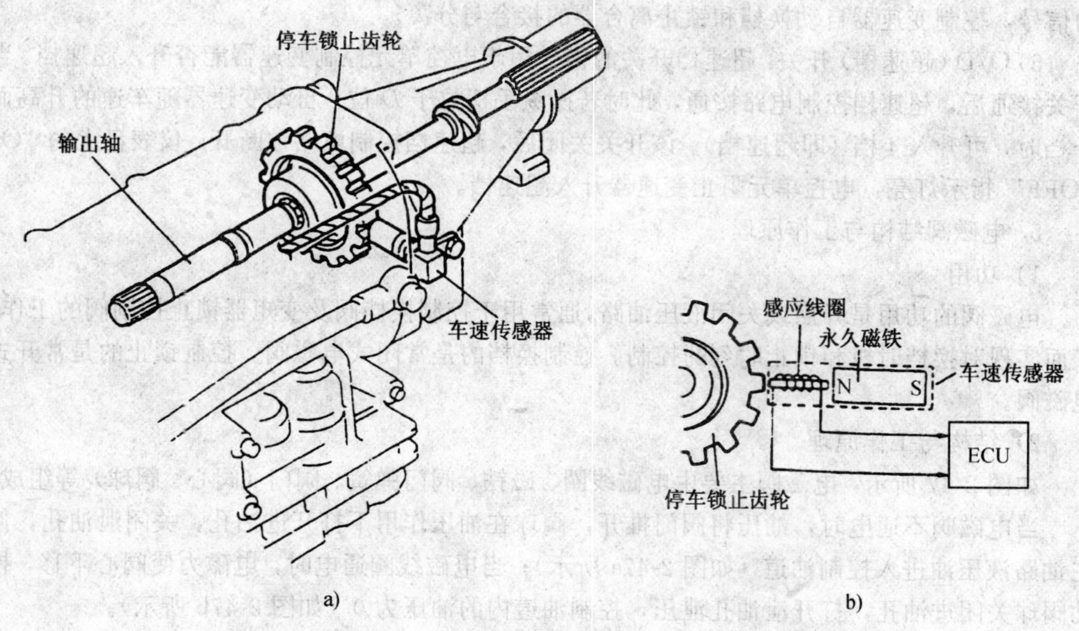

图 2-46 车速传感器

a）结构；b）工作原理

冲频率就愈高，电控单元根据感应电压脉冲频率的高低计算出车速，作为其换档控制的依据。

3）O/D（超速档）直接档离合器转速传感器

O/D 直接档离合器转速传感器，实际上检测的是变速器输入轴的车速，其结构和工作原理与车速传感器基本相同。它安装在行星齿轮变速系统的输入或与输入轴连接的离合器鼓附近的壳体上，用于检测输入轴转速，并将信号送给电控单元，使电控单元更精确地控制换档过程。此外，电控单元还将该信号和来自发动机控制系统的转速信号进行比较，计算出变矩器的传动比，使其控制过程得到进一步的优化，以改善换档感觉，提高汽车的行驶性能。

4．开关工作原理

电子控制自动变速器中各种开关的布置见图 2-43。

1）空档起动开关：空档起动开关位于自动变速器手动阀摇臂轴上或操纵臂的下方，用于检测操纵手柄的位置，防止发动机在驱动档位时起动。当选档手柄位于空档或停车位置时，起动开关接通。这时起动发动机，起动开关便向电控单元输送起动信号，使发动机得以起动。如果操纵手柄位于任一驱动位置，起动开关断开，发动机不能起动，从而保证使用安全。再者，当操纵手柄处于不同位置时，空档起动开关便接通相关电路，电控单元根据接通电路的信号，控制变速器自动换档。

2）自动跳合开关（降档开关）：自动跳合开关用于检测加速踏板是否超过节气门全开位置。超过时，自动跳合开关便接通，并向电控单元输送信号。这时电控单元即按其内设程序控制换档，并使变速器自动下降一个档位，以提高汽车的加速性。如果跳合开关短路，则电控单元不计其信号，按操纵手柄位置控制换档。

3）制动灯开关：制动灯开关用于检测制动踏板是否踏下。如果踏下，则该开关便将信号输送给电控单元，以解除锁止离合器的接合，防止突然制动时发动机熄火。

4）行驶模式选择开关：行驶模式选择开关用于选择行驶模式（动力模式或正常模式），使电控单元据此选择相应的换档点。电控单元根据行驶模式开关、空档起动开关和各种传感器的信号，控制变速器自动换档和锁止离合器的接合与分离。

5) O/D（超速档）开关：超速档开关的信号用于电控单元控制变速器能否升入超速档。当开关接通后，超速档控制电路接通，此时若操纵手柄位于 *D* 位，自动变速器随车速的升高而升档时，可升入 4 档（即超速档）。该开关关闭后，超速档控制电路被断开，仪表盘上的“O/DOFF”指示灯亮，电控单元阻止变速器升入超速档。

5. 电磁阀结构与工作原理

1）功用

电磁阀的功用是开启或关闭液压油路，通常用于控制换档阀及变矩器锁止控制阀的工作，从而实现对换档时机和锁止时刻的控制。控制换档的是常闭式电磁阀。控制锁止的是常开式电磁阀。

2）结构与工作原理

如图 2-47 所示，电磁阀主要由电磁线圈、磁铁、阀门弹簧、阀门（阀心、阀球）等组成。

当电磁阀不通电时，油压将阀门推开，阀球在油压作用下打开进油孔，关闭泄油孔，使主油路液压油进入控制油道（如图 2-47a 所示）；当电磁线圈通电时，电磁力使阀心下移，推动阀球关闭进油孔，打开泄油孔泄压，控制油道内的油压为 0（如图 2-47b 所示）。

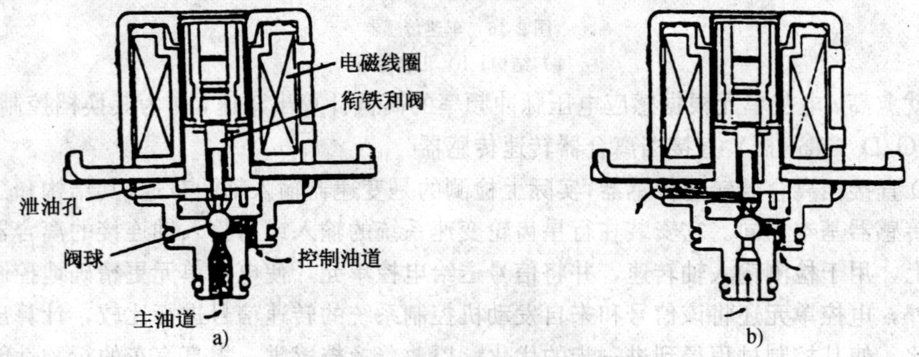

图 2-47　电磁阀

(1) 1 号和 2 号电磁阀用来控制作用在各个换档阀上的油压，使变速器自行换档，并控制其换档时刻。

(2) 3 号电磁阀用来控制锁止离合器的油压以及锁止时机。

(3) 4 号电磁阀用来调节作用在减振器上的背压，使换档时离合器接合平稳、制动器制动柔和。

第六节　北京切诺基自动变速器简介

北京切诺基所用的 AW－4 自动变速器是一种电控液力自动变速器。它是由日本 Aisin－Warner 公司生产的，和丰田汽车所用的自动变速器为同一种类型。该自动变速器是由锁止式液力自动变矩器、齿轮式油泵、3 行星排 4 档辛普森式行星齿轮变速系统、液压控制系统、电控单元组成。其控制系统的电控单元主要根据节气门位置传感器和车速传感器的信号进行换档控制和锁止离合器控制，并通过 3 个开关式电磁阀来控制自动变速器的工作。其中 2 个是换档电磁阀，用于控制换档阀的工作；另一个是锁止电磁阀，用于控制锁止离合器的工作。液压控制系统的主油路油压由主油路调压阀和机械式节气门阀共同控制。控制系统还设有模式开关。

变速器四档是超速档，传动比为 0.75，三档传动比为 1。

AW—4 自动变速器的行星齿轮变速系统及液压控制系统和丰田 *CROWN*3.0（皇冠）及凌志 LS400 的自动变速器在结构上完全相同，其行星排及换档执行元件的结构参见图 2-27，液压控制系统的工作原理见图 2-28。它的 10 个换档执行元件及 2 个换档电磁阀在不同档位的工作情况见表 2-5，各部件的功能见表 2-6。

该自动变速器的操纵手柄如图 2-48 所示，共有 6 个位置。驻车档位（P）、倒档位（R）和空档位（N），这三个档位是普通的机械操作；1—2 位、3 位和 *D* 位，由电控单元控制换档。当操纵手柄位于 D 位时，自动变速器的档位变化范围为 1—4 档；操纵手柄位于 3 位时，档位变化范围为 1—3 档，且 2 档具有发动机制动作用；操纵手柄在 1—2 位时，档位变化范围为 1—2 档，且 1 档和 2 档均具有发动机制动作用。

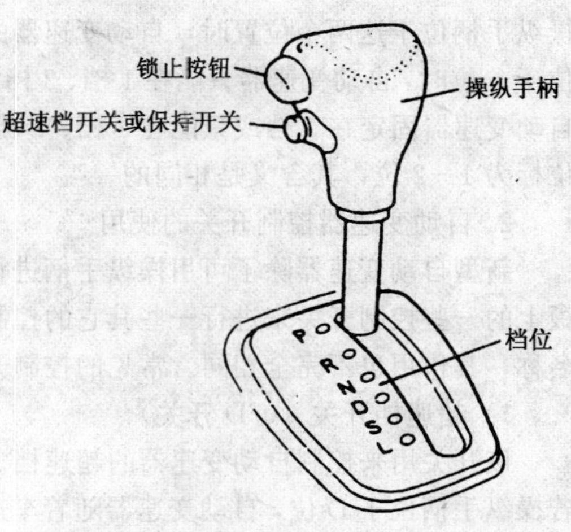

图 2-48　自动变速器操纵手柄

传感器包括节气门位置传感器、车速传感器、空档起动开关和制动踏板作用开关。

节气门位置传感器安装在节气门体上，它把确定的节气门位置信号传送给电控单元，用以控制换档点和液力变矩器的锁止；

速度传感器由转子和装在变速器输出轴上的磁铁，以及装在外接壳体或后壳体上的开关组成。用以确定车速，并把信号传给电控单元；

空档起动开关固定在阀体手动阀轴上。开关把操纵手柄和手动控制阀的位置信号通过内连接线传给电控单元。除了在驻车档位或空档外，空档安全开关能阻止发动机在其它档位起动；

制动开关安装在制动踏板支架上，一旦施加制动时，开关把信号传送给电控单元，使液力变矩器的锁止离合器松开。

第七节　自动变速器的使用与试验

一、自动变速器的使用

1. 自动变速器档位的功用

自动变速器操纵手柄的布置如图 2-49 所示。

1）停车档(P 位)：停车档通常位于操纵手柄的最前方。当操纵手柄位于该位置时，自动变速器中的停车锁止机构将变速器输出轴锁止，使驱动轮不能转动，防止汽车移动；同时换档执行机构使自动变速器处于空档状态。当操纵手柄离开停车档位时，停车锁止机构即被释放。

2）空档（N 位）：空档通常位于操纵手柄的中间位置，在倒车档和前进档之间。当操纵手柄位于空档位置时，换档执行机构的动作和停车档相同，也是使自动变速器处于空档状态。此时，发动机的动力虽经输入轴传入自动变速器，但只能使各齿轮空转，输出轴无动力输出。

3）前进档（D位）：前进档位于空档之后。大部分轿车自动变速器在操纵手柄位于前进档位置时可以实现4个不同传动比的档位，即1档、2档、3档和超速档。其中1档传动比最大；2档次之；3档为直接档，传动比为1；超速档的传动比小于1。在汽车行驶过程中，如果操纵手柄位于前进档，则自动变速器的液压或电子控制系统能根据车速、节气门开度等因素的变化，按照设定的换档规律，自动变换档位。

4）前进低档（S位和L位）：前进低档通常有2个位置，即图2-49中的S位和L位。当操纵手柄位于这两个位置时，自动变速器的控制系统将限制前进档的变化范围。当操纵手柄位于S位时，自动变速器只能在1档、2档、3档之间自动变换档位；当操纵手柄位于L位时，自动变速器固定在1档或只能在1档、2档之间自动变换档位。有些车型将S位标为3位，L位标为1－2位，其含义是相同的。

2. 自动变速器控制开关的使用

新型自动变速器除了可用操纵手柄进行换档控制外，还可以通过操纵手柄上或汽车仪表板上的一些控制开关来进行一些其它的控制。不同车型自动变速器的控制开关往往有不同的名称，其作用也不完全相同。常见的控制开关有以下几种：

1）超速档开关（O/D开关）

该开关用来控制自动变速器的超速档。当这个开关打开后，超速档控制电路接通，此时若操纵手柄位于D位，自动变速器随着车速的提高而升档，最高可升入4档（超速档）；该开关关闭后，超速档控制电路被断开，仪表盘上的“O/DOFF”指示灯随之亮起（表示限制超速档的使用），自动变速器只能升入3档，不能升入超速档。

2）模式开关

大部分电子控制自动变速器都有一个模式开关，用来选择自动变速器的控制模式，以满足汽车不同工况的使用要求。所谓控制模式主要是指自动变速器的换档规律。常见自动变速器的控制模式有以下几种：

(1) 经济模式（ECONOMY）：这种控制模式是以汽车获得最佳的燃油经济性为目标设计换档规律的。当自动变速器在经济模式状态下工作时，其换档规律能使发动机在汽车行驶过程中经常处在经济转速范围内工作，从而提高了燃油的经济性。

(2) 动力模式（POWER）：这种控制模式是以汽车获得最大的动力性为目标设计换档规律的。在这种控制模式下，自动变速器的换档规律能使发动机在汽车行驶过程中经常处在大功率范围内运转，从而提高了汽车的动力性能及爬坡能力。

(3) 标准模式（NORMAL）：标准模式的换档规律介于经济模式和动力模式之间。它兼顾了动力性和经济性，使汽车既保证一定的动力性，又有较佳的燃油经济性。

3）保持开关

有些电控自动变速器设有保持开关(如日本JATCO公司生产的R4A－EL自动变速器)。这种开关通常位于操纵手柄上。按下这个开关后，自动变速器便不能自动换档，其档位完全取决于操纵手柄的位置：当操纵手柄位于D位、S位、L位时，自动变速器分别保持在3档、2档、1档。汽车在雪地上行驶时，可以按下这个开关，用操纵手柄选择档拉，以防止驱动轮打滑。

3. 自动变速器的使用注意事项

为充分发挥自动变速器的性能优势，防止因使用不当而造成早期损坏，在驾驶装用自动变速器的汽车时，应注意以下几点：

1）在驾驶时，如无特殊需要，不要将操纵手柄在D位、S位、L位之间来回拨动。特别要禁止在行驶中将操纵手柄换入N位（空档）或在下坡时用空档滑行。否则，由于发动机怠速运转，自动变速器内由发动机驱动的油泵泵油量减少，而自动变速器内的齿轮等零件在汽车的带动下仍作高速旋转，零部件会因润滑不良而损坏。

2）挂档行驶后，不能立即将加速踏板踏到底。在行驶中，当自动变速器自动升档或降档的瞬间，不应再猛烈地踏加速踏板。否则，会使自动变速器中的从动片、制动带等受到严重损坏。

3）当汽车还没有完全停稳时，不允许从前进档换至倒档，也不允许从倒档换到前进档，否则会损坏自动变速器中的从动片和制动带。

4）一定要在汽车完全停稳后才能将操纵手柄拨入停车档位置，否则自动变速器会产生撞击，并损坏停车锁止机构。

5)要严格按照标准调整好发动机怠速，怠速过高或过低都会影响自动变速器的使用效果。怠速过高，会使汽车在挂档起步时产生冲击；怠速过低，在档位转换时，轻者引起振动，重则发动机熄火。

6）为了防止不正确操作造成的自动变速器损坏，大部分车型的自动变速器操纵手柄上都有一个锁止按钮（图2-48）。在进行下列操作时，必须按下锁止按钮，否则操纵手柄将被锁止而不能移动：

①由P位换至其它任何档位或由其它任何档位换至P位时。

②由任何档位换至R位时。

此外，在汽车行驶中若要在D位、S位、L位等前进档中变换档位时，按："L位→S位→D位"的顺序进行变换（即由低档位换高档位），可以不受任何车速条件的限制，也就是说，不论车速高低都可按此顺序改变操纵手柄的位置；按"D位→S位→L位"的顺序（即由高档位换至低档位）变换操纵手柄的位置，必须让汽车减速至车速低于相应的升档车速后才能进行。例如：欲将操纵手柄从D位换至S位，必须在车速降至低于2—3档的升档车速后才能进行。如果将操纵手柄由高档位换至低档位时车速过高，就相当于人为地手动强制低档。这样在车速过高时进行强制，不但汽车会受到发动机的强烈制动作用，而且相应的低档执行机构将因急剧摩擦而损坏。因此，有些车型在进行"D位→S位→L位"的降档操作时，也必须按下锁止按钮，否则操纵手柄将被锁止而无法由高档位向低档位移动。

二、自动变速器的检查与调整

1. 检查油平面

各种型号自动变速器的油面高度都有明确的规定。原则上是：在液力变矩器及换档执行元件的液压缸都充满之后，留在油底壳里的油面在行星排等旋转零件的最低位置以下，以免在运行中液压油被剧烈地搅动而产生泡沫，但必须高于阀板总成与变速器壳体的安装结合面，以免工作中渗入空气，影响各个控制阀的正常工作。

自动变速器油面高度的检查方法是：

1）行驶车辆使发动机和变速器达正常工作温度（液压油温度达70～80℃）或：

①将车辆停放在平坦地面上，并拉紧驻车制动器。

②让发动机怠速运转，将操纵手柄从停车档（P）换至前进档（D）、前进低档（S、L或2、1）的所有档位，并在每个档位上停留几钞钟，使液力变矩器和所有换档执行元件中都充

满液压油。最后将操纵手柄换至停车档（P）位置。

2）拉出变速器油尺并将其擦干净，再将油尺全部插入，然后拉出油尺检查其油面高度。如图 2-49 所示，如果油面在 HOT 范围内则为正常，如果油位在下侧，应加入相应牌号的液压油。

3）注意问题：

①当换油或发动机没有运转时，油尺上的 COOL 位置仅供粗略参考。

②切勿加油过量。

2. 检查油况

如果液压油有焦味或发黑，应予更换。其更换方法是：

1）拆下放油塞，放出液压油。

2）再将放油塞按规定扭矩扭紧。

3）发动机停机，通过加油管加入规定容量的新油。

4）按上述油面高度的检查方法检查油面高度。

3. 节气门拉线调整

节气门拉线的调整方法是：

1）踏下加速踏板，让节气门全开。

2）检查套管端点和节气门拉线上限位块之间的距离。其标准距离为 0～1mm（图 2-50）。如果距离不符合标准，用固定螺母进行调整。

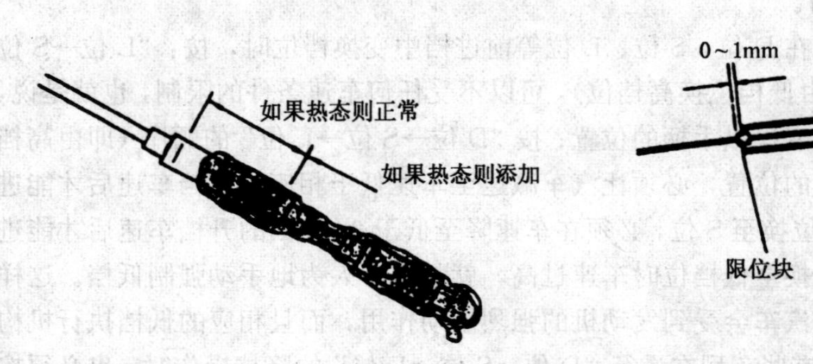

图 2-49　自动变速器油面高度的检查

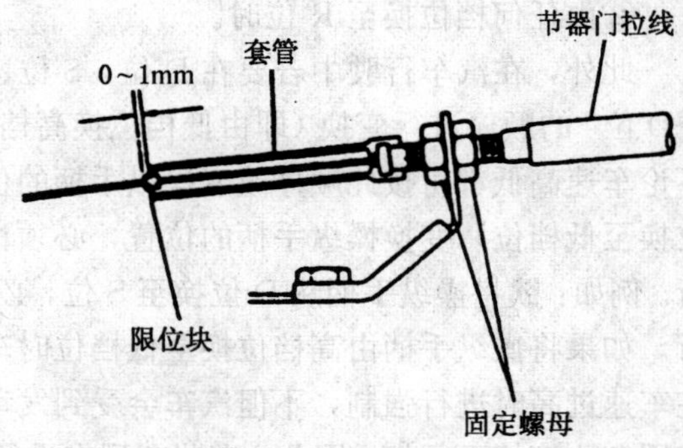

图 2-50　节气门拉线的调整

4. 操纵手柄的调整

如果操纵手柄不能平稳而又精确地换到其它档位；档位指示器不能正确地指示档位时。应对操纵手柄的位置进行调整。

操纵手柄的调整方法是（图 2-51）：

1）松开操纵手柄与手动阀摇臂之间连杆的连接螺母。

2）将操纵手柄换至空档位置（N）。

3）将手动阀摇臂推至空档位置。其方法是先将手动阀摇臂向后推到极限位置（P 位），然后再退回两个槽口到 N 位。

4）轻轻将操纵手柄靠向 R 位方向，然后拧紧操纵手柄与手动阀摇臂之间连杆的连接螺母。

5）起动发动机，确认操纵手柄自 N 换到 D 位时，车辆向前移动，而换到 R 位时，车辆后退。

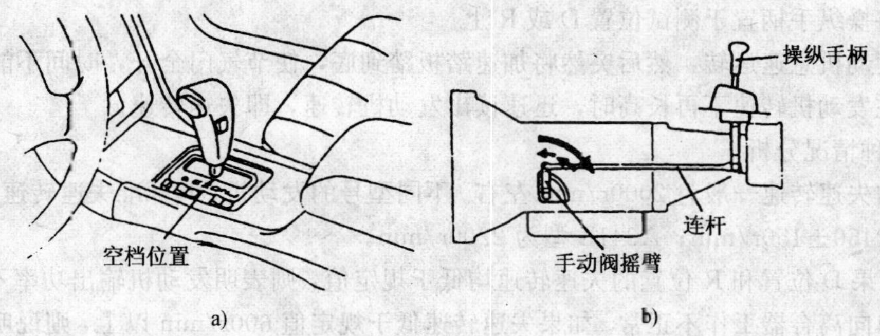

图 2-51　操纵手柄的调整

5. 空档起动开关的调整

发动机仅在操纵手柄位于 N 或 P 档位时才能起动，在其它档位不能起动。否则应对空档起动开关进行调整。

空档起动开关的调整方法（图 2-52）：

1）松开空档起动开关的固定螺钉，将操纵手柄换到 N 档位。

2）将槽口对准空档基准线。

3）定住位置并按规定扭矩拧紧固定螺钉。

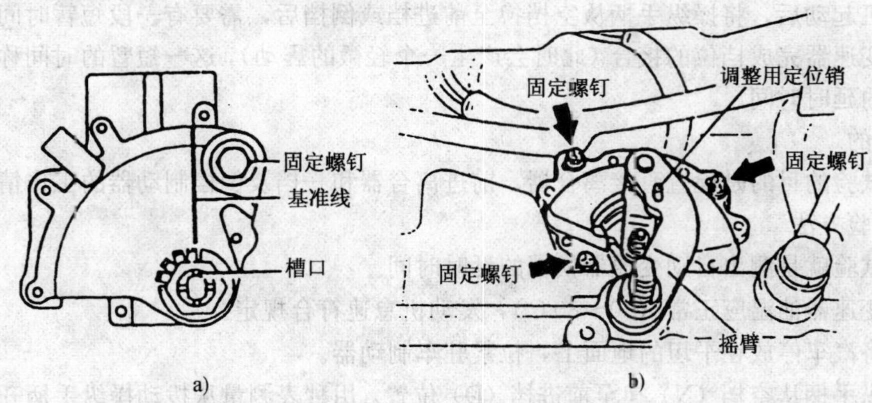

图 2-52　空档起动开关的调整

三、自动变速器的试验

自动变速器的实验有失速试验、换档延时试验、液压试验、道路试验。下面以丰田电子控制自动变速器为例，介绍其试验方法。

1. 失速试验

液力变矩器失速是指涡轮因负载过大而停止转动，但泵轮仍然运转的现象。这时泵轮的转速通常称为失速转速。

1）目的

进行失速试验的目的是通过测量选档手柄处于 D 和 R 位置时的失速转速，以检查发动机、变矩器（主要是导轮）及自动变速器中有关的换档执行元件的工作是否正常。

2）试验方法

（1）变速器油温应在正常状态（50～80℃）。

（2）拉紧驻车制动器并将制动踏板踏下。

（3）将操纵手柄置于测试位置 D 或 R 上。

（4）发动机怠速运转，然后突然将加速踏板踏到底，使节气门全开，时间不能超过 5s。

（5）在发动机转速不再长高时，迅速读出发动机转速，即失速转速。

3）几种情况分析

标准的失速转速一般为 2000r/min 左右。不同型号的发动机，其标准失速转速有所区别：A340E 为 2450±150r/min；A341E 型为 2200r/min。

（1）如果 D 位置和 R 位置的失速转速均低于规定值，则表明发动机输出功率不足；变矩器导轮的单向离合器工作不正常。如果失速转速低于规定值 600r/min 以上，则说明变矩器可能损坏。

（2）如果 D 位置的失速转速高于规定值，则表明主油道油压太低；前进离合器打滑；2 档单向超越离合器工作不正常；超速档单向超越离合器工作不正常。

（3）如果 R 位置的失速转速高于规定值，则表明主油道油压太低；直接离合器打滑；第一档及倒档离合器打滑；超速档单向超越离合器工作不好。

（4）如果 D 和 R 位置的失速转速均高于规定值，则表明主油道油压太低；油面高度不正常；超速档单向超越离合器工作不正常。

2. 延时试验

发动机起动后，将操纵手柄从空档换至前进档或倒档后，需要有一段短暂时间的延时才能使自动变速器完成档位的接合（此时会产生一个轻微的震动），这一短暂的时间称为自动变速器换档的延时时间。

1）目的

延时试验的目的是检查直接离合器、前进离合器和一档及倒档制动器的工作情况。

2）试验方法

延时试验就是测出自动变速器换档的延时时间。

（1）变速器油温应正常（50～80℃），发动机怠速符合规定。

（2）将汽车停放在平坦的地面上，拉紧驻车制动器。

将操纵手柄从空档（N）换至前进档（D）位置，用秒表测量从拨动操纵手柄开始到感觉振动的时间，即换档延时时间。

（3）测试进行三次，取平均值。每次试验间隔 1min，并在 R 位上重复上述试验。

3）情况分析

换档延时时间：在 D 位置测试时，应少于 1.2s；在 R 位置测试时，应少于 1.5s。

（1）如果 N→D 延时时间大于规定值，则表明主油路油压太低；前进离合器磨损；超速档单向超越离合器工作不正常。

（2）如果 N→R 延时时间大于规定值，则表明主油路油压太低；直接离合器磨损；低档及倒档制动器磨损；超速档单向超越离合器工作不正常。

3. 油压试验

1）目的

油压试验的目的是检查液压控制系统油液的工作压力，用以判断油泵和调压阀的工作性能。

2）试验方法

（1）变速器油温应正常（50～80℃）。发动机怠速符合规定。

（2）拉紧驻车制动器并塞住四个车轮。

（3）左脚踏制动踏板，换入D位置。

（4）在发动机怠速下测量油路压力。

（5）将加速踏板踏到底，在发动机达到失速转速时迅速读出油路最高压力。如果在发动机转速未达到失速转速之前，驱动轮便开始转动，则应松开加速踏板，停止试验。

（6）在R位重复试验。

3）情况分析

A341E自动变速器规定的油路压力为：在D位置，怠速时为363～422kPa，失速时为902～1147kPa；在R位置，怠速时为500～598kPa，失速时为1236～1589kPa。

（1）如果测得的油压未达到规定值，应检查节气门拉线的调整情况并重复做油压试验。

（2）在任何范围内油压均高于规定值，则表明节气门拉线调整不当；节气门阀失效；主油道调压阀失效。

（3）在任何范围内油压均低于规定值，则表明节气门拉线调整不当；节气门阀失效；主油道调压阀失效；油泵失效；超速档直接离合器损坏。

（4）只在D位置油压低，则表明D位置管路漏油；前进离合器有故障。

（5）只在R位置油压低，则表明R位置管路漏油；直接离合器有故障；低档及倒档制动器有故障。

4．手动换档试验

1）目的

手动换档试验的目的是判断电子控制自动变速器的故障发生在电控部分还是机械部分。

2）试验方法

（1）拔出电磁线圈的插头。

（2）检查手动换档情况，并根据下表检查档位和换档位置。

档位	D档位	2档位	L档位	R档位	P档位
换档位置	O/D	3档	1档	倒档	爪锁定

如果操纵手柄在L位置、2位置和D位置的实际档位难以区别，则要进行下列道路试验：

车辆行驶时，经过L、2和D档位的换档，检查相应档位的换档变化。如在上述试验中发现异常，则是变速器本身的机械部分有故障。

（3）连接电磁线圈插头。

5．道路试验

道路试验的目的是进一步检查自动变速器的使用性能。主要检查换档点（升档和降档）、换档冲击、振动、噪声和打滑等方面的情况。现以丰田电子控制自动变速器为例，说明道路试验的方法。试验时变速器的油温应正常（50～80℃）。

1）在标准（NORMAL）和（POWER）两种模式下进行D位置试验

试验时将操纵手柄换入D位置，加速踏板保持在节气门全开位置。检查下列项目：

（1）变速器应能自动地由1—2档、2—3档、3—4档进行升档，并且各档升档时的车速应与规定值相符。

在动力和标准模式下各进行一次试验。但当发动机冷却水温度低于60℃时，不会升至超速档或使锁止离合器锁止。

情况分析：

①如果不能从1档升至2档，其原因在于2号电磁阀和1—2换档阀失效；

②如果不能从2档升至3档，其原因在于1号电磁阀和2—3换档阀失效；

③如果不能从3档升至4档，其原因在于2号电磁阀和3—4换档阀失效；

④如果换档车速与规定值不符，即换档点不正常，则其节气门阀或节气门位置传感器、1—2换档阀、2—3换档阀和3—4换档阀等有故障。

(2)用同样方法检查升档过程中有无出现换档冲击和打滑现象。如有明显的换档冲击，则其原因在于液压控制系统油压过高、减振器和单向阀等有故障。

(3) 检查降档时有无异常的振动和打滑现象。

(4) 检查锁止离合器的工作情况。操纵手柄在D位置超速档，以大约75km/h车速稳定行驶，轻轻踏下加速踏板时，发动机转速应无突然变化，否则表明锁止离合器没起作用。

2) 在2位置进行试验

试验时，加速踏板稳定在节气门全开的位置，对动力模式和标准模式进行以下检查：

(1) 能否从1档升至2档、从2档升至3档，以及换档车速是否与规定值相符。

(2) 在2位置2档行驶，松开加速踏板，检查发动机的制动效果。如果无发动机制动，则其前进强制离合器失效。

(3) 检查车辆加、减速时有无异常噪声，升、降档时有无冲击。

3) 在L位置试验

(1) 在L位置行驶，应能换入2档；

(2) 松开加速踏板，应有发动机制动，否则其前进强制离合器失效；

(3) 检查加、减速时有无异常噪声。

四、自动变速器的故障诊断

1. 自动变速器故障自诊断

电控液力自动变速器的电控单元内部有一个故障自诊断电路，它能在汽车行驶过程中不断监测自动变速器控制系统各部分的工作情况，并能检测出控制系统中大部分故障，将故障以代码的形式记录在电控单元内。维修人员可以按特定的方法将故障码从电脑内读取，为自动变速器控制系统的检修提供依据。

读取故障代码的方法有两种：一种是利用检测仪，另一种是用人工的方法。利用汽车电控单元检测仪检测故障的方法在第一章已介绍，本章仅介绍故障代码的人工读取方法。

目前大部分车型电控单元故障代码的人工读取方法是：用一根导线将汽车电控单元故障检测插座内特定的两孔（故障自诊断插孔和接地插孔）短接，然后通过观察仪表板上自动变速器故障警告灯的闪烁规律读取故障代码，日本丰田轿车、美国通用和福特轿车等都是采用这种方法。不同车型的汽车电控单元故障检测插座形状及插孔分布各不相同。下面仅以丰田CROWN3.0轿车和美国通用轿车为例，说明其正常方式时的读取方法。

1) 丰田CROWN3.0轿车自动变速器故障代码的读取

在读取故障代码前，应先检查汽车蓄电池电压是否正常，以防止蓄电池电压过低而导致电控单元故障自诊断电路工作不正常。然后按下列操作方法读取故障代码。

(1) 将点火开关置于ON位置，但不起动发动机。

（2）按下超速档开关，使之处于 ON 位置（如图 2-53a 所示）。丰田轿车是以仪表板上的超速档指示灯“O/D OFF”作为电控液力自动变速器控制系统的故障警告灯。若“O/D OFF”指示灯不停地闪烁，则说明自动变速器的控制系统有故障。在读取故障代码时，不能将超速档开关置于 OFF 位置，否则“O/D OFF”指示灯将连续亮但不闪烁，无法读取故障代码。

（3）打开汽车电脑故障检测插座盖，依照盖内所注明的各插孔的名称，用一根导线将 TE1（故障自诊断插孔）和 E1（接地）两插孔相连接（如图 2-53b 所示）。

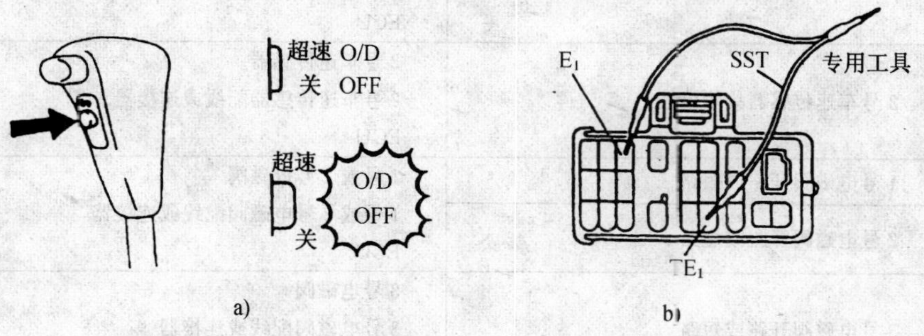

图 2-53　超速档开并及电脑故障检测插座

（4）根据自动变速器“O/D OFF”指示灯的闪烁规律读取故障代码（图 2-54）。

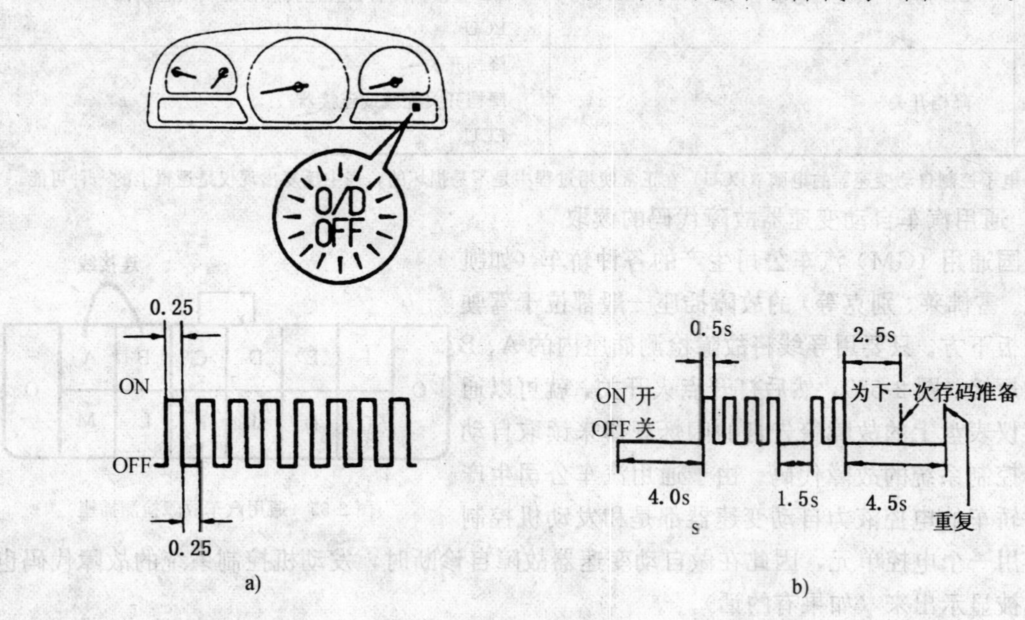

图 2-54　故障代码的显示

①如图 2-54a 所示，若自动变速器控制系统工作正常，电控单元内没有故障代码，“O/D OFF”指示灯每秒闪 2 次。

②如图 2-54b 所示，若自动变速器电控单元内存在故障代码，则“O/D OFF”指示灯以每秒 1 次的频率闪烁。第一次闪烁的次数表示故障代码的十位数，第二次闪烁的次表示代码的个位数，两者相隔 1.5s，即图 2-54a 表示的故障代码为 42，当存储器中存在 2 个以上故障代码时，首先显示较低数码的代码，相邻代码间隔 2.5s，重复相隔时间为 4.5s。

（5）读取所有的故障代码后，从检测插座上拨下连接导线，关闭点火开关。

故障代码的含义与故障原因见表 2-8：

故障代码的含义与故障原因 表 2-8

代码	含　　义	故　障　部　位
42	1 号车速传感器故障	1 号车速传感器 1 号车速传感器配线或连接器 ECU
46	4 号电磁阀开路或短路	4 号电磁阀 4 号电磁阀配线或连接器 ECU
61	2 号车速传感器故障信号	2 号车速传感器 2 号车速传感器配线或连接器 ECU
62	1 号电磁阀开路或短路	1 号或 2 号电磁阀 1 号或 2 号电磁阀配线或连接器 ECU
63	2 号电磁阀开路或短路	
64	3 号电磁阀开路或短路	3 号电磁阀 3 号电磁阀配线或连接器 ECU
67	OD 直接档转速传感器信号故障	OD 直接档离合器转速传感器 OD 直接档离合器转速传感器配线或连接器 ECU
68	降档开关	降档开关 降档开关配线或连接器 ECU

注：电子控制自动变速器的电脑（ECU）在正常使用过程中是不易损坏的，表中反复出现仅是逻辑上的一种可能。

2）通用汽车自动变速器故障代码的读取

美国通用（GM）汽车公司生产的各种轿车（如凯迪拉克、雪佛莱、别克等）的故障插座一般都位于驾驶室仪表板下方。只要用导线将故障检测插座内的 A、B 两插孔短接（图 2-55），然后打开点火开关，就可以通过观察仪表盘上的故障警告灯的闪烁规律来读取自动变速器控制系统的故障代码。由于通用汽车公司生产的各种轿车的电控液力自动变速器都是和发动机控制系统共用一个电控单元，因此在做自动变速器故障自诊断时，发动机控制系统的故障代码也会一起被显示出来（如果有的话）。

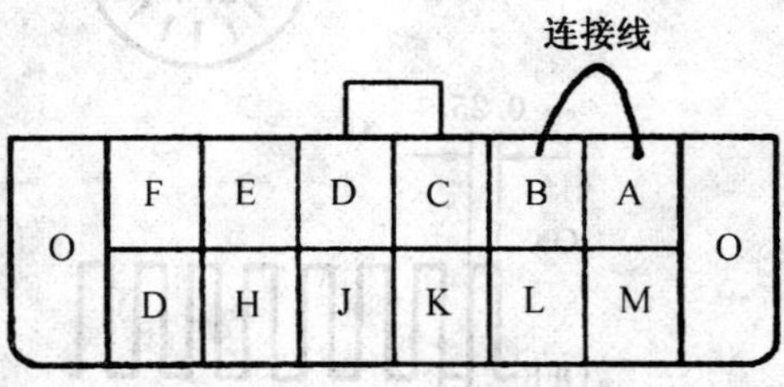

图 2-55　通用汽车故障检测插座

1991 后生产的各种牌号的汽车自动变速器故障代码的含义与故障原因见表 2-9。

故障代码的含义与故障原因 表 2-9

代码	含　　义	故　障　原　因
14	水温传感器信号电压过低	水温传感器损坏或线路短路
15	水温传感器信号电压过高	水温传感器损坏或线路断路
16	蓄电池电压过高	充电电压过高；充电系统故障
21	节气门位置传感器信号电压过高	节气门位置传感器损坏或线路断路
22	节气门位置传感器信号电压过低	节气门位置传感器损坏或线路短路

续上表

代码	含　　义	故障原因
24	车速传感器无信号	车速传感器损坏或线路断路、短路
26	电控单元内部功率模块工作不良	电控单元内部功率模块损坏
28	2—3 档电磁阀工作不良	2—3 档电磁阀损坏或线路断路、短路
31	停车/空档开关工作不良	停车/空档开关损坏或线路断路．短路
36	换档电磁阀 B 工作不良	换档电磁阀 B 损坏或线路断路、短路
39	锁止电磁阀工作不良	锁止电磁阀损坏或线路断路、短路
58	液压油温度传感器信号电压过高	液压油温度传感器损坏或线路断路
59	液压油温度传感器信号电压过低	液压油温度传感器损坏或线路短路
74	输入轴转速传感器无信号	输入轴转速传感器损坏或线路断路、短路

2．自动变速器常见故障的判断与排除

下面仍以丰田汽车自动变速器为例进行说明，见表 2-10。

丰田汽车电控液力自动变速器故障排除表　　表 2-10

故障现象	可能原因	检查方法
变速器油变色或有焦味	变速器油污染	更换自动变速器油
	液力变矩器故障	更换液力变矩器
	变速器故障	拆检变速器
操纵手柄在任何一个前进档或倒档位汽车都不走	手动阀杆失调	调节手动阀杆
	阀体或主调压器故障	检查阀体
	停车制动锁爪故障	检查停车制动锁
	液力变矩器故障	更换液力变矩器
	变矩器传动板折断	更换传动板
	油泵进油滤网堵塞	清洗滤网
	变速器故障	拆检变速器
操纵手柄位置不正确	手动阀杆失调	调整手动阀杆
	手动阀和变速杆故障	检查阀体
	变速器故障	拆检变速器
各档换档困难	节气门拉线失调	调整节气门线索
	阀体或主调压器失调	检查阀体
	减振器活塞故障	检查减振器活塞
	变速器故障	拆检变速器
1 档→2 档、2 档→3 档或 3 档→超速档加档延迟，或超速档→3 档、3 档→2 档然后再换回到超速档或 3 档延迟	电控系统故障（A340E）	检查电控系统
	阀体故障	检查阀体
	电磁阀故障（A340E）	检查电磁阀
	节气门拉线失调（A42DL）	调整节气门拉线

续上表

故　障　现　象	可　能　原　因	检　查　方　法
1 档→2 档、2 档→3 档或 3 档→超速档加档时打滑或发抖	手动阀失调	调节手动阀杆
	节气门拉线失调	调节节气门拉线
	阀体故障	检查阀体
	电磁阀故障（A340E）	检查电磁阀
	变速器故障	拆检变速器
1 档→2 档、2 档→3 档或 3 档→超速档加档时有拉动或阻滞感	手动阀失调	调整手动阀杆
	阀体故障	检查阀体
	操纵手柄故障	拆检变速器
2 档、3 档或超速档锁止	电控系统故障	检查电控系统
	阀体故障	检查阀体
	电磁阀故障（A340E）	检查电磁阀
	变速器故障	拆检变速器
减档困难	节气门拉线失调	调节节气门拉线
	节气门拉线和凸轮故障	检查节气门拉线和凸轮
	减振器活塞故障	检查减振器活塞
	阀体故障	检查阀体
	变速器故障	拆检变速器
滑行时不能减档	阀体故障	检查阀体
	电磁阀故障（A340E）	检查电磁阀
	速控调压器体故障（A42DL）	检查速控调压器体
	电控系统故障（A340E）	检查电控系统
滑行时减档太快或太迟	节气门拉线故障	检查节气门拉线
	阀体故障	检查阀体
	变速器故障	拆检变速器
	电磁阀故障（A340E）	检查电磁阀
	电控系统故障（A340E）	检查电控系统
	速控调压器体故障（A42DL）	检查速控调压器体
超速档→3 档、3 档→2 档或 2 档→1 档无减档	电磁阀故障（A340E）	检查电磁阀
	电控系统故障（A340E）	检查电控系统
	阀体故障	检查阀体
	节气门拉线失调（A42DL）	调节节气门拉线
	速控调压器体故障（A42DL）	检查速控调压器体
操纵手柄在 2 位或 L 位时无发动机制动功能	电磁阀故障（A340E）	检查电磁阀
	电控系统故障（A340E）	检查电控系统
	阀体故障	检查阀体
	变速器故障	拆检变速器
操纵手柄在 P 位汽车停不住	手动阀杆失调	调整手动阀杆
	停车锁爪和弹簧故障	检查凸轮和弹簧

第三章　制动防抱死装置

第一节　概　　述

汽车制动防抱死装置（ABS）的功用是保证汽车在任何路面上进行紧急制动时，自动控制和调节车轮制动力，防止车轮完全抱死，从而得到最佳制动效果。

一、制动防抱死装置的发展和应用

制动防抱死技术在20世纪30年代由英国人霍纳摩尔研制并申请了专利，但由于受当时科技水平的限制，该装置的控制精度较低、成本高，因而在汽车上未能得到广泛应用。1950年，世界上第一台防抱死制动系统（ABS）研制成功，首先应用在飞机上。德国波许公司（BOSCH）是汽车（ABS）的发明、研制单位，60年代就开始开发工作，于1978年正式生产出ABS I型汽车防抱死制动系统，1984年推出ABS II型，1986年开始生产ABS III型，该公司80年代未期已达年产ABS II型100万套。

80年代后期，欧、美、日等发达国家在汽车上广泛装用制动防抱死装置。世界上著名的制动防抱死装置生产厂家有德国的波许（Bosch）公司，美国的达科迪（Delco）公司、本迪可斯（Bendix），日本的电装公司等。

我国对汽车制动防抱死装置的研究和使用起步较晚，东风汽车公司从八十年代初开始研究制动防抱死装置，90年代一汽集团与美国海尔凯斯共同制造货车用制动防抱死装置，1998年上海大众汽车制造厂生产的上海桑塔纳2000Gsi型上装用了由美国ITT提供的制动防抱死装置。随着我国汽车工业的不断发展，制动防抱死装置一定会在国产汽车上得到广泛应用。

二、制动防抱死装置的组成及基本工作原理

1．最佳制动效果

普通制动装置工作时，基本上可以分为三个阶段：第一阶段车轮作单纯的滚动，第二阶段车轮处于边滚边滑的状态，第三阶段车轮被制动器抱死在路面上拖滑。从这三个阶段可以看出，随着制动强度的增加，车轮滚动的成分减少而滑动成分增多。一般用滑移率（S_b）来表示制动过程中滑动成分的多少。

在车轮纯滚动时，滑移率$S_b=0$；在车轮纯滑动时，滑移率$S_b=100\%$；车轮边滚边滑时滑移率S_b介于0和100%之间。车轮抱死拖滑时，制动力降低，而且无法控制汽车的行驶方向，出现不稳定状态。

实践证明，滑移率S_b在15%～20%之间时，具有最大的附着系数，可获得最佳制动效果。制动防抱死装置能够在汽车制动时将滑移率控制在最有利的15%～20%范围内，从而避免制动过程中的侧滑、跑偏和丧失转向能力等，提高了汽车的操纵性能和稳定性能，同时还能获得最大的制动力，缩短制动距离，提高了汽车的制动性能。这些性能对保持行车安全具有重

要意义。

2. 制动防抱死装置的组成

防抱死制动装置的组成如图 3-1 所示，一般由车轮速度传感器、液压调节系统和电控单元等三大部分组成。

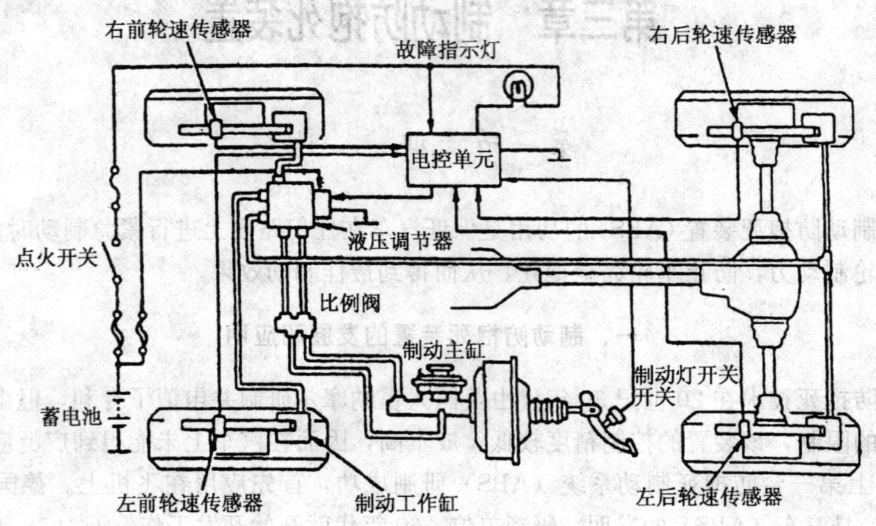

图 3-1 制动防抱死装置的基本组成

3. 制动防抱死装置的基本工作原理

四个车轮速度传感器检测车轮速度的变化信号，并将车轮速度信号输送到电控单元。电控单元对车轮速度传感器输送来的车轮速度信号进行处理，并根据处理结果适时地向液压调节系统发出控制指令。液压调节系统是制动防抱死装置的执行机构，它根据电控单元发出的指令控制车轮制动器工作缸中的制动液压力迅速变大或变小，防止车轮的抱死。

如果制动过程中车轮没有抱死的迹象，制动防抱死装置不参与工作，此时制动主缸中的制动液直接通过液压调节系统进入各工作缸产生制动力。如果车轮将要抱死，电控单元就会从车轮速度信号的变化中判断出来，并向液压调节系统发出控制指令，液压调节系统使工作缸中的制动液压力降低，防止车轮抱死；由于制动液压力降低，制动力下降，车轮转速必然上升，滑移率下降，当滑移率降低到一定程度时，液压调节系统又使工作缸中的制动液压力升高，增大制动力，等车轮再要抱死时再进行降压。液压调节系统以每秒十几次的频率重复上述动作，从而自动地调节各制动工作缸中的制动液压力，使车轮的滑移率保持在 15%～20%范围内，以保证汽车制动的稳定性和获得最佳制动效果。

如果制动防抱死装置在使用中出现故障，制动防抱死警告灯会点亮发出警告。此时电控单元会自动地停止制动防抱死装置的工作，并让普通制动系继续工作，以保证汽车的安全性。

三、制动防抱死装置的分类与特点

1. 制动防抱死装置的分类

制动防抱死装置的分类方法较多，根据生产厂家可分为：波许制动防抱死装置，坦孚(Teves)、达科（Delco）和本迪可斯（Benddix）制动防抱死装置等。

根据液压调节系统分：整体式和分离式。整体式是将制动主缸与液压调节系统制作为一体；分离式是将液压调节系统独立安装在制动主缸与工作缸之间。

根据控制通道分：三通道控制式和四通道控制式。三通道控制式是两前轮各有一条控制通道，两后轮共用一条控制通道；四通道式是四个车轮各有一条控制通道。

2. 制动防抱死装置的特点

防抱死制动装置在现代汽车上得到了广泛的应用，它具有以下特点：

1）缩短了制动距离。由于防抱死制动装置将滑移率控制在15%～20%之间，在此状态下地面附着力最大，从而缩短了制动距离。

2）提高了制动稳定性。防抱死制动装置避免了汽车制动时车轮抱死状态，消除了车轮抱死情况下出现的侧滑，甩尾甚至掉头等情况，并保证了紧急制动情况下良好的转向性能。

3）具有故障自诊断能力。在防抱死制动装置出现故障后，能自动切断防抱死制动装置的工作，恢复普通制动装置的工作，并将故障以代码的形式显示出来。

第二节　液压调节系统

液压调节系统是制动防抱死装置中的液压执行机构，它的功用是接受电控单元发出的指令，调节各制动工作缸中的液压。液压调节系统由油泵、蓄压器、压力开关、液压调节器等部件组成。

一、油　泵

油泵的功用是给整个装置的制动液加压。有的制动防抱死装置，油泵还具有回油作用，其结构如图 3-2 所示，它由油泵电机、柱塞、偏心轮、进、出油阀等零件组成。

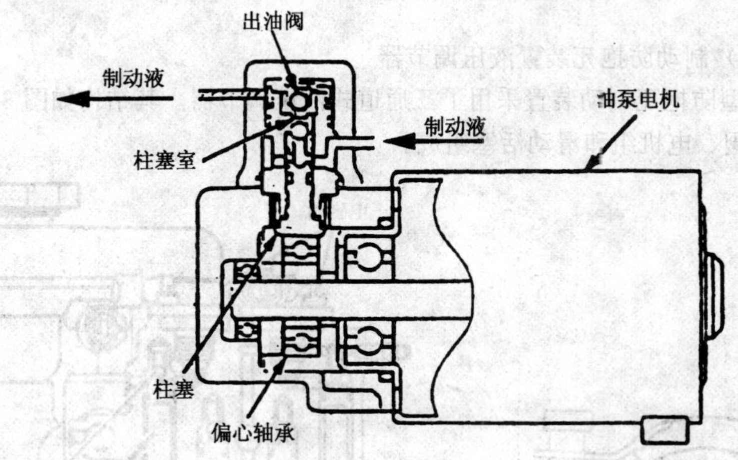

图 3-2　电动油泵结构

油泵的偏心轮是一个偏心轴承，压装在电机轴上，进、出油阀为单向阀。当电机转动时，电机轴带动偏心轮旋转，驱动柱塞作上、下往复运动。柱塞下移，出油阀关闭，进油阀打开，低压制动液从贮液罐进入柱塞上方的低压腔；柱塞上移，进油阀关闭，柱塞上方制动液压力升高，打开出油阀，高压制动液被压入蓄压器和液压调节器中。

二、蓄　压　器

蓄压器的功用是保持制动系统高压，并向制动器提供高压制动液。蓄压器的结构如图 3-3 所示，它采用了囊状结构，内部用隔板分成上下两腔。上腔内充有高压氮气，下腔与电动油泵的出油腔连通。

电动油泵工作时，将加压后的制动液输送到蓄压器的下腔，使蓄压器中的隔板上移，进一步压缩上腔中的氮气，上腔的氮气反过来推动隔板，使蓄压器中的制动液压力始终保持在 1400～1800kPa。

蓄压器中的高压制动液在防抱死制动装置工作时进入调节器电磁阀中再分配到各制动工作缸；在普通制动装置工作时，直接进入各制动工作缸，起到助力作用。

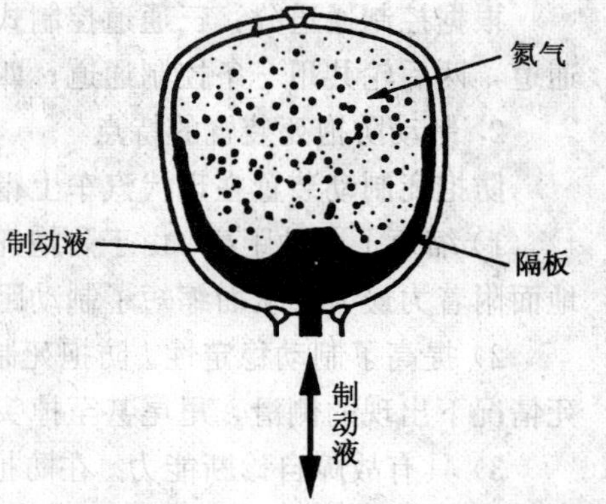

图 3-3 蓄压器

三、压力开关

压力开关的功用是检测蓄压器中的制动液压力，控制电动油泵的电路。压力开关的结构如图 3-4 所示，它由弹性管、微动开关、杠杆等零件组成。

压力开关一般安装在蓄压器的下方，当蓄压器中的制动液压力升高到一定数值时（1800kPa），由于液压的作用，弹性管伸张带动杠杆使微动开关断开，电动油泵继电器断电，电动油泵停止工作；当蓄压器中的制动液压力下降到一定数值时（1400kPa），弹性管恢复原状，接通微动开关，使电动油泵继电器通电，电动油泵投入工作，使蓄压器中的压力升高。

四、液压调节器

液压调节器的功用是按照电控单元发出的控制指令，开闭制动防抱死装置的制动液通道，完成对各制动器工作缸中制动液压力的调节————即防抱死控制。下面介绍几种典型的液压调节器。

1. 达科（VI）制动防抱死装置液压调节器

达科（VI）型防抱死制动装置采用了三通道式液压调节器。其结构如图 3-5 所示，它由电磁阀、单向球阀、电机组和滑动活塞组成。

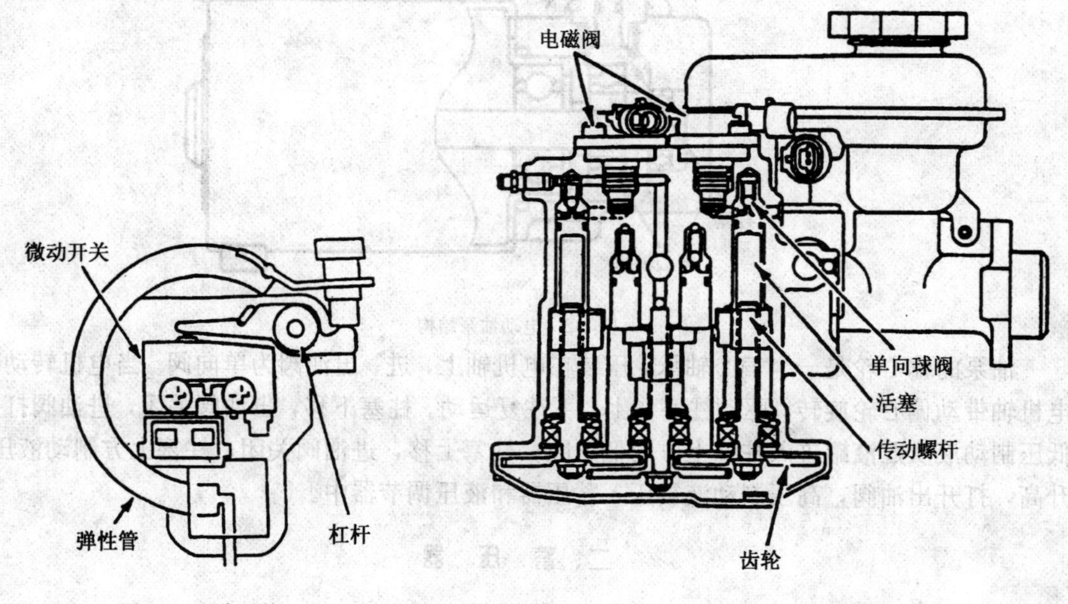

图 3-4 压力开关

图 3-5 达科（VI）液压调节器结构

电磁阀有两个，分别控制在左、右前轮与制动主缸的油路，后轮调节器没有电磁阀。电磁阀的工作受电控单元的控制，防抱死制动装置起作用时，电磁阀线圈通电，阀杆向下运动，切断制动液从制动主缸到前轮的通道。

单向球阀有四个，两前轮调节器内各一个，后轮调节器内有两个。单向球阀靠弹簧压紧在阀座上，滑动活塞移动到活塞室顶端时，活塞顶部的顶杆可将球阀顶离阀座打开单向球阀。

滑动活塞有四个，两前轮调节器内各有一个活塞，传动螺母在传动螺杆的带动下推动活塞上下移动，打开或关闭单向球阀；后轮调节器内有两个活塞，由传动螺母上的平板驱动同时作上下运动，打开或关闭两个单向球阀。

电机组的三个电机接受电控单元的指令，可以正、反两个方向转动，分别驱动两前轮调节器的传动螺杆和后轮调节器的传动螺杆，使活塞上行或下移。在两前轮调节器驱动电机的后端有电磁制动器，后轮调节器驱动电机的前端有扩张弹簧制动器，对传动螺杆起到锁止作用。

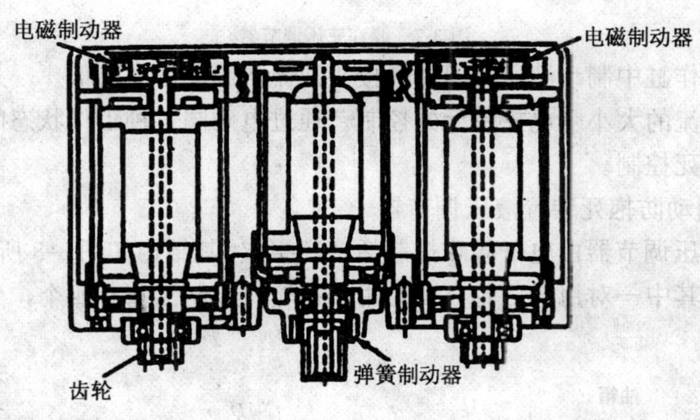

图 3-6　电机组

2. 波许（Bosch）制动防抱死装置液压调节器

波许制动防抱死装置的液压调节器通过电磁阀控制装置压力，在四通道制动防抱死装置中有四个电磁阀，在三通道制动防抱死装置中有三个电磁阀。电磁阀为三位阀，其结构如图 3-7 所示，主要由阀体、电磁线圈、进油阀、卸荷阀、检查阀、主、副弹簧、移动支架、无磁支撑环等组成。

无磁支撑环压装在壳体内部，作为移动支架的导向元件，移动支架内部相对布置着主、副弹簧，主弹簧的弹力大于副弹簧的弹力。移动支架在电磁线圈中电磁力的作用下作轴向移动，移动支架有约 0.25mm 的行程。进油阀和卸荷均为球阀，钢球与承压盘焊接在一起。检查阀与进油阀并行设置，在解除制动时，能够增加回油通道。壳体上有三个接口，分别接制动主缸、制动轮缸和回油泵。

电磁阀有三种工作状态：压力升高、压力保持不变和压力减小。其工作原理如图所示，在压力升高工作状态，电磁线圈中无电流通过，由于主弹簧的弹力大于副弹簧的弹力，进油阀被打开，卸荷阀被关闭，制动液直接从制动主缸进入制动工作缸，制动压力升高；在压力保持工作状态电磁线圈中通过的电流为最大工作电流的一半，电磁吸力使移动支架下移，但此时由于电磁力不能完全克服主、副弹簧的弹力，移动支架处于中间位置，进油阀被关闭，卸荷阀仍处于关闭状态，三阀相互密封，工作缸中的制动液压力保持一定；在压力减小工作状态，电磁线圈中通过最大工作电流，电磁力克服主、副弹簧的弹力使支架移动最大行程，此

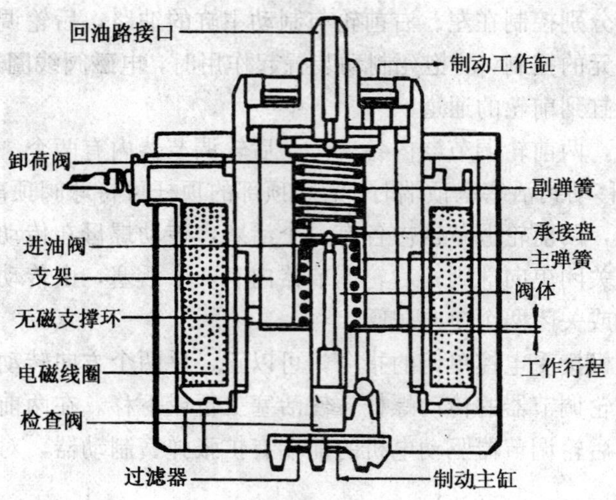

图 3-7 波许液压调节器

时卸荷阀打开，工作缸中制动液通过回油管接头回流，制动压力降低。

电磁线圈中电流的大小受电控单元的控制。通过电磁阀三种工作状态的快速转换，调整制动压力实现防抱死控制。

3. 本田车系制动防抱死装置液压调节器

本田车系的液压调节器由电磁阀和控制活塞组组成，其结构如图 3-8 所示。在液压调节器中有三对电磁阀、其中一对用于后轮，二对用于前轮；控制活塞有四个，分别控制四个制动工作缸的液压。

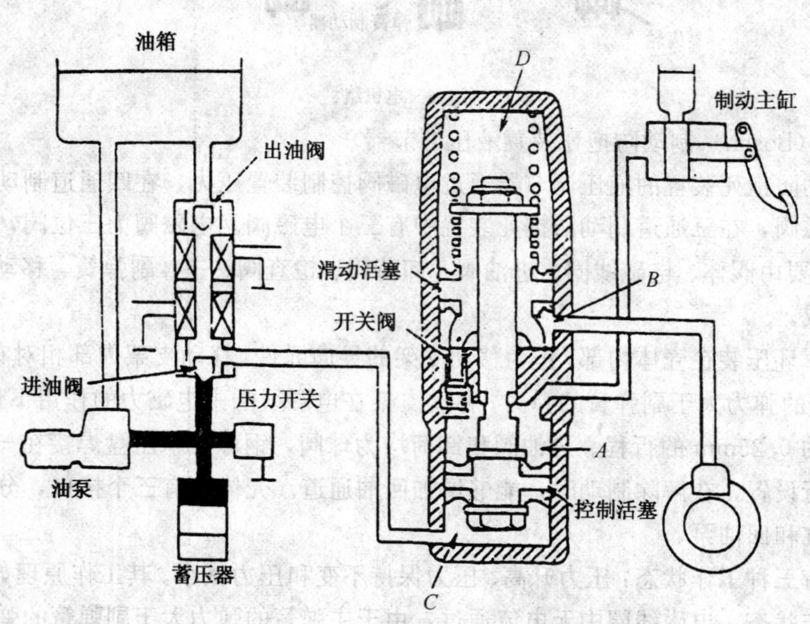

图 3-8 本田车系液压调节器

每对电磁阀由进油阀和出油阀组成，每个阀都有一个电磁线圈控制其开闭动作，电磁线圈中电流的通断受电控单元的控制。

控制活塞组由控制活塞、滑动活塞、活塞杆、活塞弹簧、断油阀和壳体等组成。壳体内部分为上下两腔，中间有断油阀控制上下两腔油路的通断。控制活塞位于下腔，与活塞杆联接并推动活塞杆作轴向移动，活塞杆在上腔与滑动活塞联接并推动滑动活塞移动，滑动活塞控制断油阀的开闭。控制活塞将下腔分隔为A室和C室，滑动活塞将上腔分隔为B室和D室。A室与制动主缸连通，B室与制动工作缸连通，C室与电磁阀连通，D室通大气。

调节器的工作过程有三种工作状态：压力升高、压力保持和压力减小。

压力升高：进油阀与出油阀的电磁线圈中均无电流通过，进油阀关闭，出油阀打开，液压调节器C室与贮油箱连通，滑动活塞在活塞弹簧弹力的作用下下移。当滑动活塞下移将断油阀顶开时，A室与B室连通，制动主缸中的制动液经调节器A腔、断油阀、B腔流向制动工作缸。随制动主缸中工作压力的升高，工作缸中的制动液压力不断升高。

压力减小：进油阀和出油阀电磁线圈中同时通电，出油阀关闭，进油阀打开，贮压器中的高压制动液通过进油阀进入调节器控制活塞下方的C室，控制活塞在此压力作用下向上移动，带动活塞杆及滑动活塞克服弹簧的弹力上移。此时断油阀关闭，制动主缸与工作缸之间的通道被切断。同时，由于滑动活塞的上移，与制动工作缸相连通的B腔容积增大，B腔及制动工作缸的油压下降。

压力保持：进油阀电磁线圈断电、出油阀电磁线圈通电，进、出油阀同时关闭，控制活塞组保持在一定位移，B腔容积保持不变，制动工作缸中的液压保持不变。

第三节　车轮速度传感器和电控单元

一、车轮速度传感器

车轮速度传感器的功用是检测车轮速度，并将车轮速度转换成电信号传送到电控单元中。

车轮速度传感器有四个，每个车轮一个。图3-9a）所示为盘式车轮制动器上使用的车轮速度传感器，图3-9b）为鼓式车轮制动器上使用的车轮速度传感器。传感器是静止部件，安装在每个车轮的托架上；齿圈是旋转部件，安装在轮毂上，随车轮一起旋转。

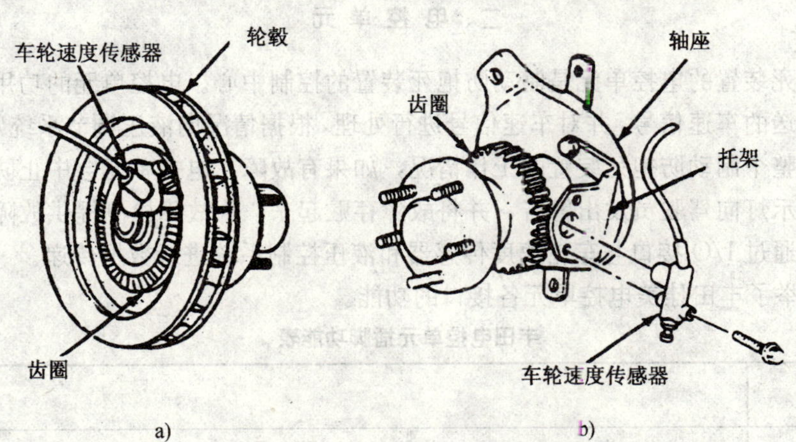

图3-9　车轮速度传感器

车轮速度传感器与齿圈的安装方式如图3-10所示，在传感器与齿圈之间保持有1mm左右的间隙。

车轮速度传感器由外壳、永久磁铁、磁极和电磁线圈组成，如图3-11所示，

其工作原理如图3-12所示。齿圈随车轮旋转，当轮齿经过传感器时（靠近和离开），

a) 錾形磁极径向安装　　b) 斜方形磁极轴向安装　　c) 圆形磁极径向安装

图 3-10　车轮速度传感器安装方式

永久磁铁产生的磁场磁通量发生变化，此时在电磁线圈中感应出一个交流脉冲信号，脉冲交流信号的电压频率与车速成正比。车速传感器通过两根屏蔽线将交流信号传送到电控单元中，电控单元通过识别交流信号的频率和电压来确定车轮转速。

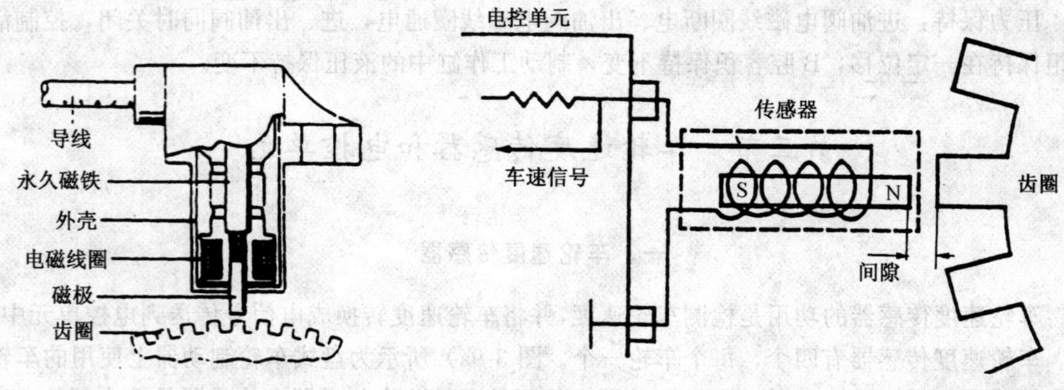

图 3-11　车轮速度传感器的结构

图 3-12　车轮速度传感器工作原理图

二、电 控 单 元

制动防抱死装置的电控单元是制动防抱死装置的控制中心。电控单元的功用是接收车轮速度传感器输送的车速信号，并对车速信号进行处理，根据情况向液压调节系统发出指令；电控单元还监测整个制动防抱死装置的工作情况，如果有故障，电控单元会中止防抱死装置的工作，亮起指示灯向驾驶员发出警告，并将故障存贮起来，为故障检测提供故障代码。

电控单元通过 I/O 接口与车轮速度传感器和液压控制系统进行数据传递。

表 3-1 列举了丰田佳美电控单元各接口的功能。

丰田电控单元插脚功能表　　表 3-1

ECU 接口插脚排列形式			
插　脚　号	功　　能	插　脚　号	功　　能
1 号脚	左后轮车速传感器	5 号脚	右后轮车速传感器
2 号脚	诊断	6 号脚	左后轮车速传感器
3 号脚	停车灯开关	7 号脚	故障指示灯
4 号脚	后轮车速传感器检查用	8 号脚	驻车制动开关

续上表

ECU 接口插脚排列形式			
插　脚　号	功　　能	插　脚　号	功　　能
9 号脚	传感器检查接口	20 号脚	左前电磁阀
10 号脚	右后轮车速传感器	21 号脚	右前电磁阀
11 号脚	右前电磁线圈	22 号脚	搭铁
12 号脚	搭铁	23 号脚	右前轮车速传感器
13 号脚	右前轮车速传感器	24 号脚	电磁阀继电器监控端
14 号脚	诊断用接口	25 号脚	左前轮车速传感器
15 号脚	油泵继电器监控	26 号脚	油泵继电器
16 号脚	左前轮车速传感器	27 号脚	搭铁
17 号脚	前轮车速传感器检查用	28 号脚	备用电源
18 号脚	电磁阀继电器	29 号脚	后电磁阀
19 号脚	电源		

三、继　电　器

在制动防抱死装置中有三个比较重要的继电器：主电源继电器、油泵继电器和电磁阀继电器。

主电源继电器一端接点火开关，另一端通过电控单元搭铁，发动机起动后，发电机开始工作，电控单元才能使主电源继电器触点向系统供电，电控单元进入系统自检，使系统进入工作状态。如果主电源继电器损坏，电控单元就会检测到并停止装置工作。在有的车型中主电源继电器同时向油泵继电器和电磁阀继电器供电。

油泵继电器主要是控制油泵电机电流的通断。在油泵工作不受电控单元控制的制动防抱死装置中，油泵继电器电磁线圈受压力开关的控制，系统压力低，压力开关接通油泵继电器线圈电路，继电器触点闭合，油泵电机通电进入工作；系统压力高，压力开关切断油泵继电器线圈电路，继电器触点打开，油泵电机断电停转。有些车型的油泵继电器受电控单元的控制，电控单元根据制动防抱死装置工作情况接通或切断继电器线圈电流使继电器触点闭或开，从而控制油泵的工作。

电磁阀继电器输入端接主电源继电器，输出端接电磁阀（3 个或 4 个），控制端即电磁线圈接电控单元，如图 3-13 所示。电磁阀继电器受电控单元的控制。

四、故障指示灯

制动防抱死装置中有两个故障指示灯，位于仪表板上，一个是红色指示灯，一个是黄色指示灯，如图 3-14 所示。

故障指示灯在下列情况下亮为正常：打开点火开关后，红灯与黄灯同时点亮然后熄灭；起动发动机后，两灯再亮一次，此时处于电控单元自检和系统建立压力过程，亮灯时间较长，可达十几秒甚至几十秒，待自检过程完成后，两灯再次熄灭，制动防抱死装置处于正常工作状态。

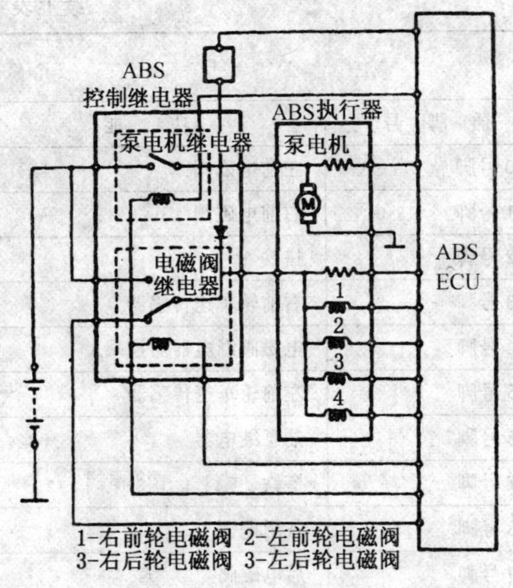

图 3-13 继电器控制电路

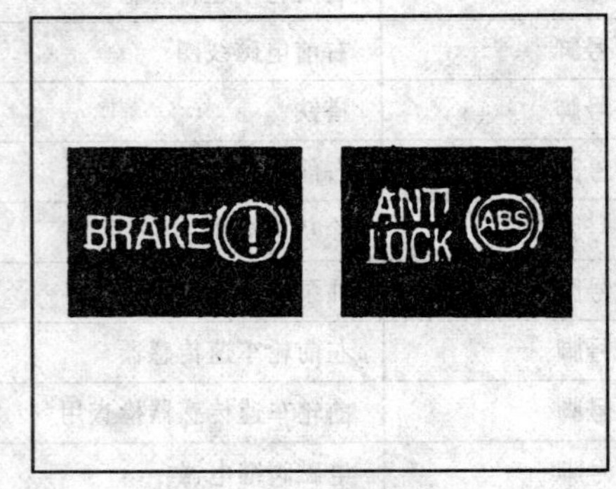

图 3-14 故障指示灯

红色指示灯常亮说明普通制动系有故障，原因有驻车制动器未放松、制动液不足、蓄压器压力较低、液压组件故障等。红色指示灯常亮时汽车不能继续行驶，大多数情况下红色指示灯亮时伴随着黄色指示灯亮，即制动防抱死装置也有故障。

黄色指示灯常亮说明电控单元正在检测制动防抱死装置故障。如果只有黄色指示灯亮而红色指示灯不亮说明防抱死装置关闭，但普通制动系仍能正常工作。

黄色指示灯还可以在检修制动防抱死装置时闪烁出故障码，为检修工作提供依据。

第四节 制动防抱死装置的工作过程

一、达科 VI 型制动防抱死装置的工作过程

达科 VI 型制动防抱死装置主要应用于 1991 年后美国通用汽车公司生产的雪佛兰、别克、庞帝克、云雀等车系。

达科 VI 型制动防抱死装置采用四传感器三通道控制方式，电控单元有 32 个插脚，系统电路如图 3-15 所示。

四个车轮速度传感器通过电控单元插脚 5，6，7，8，9，10，11，12 将车轮速度信号输入到电控单元。其中 5、8、9、12 为高电位，6、7、10、11 为低电位。

压力调节器有两个电磁阀，分别由电控单元插脚 4 和 24 供电，共同由插脚 *B* 构成搭铁回路；压力调节器中左前轮电机接 *E*、*F* 插脚，右前轮电机接 H、G 插脚，后轮电机接 C、D 插脚，C、F、H 为高电位，D、E、G 为低电位。调节器中两前轮电机的电磁制动器由主继电器提供电源，分别通过电控单元插脚 19 和 20 搭铁控制其回路。

主继电器的电磁线圈一端接点火开关，另一端与电控单元插脚 22 相连，输入端接蓄电池，输出端与电控单元插脚 *A* 相连，向电控单元提供电源。

警告灯电源来自点火开关，由电控单元 21 和 23 控制其回路的通断。制动开关由制动踏板操纵，其电源来自保险盒，输出两路：一路接电控单元插角 13，另一路送至制动信号灯。

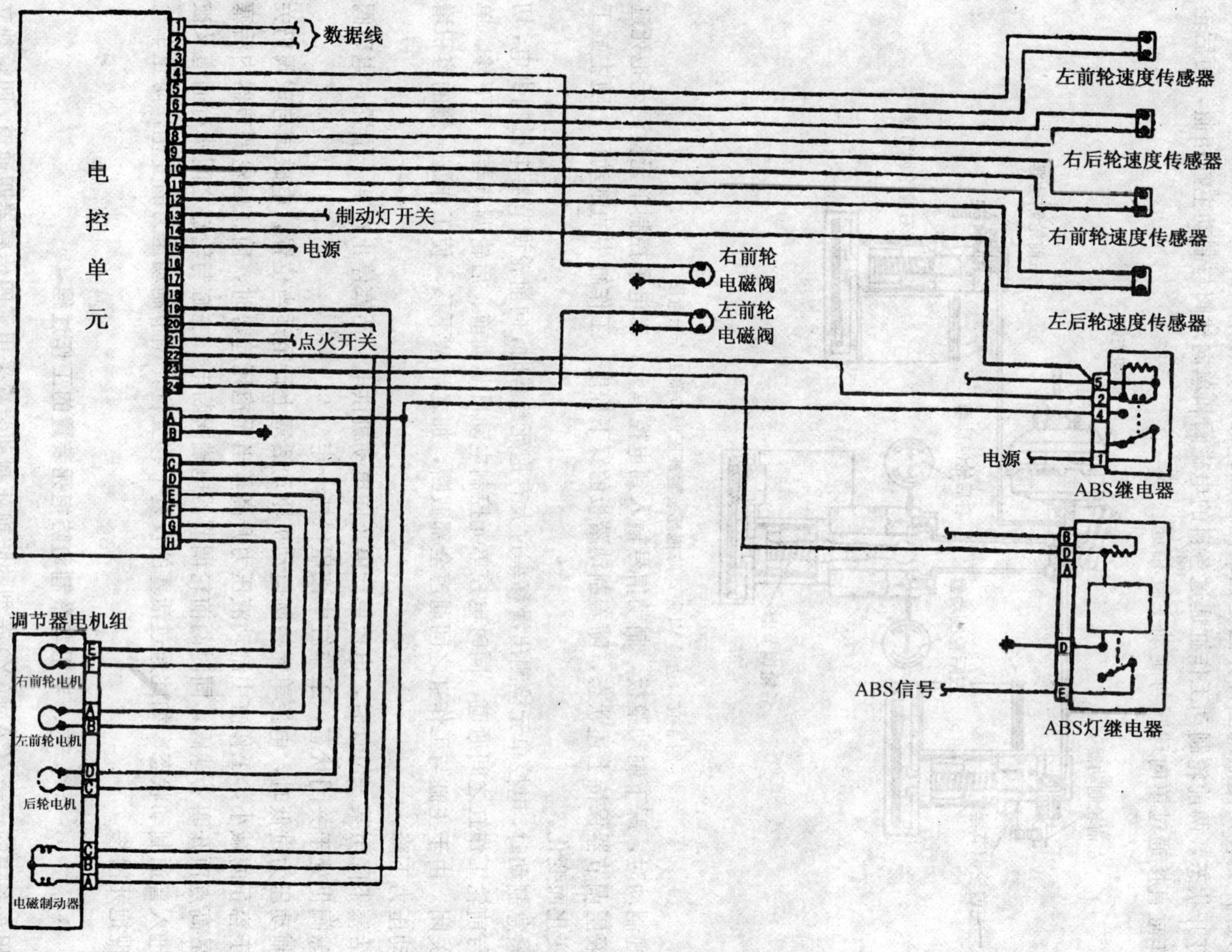

图 3-15 达科(*VI*)型制动防抱死系统电路图

打开点火开关，制动防抱死主继电器接通，仪表板上故障指示灯闪亮，在电子控制单元完成装置自检后熄灭。

图 3-16 为达科 VI 制动防抱死装置液压调节器工作示意图。汽车起步后速度达 4.8km/h 时，电控单元向液压调节器的电机和电磁制动器通电。电磁制动器通电解除制动，驱动电机带动球形螺杆旋转，使活塞上升并固定在最高位置。此时单向球阀被活塞顶开，电磁阀不通电处于打开状态，两前轮制动工作缸通过各自的电磁阀和单向球阀与制动主缸相通，两后轮制动工作缸直接通过单向球阀与制动主缸相通。

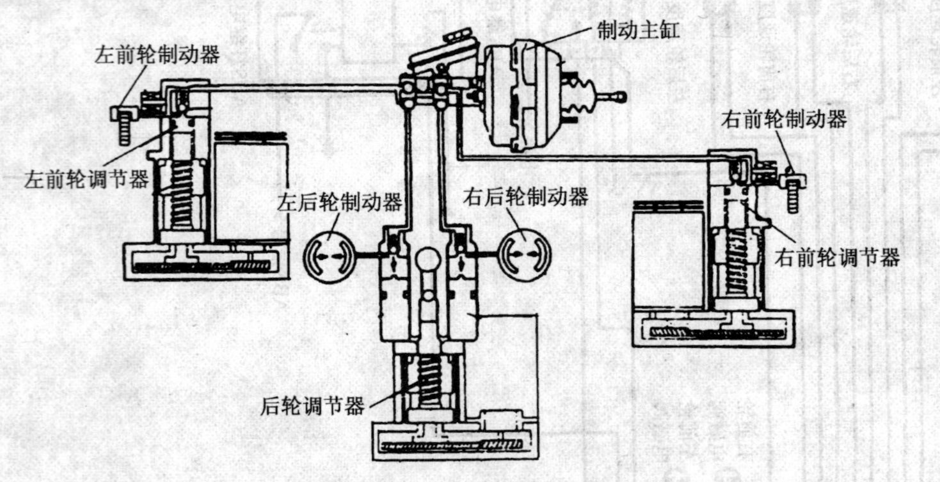

图 3-16　达科 VI 制动防抱死装置液压调节器工作示意图

常规制动时，踩下制动踏板，制动信号输入到电控单元，当电子控制单元检测无抱死迹象时，液压调节器保持上述状态，随着制动踏板的踩下程度，工作缸中的制动压力随主缸工作压力变化而变化。

当紧急制动时，电控单元检测出滑移率过大有抱死趋势时，向前轮调节器电磁阀供电，切断主缸与前轮工作缸之间通道，同时电控单元控制电动机驱动前、后轮调节器活塞下移，单向球阀关闭。由于主缸与工作缸之间通道全部截断，加之活塞下移，使工作缸一侧的容积增大，制动压力下降。

当活塞下降至某一位置时，电控单元停止向电动机供电，活塞停止在某一位置，电磁阀与单向球阀仍处于关闭状态，工作缸中液压保持一定。

当制动压力过低时，电控单元控制电动机驱动活塞上行至适当位置，电磁阀与球阀仍关闭，由于容积的减小，工作缸中制动液压力升高，当无抱死趋势时，前、后轮调节器内活塞上升到最高点顶开四个球阀，同时两前轮调节器电磁阀断电，主缸与轮缸之间所有通道又被打开，进入普通制动状态。如此通过活塞的反复下移上行，调节制动压力的变化，防止车轮制动出现抱死滑移。

二、丰田车系制动防抱死装置的工作过程

丰田车系中的佳美（CAMAY）车型的防抱死制动装置采用了四传感器四通道，四轮独立控制方式。电控单元有 29 个插脚，各插脚的功能见表 3-1，系统电路如图 3-17 所示。

四个车轮速度传感器通过电控单元插脚 23 和 13、16 和 25、5 和 10、1 和 6 将四个车轮速度信号输送到电控单元。

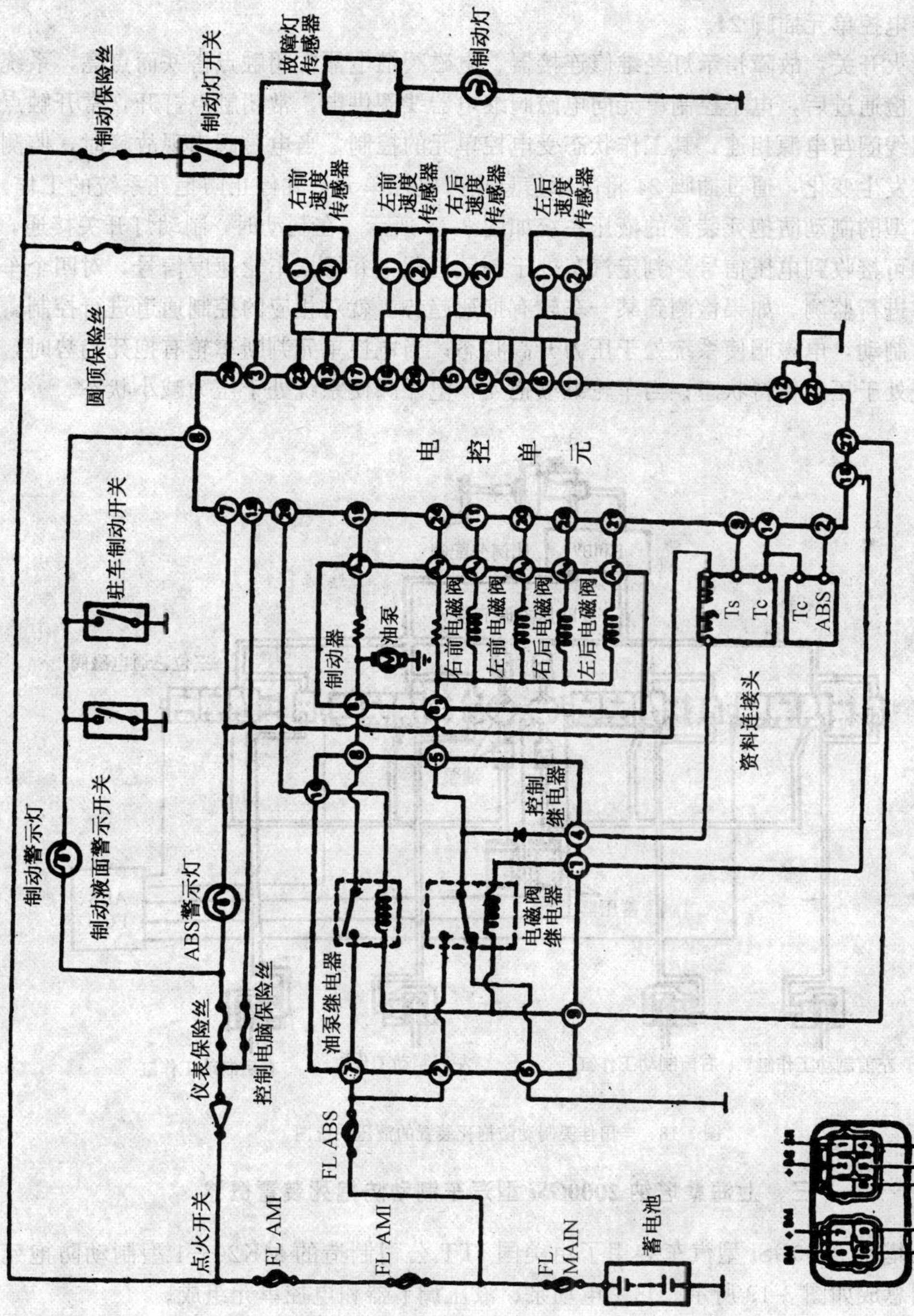

图 3-17 丰田佳 0 美(CAMAY)制动防抱死装置电路图

油泵继电器的输入端接蓄电池，输出端接油泵和电控单元插脚 15，油泵继电器电磁线圈分别接电控单元插脚 26 和 27，27 为搭铁端。

压力调节器中有四个三位电磁阀分别控制四个车轮制动器轮缸中的制动压力。四个电磁阀由电磁阀继电器供电，未端分别接电控单元插脚 11、20、21 和 29，与电磁阀并联的电磁阀监测电阻接电控单元插脚 24。

接通点火开关，故障指示灯经维修连接器、电磁阀继电器常闭触点搭铁而点亮，系统进行自检。自检通过后，电子控制单元向电磁阀继电器线圈供电，常闭触点打开，常开触点闭合，电磁阀线圈与电源相连，其工作状态受电控单元的控制。当电磁阀出现故障时，监测电阻两端电位发生变化，通过插脚 24 将故障信息输入电控单元，并停止防抱死系统的工作。

佳美车型的制动防抱死装置的液压系统如图 3-18 所示。在制动时，制动灯开关接通，电控单元插脚可接收到电压信号，判定汽车处于制动过程，并根据车轮速度信号，对四个车轮的运动状态进行监测。如果检测到某一车轮有抱死趋势，就对相应的控制通道进行控制。如果车轮正常制动，电磁阀使系统处于压力升高状态；当电控单元判断车轮有抱死趋势时，电磁阀使系统处于压力保持状态；当车轮继续抱死，电磁阀使系统处于压力减小状态。

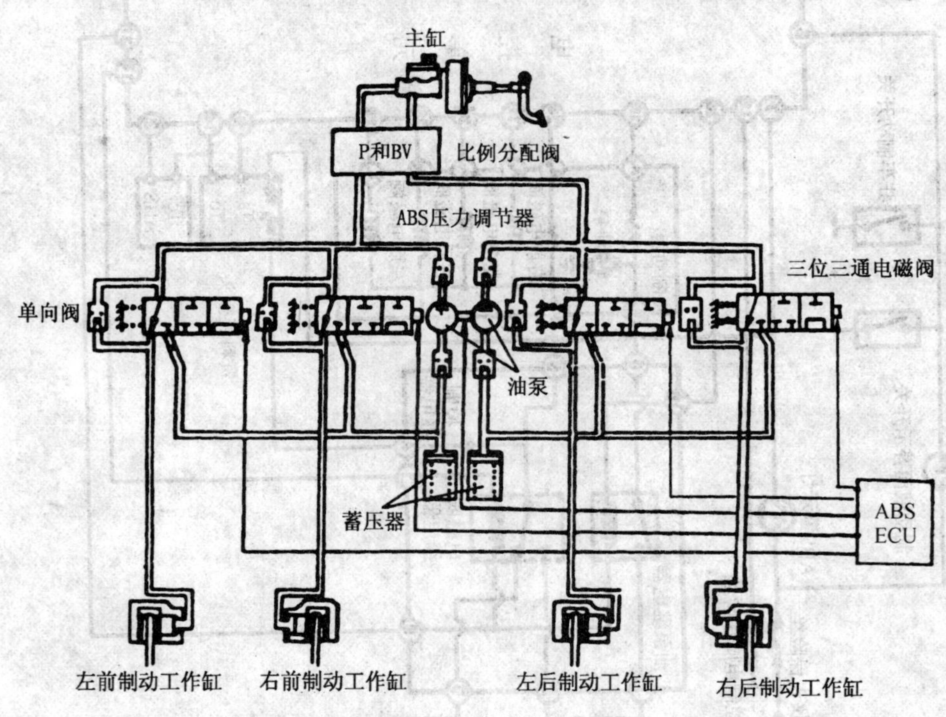

图 3-18 丰田佳美制动防抱死装置的液压系统图

三、上海桑塔纳 2000*GSi* 型汽车制动防抱死装置概述

上海桑塔纳 2000GSi 型汽车装用了由美国 ITT 公司制造的 MK20—1 型制动防抱死装置。其控制总成如图 3-19 所示。它由电动泵、液压调节器和电控单元组成。

液压调节器上有六个管接头，其中 1 接制动主缸前活塞、2 接制动主缸后活塞、3 接右前制动工作缸、4 接左后制动工作缸、5 接右后制动工作缸、6 接左前制动工作缸。

MK20—1 型制动防抱死装置采用四传感器三通道控制方式，两前轮单独控制，两后轮以抱死一侧的车轮为依据统一进行防抱死控制。液压调节器内有四个电磁阀。其防抱死控制过

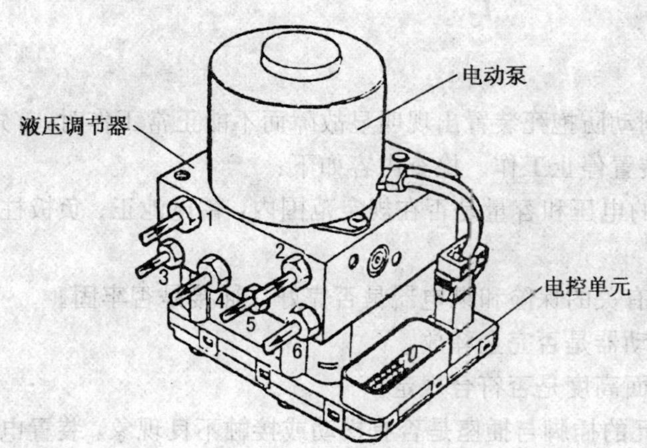

图 3-19 上海桑塔纳 2000GSi 型汽车制动防抱死装置控制总成

程与丰田车系制动防抱死装置相似，见前所述。

第五节 制动防抱死装置的使用

制动防抱死装置在驾驶过程中的使用方法与普通制动装置的使用方法完全相同，而对其出现故障后进行诊断和维修则是非常重要的工作。对于不同的车型以及不同的生产年代，制动防抱死装置的故障诊断和维修方法都不尽相同，维修时应参考相应的维修手册。但总的内容是不变的。

一、使用与维修中注意事项

1. 在点火开关处于打开位置时，不要拆装有关的电器元件和线束插头，以免损坏电器元件。

2. 制动防抱死装置的电控单元对过电压和静电非常敏感，使用中要保证蓄电池电压符合规定，否则装置不能正常工作。

3. 在维修过程中，应将制动防抱死装置与普通制动系作为一个整体进行检查维修。

4. 对于有蓄压器的制动防抱死装置在维修液压系统时，应注意要先泄压，以免高压制动液喷出伤人。另外，在液压系统未维修完之前，不要接通点火开关，以免电动油泵运转，使系统压力升高。

5. 保持车轮速度传感器的清洁，否则将会影响到轮速信号的准确性，使系统不能精确控制。在维修过程中不要硬撬或敲击车轮速度传感器，以免影响装置的正常工作。

6. 大多数制动防抱死装置中的车轮速度传感器、电控单元和液压调节装置是不可修复的，如有损坏，应整体更换。

7. 按规定加注和更换制动液，并按照规定的方法和顺序排除装置中的空气。8. 尽量选用汽车生产厂家推荐的轮胎，如要换用其它型号的轮胎，应注意所换轮胎的外径、附着性能和转动惯量与原车接近，不可将不同规格的轮胎混装，而影响防抱死控制效果。

8. 在制动防抱死故障指示灯点亮、防抱死装置关闭、普通制动装置正常工作的情况下进行制动时，驾驶员应注意控制制动强度，避免出现制动抱死情况。

二、故障诊断与检查

制动防抱死装置的故障诊断和检查有四种方法：初步检查、故障指示灯诊断、快速检查和故障自诊断。

1. 初步检查

初步检查是在制动防抱死装置出现明显故障而不能正常工作时，首先采用的检查方法，如故障指示灯点亮，装置停止工作。检查内容如下：

1）检查蓄电池的电压和容量是否在规定范围内，蓄电池正、负极柱的导线连接是否牢固可靠。

2）检查与装置有关的保险和继电器是否完好，插接是否牢固。

3）检查驻车制动器是否完全释放。

4）检查制动液面高度是否符合规定。

5）检查电控单元的插脚与插座是否有松动或接触不良现象，装置电路中导线和连接器有无损坏。

6）检查下列导线和连接器连接和接触是否良好：

①液压调节器上的电磁阀连接器；

②液压调节器主控制阀连接器；

③压力警告开关和压力控制开关的连接器；

④制动液面高度指示开关的连接器；

⑤所有车轮速度传感器的连接器；对于四轮驱动汽车还有横向加速度传感器连接器；

⑥电动油泵连接器。

7）检查电控单元、液压控制装置的搭铁端是否良好。

8）检查汽车轮胎花纹深度是否符合规定。

通过初步检查不能确定装置故障，需转入其它诊断和检查。

2. 故障指示灯诊断

故障指示灯诊断是通过仪表板上制动防抱死装置故障指示灯的闪亮规律来判断故障的一种方法。有的车型防抱死制动装置没有故障自诊断功能，故障的诊断主要依据故障指示灯和制动踏板作反应来判断。表 3-2 是丰田车系制动防抱死装置故障指示诊断表。

丰田车系的 ABS 故障指示灯诊断表 表 3-2

故　　障	可　能　原　因	
	故障部位	故障类型
ABS 警示灯无故闪烁	警示灯和电路	短路
	电磁阀继电器	断路或短路
	泵继电器	断路或短路
	3 位电磁阀继电器	断路或短路
	速度传感器和传感器转子	工作不良
	蓄电池和电源电路	蓄电池故障，蓄电源电路断路或短路
	减速度传感器	工作不良
	泵电机	工作不良
	ECU	工作不良
ABS 警示灯在点火开关打开 3s 后还不亮	警示灯和电路	断路或短路
	电磁阀继电器和 ECU	工作不良

续上表

故障	可能原因	
	故障部位	故障类型
制动操作： ·制动器拉向一边 ·制动失效 ·在常规制动过程中 ABS 工作 ·在 ABS 工作时制动踏板抖振	速度传感器和传感器转子	安装错误
		脏
		传感器子缺齿
	减速度传感器（4WD 模式）	工作不良
	ABS 执行器	工作不良
	ECU	工作不良
难以使 ABS 装置工作	制动灯开关	断路或短路
	驻车制动开关	断路或短路

3．快速检查

快速检查是用万用表和一些相应设备在制动防抱死电路中规定的部位进行测量，查找故障的方法。

在各种车型的维修手册中都有测量图表，可根据图表给出的测量部位及规范进行检测，并将测量结果与标准值相比较，从而确定故障部位。

4．故障自诊断

现代汽车制动防抱死装置一般都带有故障自诊断功能，在诊断和维修过程中向维修者提供故障代码，以确定故障部位。故障码的含义随车型的不同而不同。

三、制动防抱死装置的维修

1．制动防抱死装置的泄压

通过诊断和检查判断出故障后，就可进行故障排除和维修。在维修液压装置部件如电动油泵、电磁阀体、蓄压器、制动轮缸时，必须泄去装置压力。制动防抱死装置泄压的方法如下：关闭点火开关，然后反复踩制动踏板，直到感觉到踏板变硬，感觉不到液压助力时，就完成了装置的泄压工作。有些装置需用专用的仪器和工具进行卸压，则必须按照维修手册中要求进行操作。

2．电控单元的更换

如果初步判断电控单元有故障，可用一新件来替换原电控单元。若装置工作恢复正常，则说明电控单元损坏。

电控单元不可修复，损坏后只能更换。更换的步骤如下：

1）关闭点火开关；

2）拆下电控单元上的线束插头；

3）拆下电控单元固定螺钉，取下损坏的电控单元；

4）将新的电控单元固定好；

5）插上电控单元上所有线束插头，并注意检查接触是否良好，插接是否牢固；

6）打开点火开关，起动发动机，红色制动灯和故障指示灯应显示装置正常工作状态。

3．车轮速度传感器的维修

车轮速度传感器出现故障，可能有两方面的原因：一是传感头脏污，或者传感头与齿圈之间的间隙不符合要求；二是传感器部件损坏。

对于第一种情况，可将传感头拆下，清洁传感头的端面，然后在传感头的端面贴一与标准间隙数值相同厚度的纸垫片或其它非导磁材料垫片，重新安装上传感头。即可达到清洁传感头和调整传感头间隙的目的。在调整完后，将汽车开动，观察故障指示灯是否指示正常。

如果是零部件损坏造成车轮速度传感器的故障，需更换损坏的零件。例如故障码表明车速传感器工作不良，进一步用万用表测量电磁线圈电阻，阻值无穷大表明线圈断路，阻值很小表明线圈短路，需更换传感头。更换的方法与传感器的调整方法相同。如果传感器的齿圈损坏，需更换整个制动盘或轮毂。

4. 液压控制装置的维修

以达科 *VI* 型制动防抱死液压控制装置为例说明其维修过程。

1）用专用仪器（TECH－1 或 T－100）释放装置压力。

2）从车上拆下液压控制装置：

（1）拆下电磁阀、制动液面传感器和电机组的线束插头；

（2）拆下四个制动管接头；

（3）拆下真空检查阀，拧下两个 15mm 螺母，使液压控制装置与真空助力器分离；

（4）从车上拆下液压控制装置。

3）更换电磁阀。如果液压调节器上电磁阀损坏，不可修复，只能更换：

（1）拆下电磁阀组件上固定螺栓；

（2）拆下电磁阀，并检查电磁阀上的“O”形密封圈是否完好；

（3）将新的电磁阀连同检查完好的“O”形密封环装入液压调节器；

（4）用 4－5N·m 力矩交替紧固螺栓，安装好的电磁阀，线束插头能顺利方便地插上。

4）液压控制装置的分解与组装。达科 *VI* 型制动防抱死装置的液压调节器装置为整体式。不论是维修制动主缸还是液压调节器，都要进行液压控制装置的分解和组装工作。

（1）拧松四个电机组固定螺栓，拆下电机组；

（2）拧下两个星形螺栓，将制动主缸与液压调节器分开。注意在制动主缸与液压调节器之间两根油管不可重复使用，必须更换；

（3）检查、更换液压调节器。注意更换的液压调节器与制动主缸组合时，在两根新的油管的两端要用 O 形密封圈密封；

（4）用 15—18N·m 的力矩紧固液压调节器与制动主缸的紧固螺栓；

（5）电机组损坏一般不能拆修，只能更换。将完好的电机组安装在液压调节器上。

5. 制动防抱死装置的排气

制动防抱死装置中有空气，不仅会使防抱死功能丧失，而且会严重影响普通制动装置的制动效果。在对制动防抱死装置的液压装置进行维修后，要按规定排放液压装置的空气。

1）波许型制动防抱死装置的排气

（1）关闭点火开关，反复踩动制动踏板，卸去装置中的压力；

（2）按普通液压制动装置的排气操作方法用人工排气法或压力排气法排除制动管路中的空气。一般排气顺序为右后轮、左后轮、右前轮、左前轮，有特殊规定的，按规定顺序进行。

（3）排除液压调节器中的空气时，用一根透明塑料管一端接在排气螺钉上，另一端浸入盛有制动液的容器中。然后拧开排气螺钉并打开点火开关，使电动泵运转，直至从软管中泵出的制动液无气泡为止。最后锁紧排气螺钉，取下制动软管，关闭点火开关，补充制动液至规定液面高度。

2）达科 VI 型制动防抱死装置的排气

(1)用 TECH－1 或 T－100 型扫描仪将液压调节器电机定位，使单向球阀处于顶开位置；

(2) 在液压调节器前轮放气螺钉处接一软管，拧松放气螺钉，直至软管中流出的制动液无气泡为止，然后锁紧放气螺钉。

(3) 按上述方法在液压调节器后轮排气螺钉处排气；

(4) 最后按普通液压制动装置的排气方法排除各工作缸和管路中的空气；

四、丰田车系故障自诊断

1. 系统故障码的读取与清除

1）读取故障码

(1) 如图 3-20 所示，将维修连接器接头分开或将 W_A 与 W_B 之间短接插销拨出。

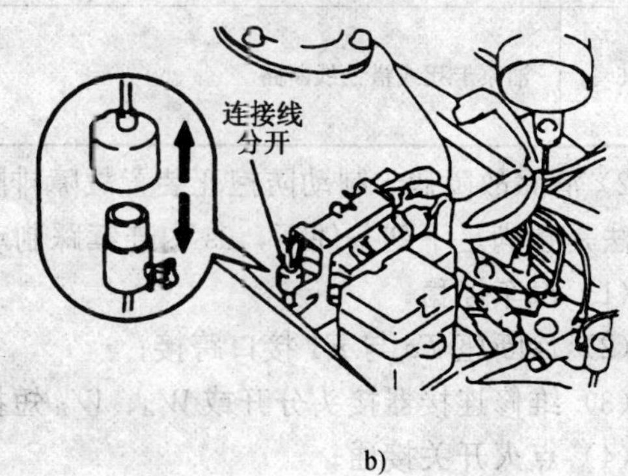

图 3-20 维修连接器接头和 W_A、W_B 接头

(2) 接通点火开关。

(3) 将发动机罩下故障诊断座或仪表板下的 TDCL 连接器的 Tc 与 $E1$ 接口用跨接线连接，仪表板上的制动防抱死装置故障指示灯即可闪烁出故障码。表 3-3 列出了故障代码及其内容。

丰田车系故障代码表 表 3-3

故障码	故障内容	故障原因及检查部位
11	调节器电磁阀继电器断路	①电磁阀继电器线圈断路 ②电磁阀继电器与 ECU 连线断路
12	调节器电磁阀继电器短路	①电磁阀继电器线圈短路 ②电磁阀继电器与 ECU 连线短路
13	油泵继电器线圈断路	①油泵继电器线圈断路 ②油泵继电器与 ECU 连线断路
14	油泵继电器线圈短路	①油泵继电器线圈短路 ②油泵继电器与 ECU 连线短路
21	右前轮液压调节器电磁阀电路故障	①电磁阀线圈断路或短路 ②电磁阀与 ECU 连线断路或短路
22	左前轮液压调节器电磁阀电路故障	
23	右后轮液压调节器电磁阀电路故障	
24	左后轮液压调节器电磁阀电路故障	

续上表

故障码	故 障 内 容	故障原因及检查部位
31	右前轮速传感器信号故障	①轮速传感器故障 ②轮速传感器与 ECU 连线断路或短路
32	左前轮速传感器信号故障	
33	右后轮速传感器信号故障	
34	左后轮速传感器信号故障	
35	左前或右后轮速传感器电路断路（X 布置）	①轮速传感器故障 ②轮速传感器与 ECU 连线断路
36	右前或左后轮速传感器电路断路（X 布置）	
37	后轮速传感器信号故障	①传感器故障 ②传感器与 ECU 连接线路断路或短路
41	电源电压不稳	①发电机故障 ②电压调节器故障 ③电源线路故障
45	油泵卡死或搭铁线断路	①油泵转子卡死 ②油泵电机搭铁线断路 ③油泵内部断路

2）清除故障码，制动防抱死装置故障排除后，应将电控单元中储存的故障码消除掉。清除方法是在满足下列条件下，3s 内连续踩制动踏板 8 次以上，即可清除故障码。

（1）汽车停稳；

（2）诊断座 Tc 与 $E1$ 接口跨接；

（3）维修连接器接头分开或 W_A、W_B 短接插销拔出；

（4）点火开关接通；

故障码清除后，将维修连接器接头插好或将 W_A、W_B 短接插销插回。

2. 车轮速度传感器信号故障码的调取与清除

1）轮速传感器信号故障码的读取方法

（1）将维修连接器接头分开或将 W_A、W_B 短接插销拔出；

（2）将诊断座或 TDCL 连接器的 Tc 与 $E1$ 端子跨接；

（3）起动发动机怠速运转，此时仪表盘上的 ABS 警示灯会闪烁；

（4）将汽车驾驶上路，使车速达到 90km/h 以上保持数秒钟后将车停下；

（5）再将诊断座或 TDCL 连接器上的 Tc、$E1$ 跨接。

此时仪表盘上的 ABS 警示灯将会闪烁。如果装置正常，警示灯将会以每秒两次的频率闪烁，如有故障码则会闪烁出故障码。

车轮速度传感器故障码内容如表 3-4 所示。

丰田车系车轮速度传感器故障代码表 表 3-4

故障码	故 障 内 容	故障原因及部位
71	右前轮速传感器信号电压过低	①永磁体磁场过弱； ②传感头安装位置不对； ③传感头与齿圈间隙过大
72	左前轮速传感器信号电压过低	
73	右后轮速传感器信号电压过低	
74	左后轮速传感器信号电压过低	

续上表

故障码	故障内容	故障原因及部位
75	右前轮速传感器信号不稳	①传感头过松； ②传感器插头松动； ③传感器与 ECU 连线接触不良
76	左前轮速传感器信号不稳	
77	右后轮速传感器信号不稳	
78	左后轮速传感器信号不稳	

2）故障码的清除方法

车轮速度传感器故障码清除方法与制动防抱死装置系统故障码的清除方法相同。

第六节　牵引力控制装置

一、牵引力控制装置的功用与组成

1. 牵引力控制装置的功用

牵引力控制装置（TCS），也称之为驱动力防滑转装置（ASR）。

制动防抱死装置能够有效地避免汽车紧急制动时车轮出现的抱死拖滑现象，即将制动时的滑移率控制在15%～20%之间，以确保有最大附着力和最佳制动效果。而牵引力控制装置的功用则是在汽车起步或急加速时，控制车轮不出现滑转现象，确保车轮与地面之间有最大附着力和足够的牵引力，同样应使滑移率在15%～20%之间。因此与制动防抱死装置控制制动时滑移率正好相反，牵引力控制系统适当地控制驱动力，以防止驱动力过大出现车轮空转打滑现象，提高汽车的起步能力和汽车在起步及加速时的方向稳定性。

2. 牵引力控制装置的控制方式

在冰雪或滑湿的路面上驾驶没有装备牵引力控制装置的汽车起步时，驾驶员必须保持发动机低速运转并缓慢地松开离合器踏板，加速时也必须缓慢地踩下加速踏板，以防出现车轮滑转。而对于装备有牵引力控制装置的汽车，在起步和加速时，该装置可以根据车辆的运行状态，自动地调整牵引力的大小，以保持驱动车轮的滑移率在最佳范围内。

控制牵引力的方法有 3 种：调整发动机输出转矩、对驱动车轮进行制动、锁止差速器。所谓调整发动机输出转矩就是对发动机的点火参数、节气门位置或供油量进行控制；对驱动轮制动是靠液力调节系统在牵引力控制装置起作用时，不需踩制动踏板，而自动地向制动器输送压力，从而对驱动轮产生制动作用；锁止差速器是控制差速器的锁止程度，使牵引力得到充分的利用。

目前大部分牵引力控制装置都采用双重控制方式，即发动机输出转矩控制与制动力控制方式或发动机输出转矩控制与锁止差速器控制方式。

3. 牵引力控制装置的组成

牵引力控制装置的组成如图 3-21 所示，系统电路如图 3-22 所示。

牵引力控制装置由车轮速度传感器、制动防抱死和牵引力控制电控单元、制动主继电器、制动执行装置、制动灯开关、节气门继电器、主节气门位置传感器、副节气门位置传感器、副节气门执行器、液压调节装置、故障指示灯、关闭指示灯、牵引力控制装置关闭开关、空档起动开关、制动液面高度传感器、发动机与自动变速器电控单元等组成。

各组成部分的功用如下：

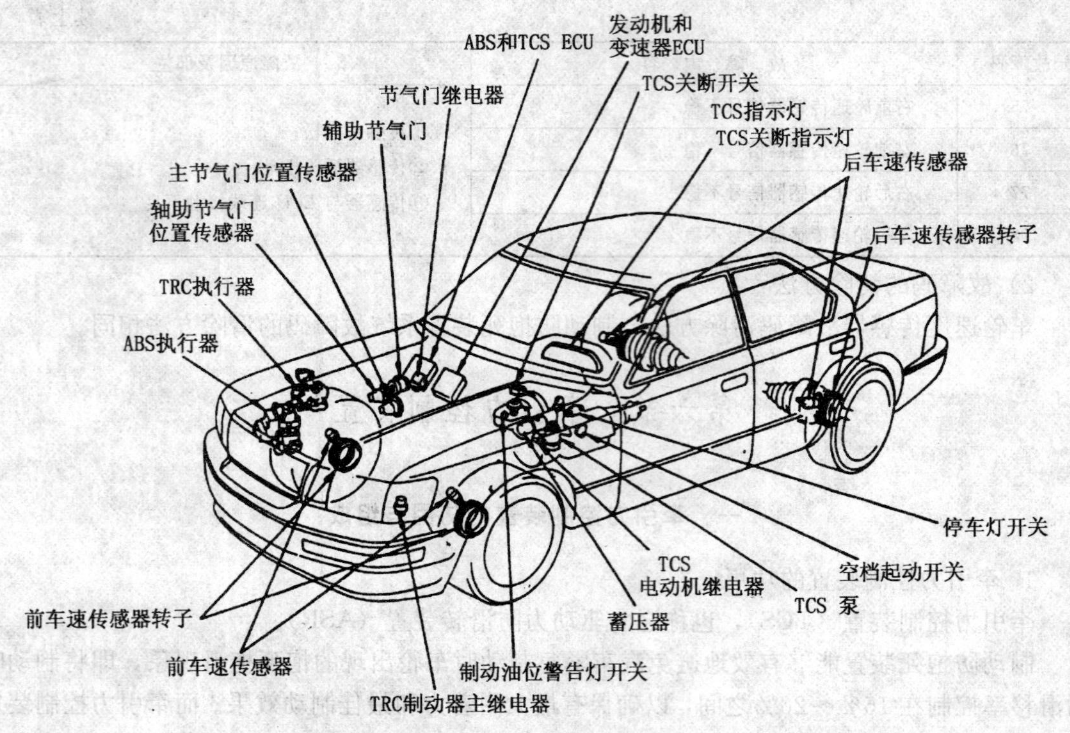

图 3-21 牵引力控制装置的组成

车轮速度传感器：检测四个车轮的速度、并将车轮速度信号输送给 ABS 和 TCS 电控单元。

制动防抱死和牵引力控制电控单元：根据车轮速度信号、发动机和自动变速器电子控制单元中节气门开度信号判断汽车的行驶状况，向制动执行器和副节气门执行装置发出控制指令信号；同时向发动机和自动变速器传送装置工作状况信号。出现故障时，点亮故障指示灯，并记录故障代码。

制动主继电器：向制动执行装置和泵电机继电器提供电流。

制动执行装置：根据电控单元发出的指令信号向制动防抱死液压调节器提供液压。

制动灯开关：检测制动信号，并将信号传送给电控单元。

节气门继电器：向副节气门执行器提供电流。

主节气门位置传感器：检测主节气门开启角度并将信号传送给发动机与自动

变速器电控单元。

副节气门位置传感器：检测副节气门开启角度并将信号传送给发动机与自动变速器电控单元。

副节气门执行器：接受电控单元的指令信号，控制副节气门的开启角度。

液压调节装置：接受电控单元的指令信号，控制各制动工作缸中的制动液压。

故障指示灯：指示装置是否正常工作，并在检修装置时闪烁故障代码。

牵引力控制装置关闭指示灯：通知驾驶员牵引力控制装置出现故障不工作或牵引力控制关闭开关已经断开。

牵引力控制装置关闭开关：使牵引力控制装置不工作。

空档起动开关：向制动防抱死和牵引力控制电控单元提供变速杆位置（“P”和“N”）。

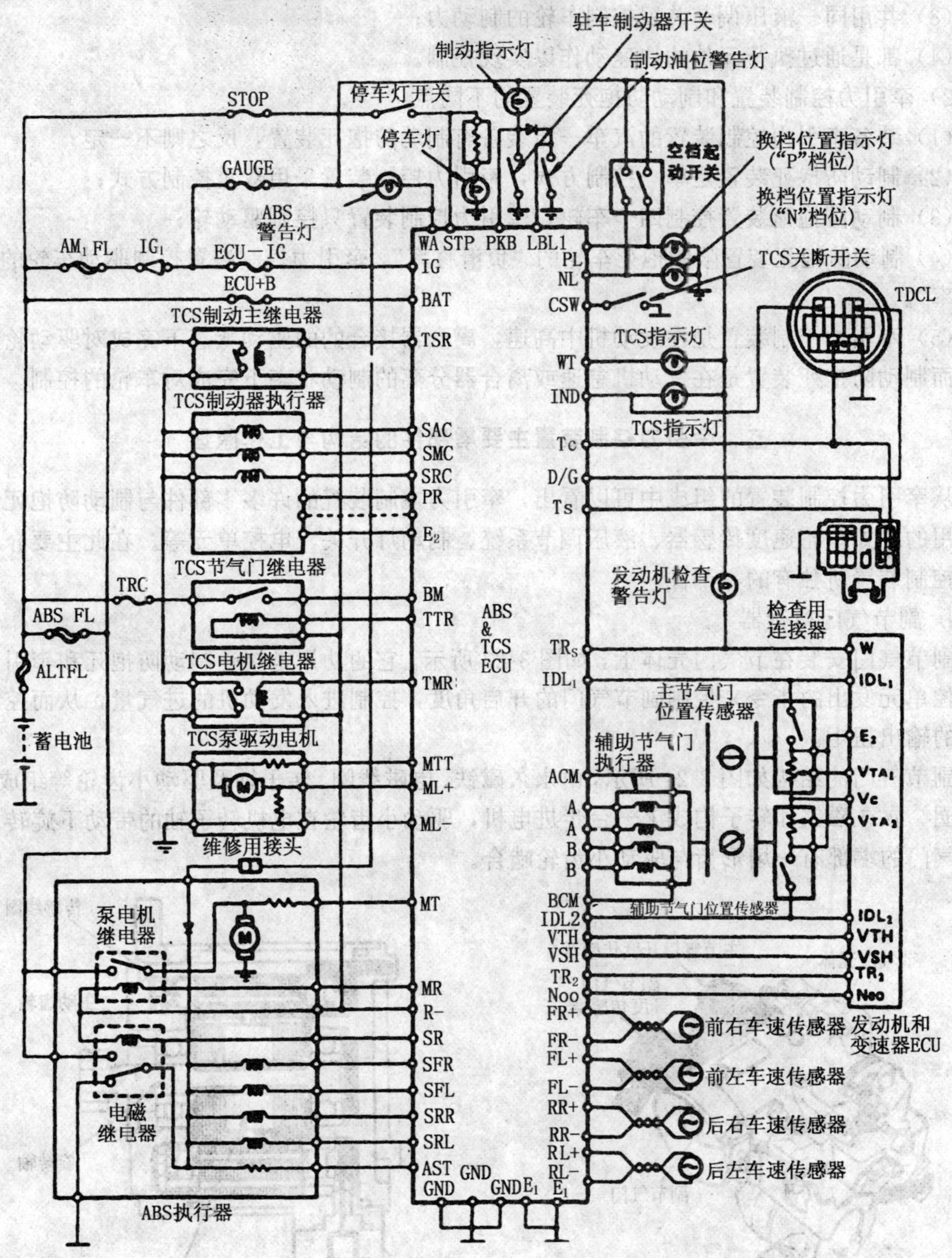

图 3-22　牵引力控制装置电路图

制动液面高度传感器：检测贮液罐中液面高度。

发动机与自动变速器电控单元：接收主、副节气门的位置信号，并将信号传送给制动防抱死和牵引力控制电控单元。

4. 牵引力控制装置和制动防抱死装置的比较

牵引力控制装置和制动防抱死装置都具有对汽车滑移率的控制功能，但两者存在差异。

1）牵引力控制装置和制动防抱死装置的相同点：

(1) 都是通过对车轮的精确控制以获得汽车操纵稳定性；

(2) 共用相同的车轮速度传感器获得车速信号；

（3）共用同一液压调节装置控制车轮的制动力；

（4）都是通过执行元件的快速动作以实现控制。

2）牵引力控制装置和制动防抱死装置的不同点：

（1）装备牵引力控制装置的汽车一定装备有制动防抱死装置，反之则不一定；

（2）制动防抱死装置是单一控制方式，牵引力控制装置采用双重控制方式；

（3）制动防抱死装置控制四个车轮，牵引力控制装置只控制驱动轮；

（4）制动防抱死装置限制抱死车轮的“负滑移率”，牵引力控制装置控制驱动车轮的“正滑移率”。

（5）牵引力控制装置是在发动机中高速，离合器接合的的驱动状态下完成对驱动轮的控制，而制动防抱死装置是在发动机怠速或离合器分离的制动状态下完成对车轮的控制。

二、牵引力控制装置主要零部件的结构与工作原理

从牵引力控制装置的组成中可以看出，牵引力控制装置的许多零部件与制动防抱死装置是共用的，如车轮速度传感器、液压调节系统、制动灯开关、电控单元等。在此主要介绍牵引力控制装置所独有的零部件。

1. 副节气门执行器

副节气门安装在节气门壳体上，如图 3-23 所示。它的功用是接受制动防抱死和牵引力控制电控单元发出的指令来控制副节气门的开启角度，控制进入发动机的进气量，从而控制发动机的输出扭矩。

副节气门的结构如图 3-24 所示，由永久磁铁、电磁线圈、转子轴及驱动小齿轮等组成。电磁线圈、永久磁铁和转子构成了一台步进电机，驱动小齿轮在电机转子轴的带动下旋转。在副节气门的端部有一扇形齿与驱动小齿轮啮合。

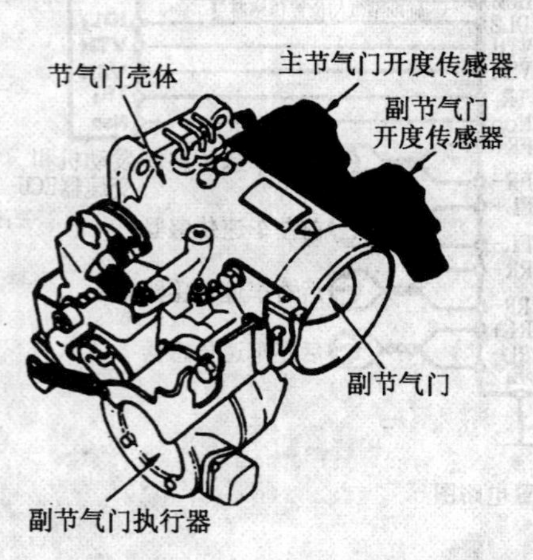

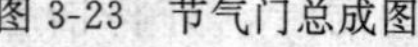
图 3-23　节气门总成图

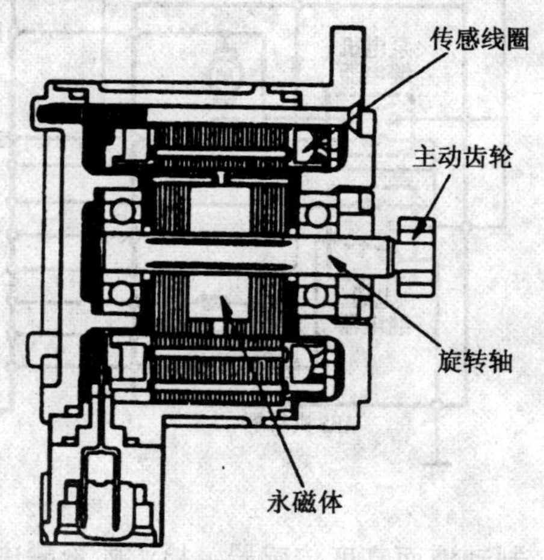

图 3-24　副节气门执行器的结构

副节气门有三种工作状态：全开、半开、全闭，如图 3-25 所示。当装置处于不工作状态时，步进电机不通电，副节气门处在完全打开位置（见图 3-25a）；当装置处于部分运转的状态时，副节气门在扇齿和驱动小齿轮的带动下关闭一半（见图 3-25b）；当装置处于完全运转工作状态时，副节气门在扇齿及驱动小齿轮的带动下完全关闭（见图 3-25c）。

2. 牵引力控制系统的制动执行系统

牵引力控制系统的制动执行系统由液压泵总成和制动执行器两大部分组成。液压泵总成

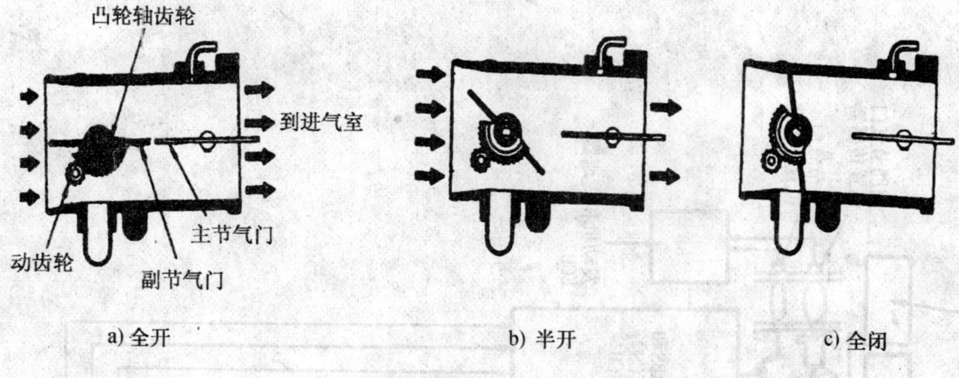

图 3-25　副节气门的工作状态

由电动油泵和蓄玉器组成，其结构如图 3-26 所示。蓄压器为活塞式蓄压器，活塞上方充有氮气。电动油泵将制动液从制动主缸贮液罐中抽出输送到蓄压器内活塞下方，压缩活塞上方的氮气，从而使蓄压器内制动液压力升高。

牵引力控制装置的制动执行器的结构如图 3-27 所示，由蓄压器切断电磁阀、制动主缸切断电磁阀、贮液罐切断电磁阀、压力开关或压力传感器组成。

三个电磁阀都由电磁线圈、柱塞和单向阀组成，制动主缸切断电磁阀为常开阀，贮液罐切断电磁阀和蓄压器切断电磁阀为常闭阀。电磁线圈中电流的通断受电控单元的控制，柱塞和单向阀在电磁线圈中电磁力的作用下实现开闭动作。

制动主缸切断电磁阀在蓄压器中的液压传到制动工作缸时，阻止制动液回流到制动主缸。贮液罐切断电磁阀在牵引力控制装置工作过程中，使车轮制动器工作缸中的制动液回流到贮液罐中。蓄压器切断电磁阀在牵引力控制装置起作用时，将蓄压器中的制动液传送到制动防抱死装置的液压调节器和制动工作缸中。

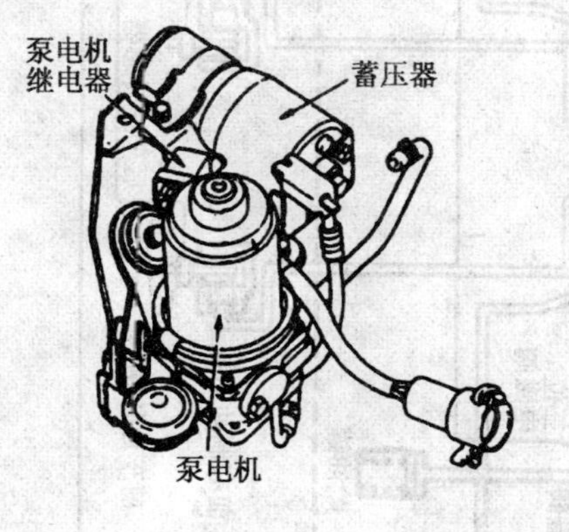

图 3-26　液压泵总成

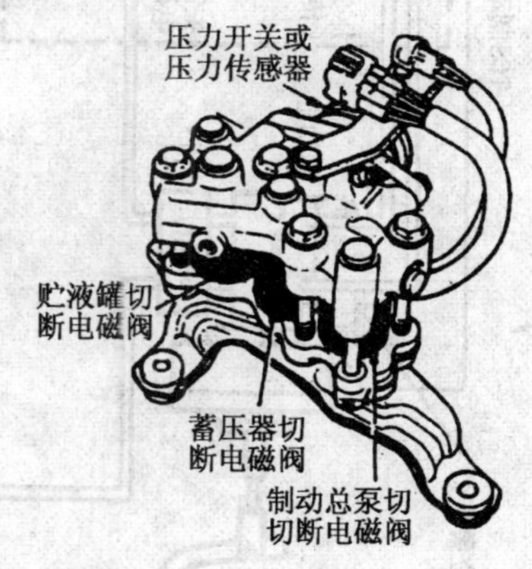

图 3-27　制动执行器

牵引力控制装置的液压回路如图 3-28 所示。正常制动时，牵引力控制装置不起作用，牵引力控制装置的三个切断电磁阀均无电流通过，此时踩下制动踏板、制动主缸中的制动液通过制动主缸切断电磁阀和制动防抱死装置液压调节器的三位三通电磁阀流向制动轮缸，从而产生制动作用。放松制动踏板时，在回位弹簧的作用下制动液从各制动轮缸流回制动主缸。

在汽车加速过程中，如果驱动轮滑转，牵引力控制装置的电控单元控制发动机的输出扭矩并对驱动车轮制动，以避免出现车轮滑转。

驱动车轮的制动液压控制有三种状态：压力升高状态、压力保持不变状态、压力减小状态。

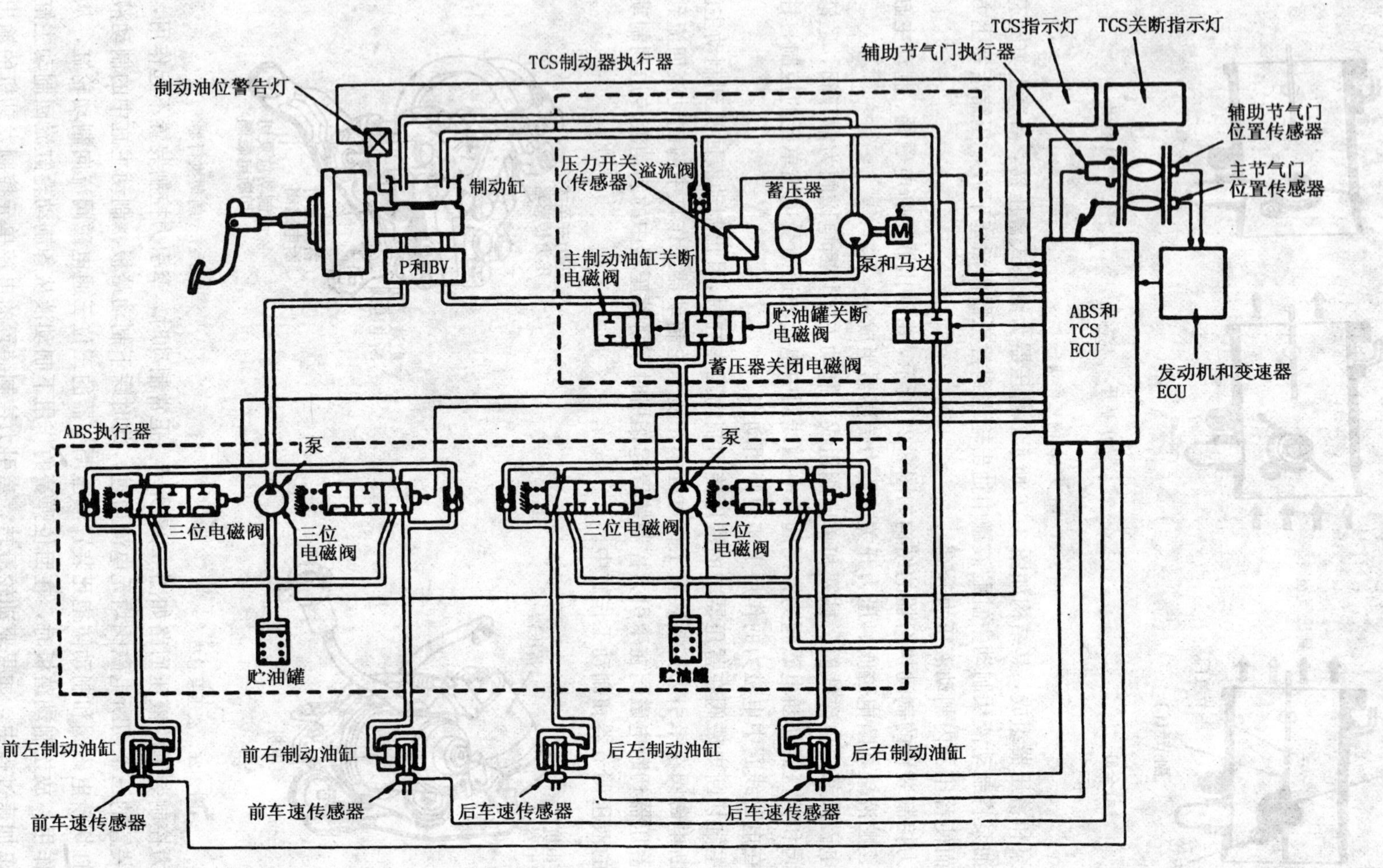

图 3-28 牵引力控制装置液压回路

压力升高状态，在此状态下，制动主缸切断电磁阀通电关闭，蓄能器的切断电磁阀和贮液罐切断电磁阀通电打开。当踩下加速踏板驱动轮有打滑趋势时，蓄能器的高压制动液由蓄能器切断电磁阀和制动防抱死装置液压调节器中的三位磁阀流向驱动车轮制动轮缸。同时，制动防抱死装置的液压调节器的三位电磁阀处于工作状态，驱动轮制动压力升高。

压力保持不变状态。在此状态下，牵引力控制装置中三个切断电磁阀开闭情况与升压状态时相同。当驱动车轮制动轮缸中液压升高或减少到规定值时，制动防抱死装置液压调节器中的三位电磁阀处于压力保持状态，驱动轮制动压力保持不变。

压力减小状态。在此状态下，牵引力控制装置三个切断电磁阀仍然通电。当需要降低驱动轮制动轮缸中的液压时，制动防抱死装置液压调节器中的三位电磁阀处于压力减小状态，制动液由制动轮缸液压调节器和贮液罐切断电磁阀流回贮液罐，驱动轮制动压力降低。

三、牵引力控制装置的工作过程

1. 装置初始检测

将变速器操纵杆置于“P”或“N”位置，拉紧驻车制动器、打开点火开关，电子控制单元发出指令接通牵引力控制装置制动主继电器和节气门继电器，并对装置的执行元件进行初始检测。

对副节气门执行器进行检测。电控单元对副节气门执行器、节气门开度传感器的电路进行检测，同时使副节气门完全关闭，然后再使副节气门完全打开，对副节气门的工作情况进行检查。当副节气门执行器完全关闭时，电控单元记录下副节气门的开启角度。

对制动执行器的电磁阀进行检测。打开点火开关在发动机运转状况下，电控单元向制动主缸切断电磁阀和贮液罐切断电磁阀进行一次 0.6ms 的通电操作，检查其工作情况。

2. 驱动车轮速度控制

驱动车轮速度控制的运行条件为：主节气门不是完全关闭，变速器操纵杆处于“*L*”、“*D*”或“*R*”位置，汽车车速超过 9km/h 且制动灯开关断开，制动防抱死装置处于运行状态，*TCS* 切断开关未关闭装置工作。

当驾驶员踩下加速踏板，主节气门迅速打开。驱动车轮迅速加速，轮速提高，牵引力控制装置和制动防抱死装置电控单元接收车轮速度传感器的车轮速度信号并计算出现滑移率。当驱动车轮转速超过目标控制速度时，电控单元发出指令关闭副节气门，以减少发动机的进气量，从而降低发动机的输出扭矩。同时电控单元接通牵引力控制装置制动执行器电磁阀，并使制动防抱死装置液压调节器处于压力升高控制状态，对驱动车轮产生制动作用；当驱动车轮受到制动作用加速度降低时，电控单元使牵引力控制装置制动执行器和制动防抱死装置液压调节器处于压力保持控制状态；当驱动车轮速度下降太快，电子控制单元使牵引力控制装置制动执行和制动防抱死装置液压调节器处于压力减小工作状态。

3. 牵引力控制装置的关闭

牵引力控制装置具有失效保持功能，牵引力控制装置和制动防抱死装置电子控制单元检测出装置出现的故障后，就发出指令切断节气门继电器、泵电机继电器和牵引力控制装置制动主继电器的电路，关闭牵引力控制装置，同时点亮牵引力控制装置故障指示灯向驾驶员发出警告。关闭牵引力控制装置切断开关也可以关闭牵引力控制装置。当牵引力控制装置被关闭后，发动机和制动系仍可按没有装备牵引力控制装置的模式正常工作。

四、牵引力控制装置的使用

与制动防抱死装置一样，牵引力控制装置具有故障自诊断功能，下面以丰田凌志(Lexus) LS400型汽车为例说明牵引力控制装置的故障诊断方法。

1. 故障码的调取

接通点火开关，用跨接线将故障诊断接口或故障诊断仪通讯线接口的 Tc 和 $E1$ 连接起来。

根据仪表板上牵引力控制装置故障指示灯的闪烁情况读取故障代码并记录下来。故障码的闪烁方式与制动防抱死装置相同，故障码的内容见表 3-5。

凌志（Lexus）LS400 牵引力控制装置故障代码表 表 3-5

故障码	故障内容	故障码	故障内容
11	TRC 制动主继电器电路断路	26	ECU 要求副节气门转动到全开位置，但副节气门没有转动
12	TRC 制动主继电器电路短路	27	当停止给步进电机提供电流时，副节气门没有转动到全开位置
13	TRC 节气门继电器电路断路	44	在 TRC 控制过程中，没有给 ECU 提供转速信号
14	TRC 节气门继电器电路短路	45	当怠速开关打开时，主节气门开度传感器的信号为 1.5V 或更高
15	长时间给 TRC 电机提供电流（制动液渗漏）	46	当怠速开关关闭时，主节气门开度传感器的信号为 4.3V 或更高，或主节气门开度传感器的信号为 0.2V 或更低
16	压力开关电路断路（LHD） 压力传感器电路短路（RHD）	47	当怠速开关打开时，副节气门开度传感器的信号为 1.45V 或更高
17	压力开关（传感器）保持关状态	48	当怠速开关关闭时，副节气门开度传感器的信号为 4.3V 或更高，或副节气门的开度传感器的信号为 0.2V 或更低
19	TRC 泵电机开关运转次数比预定的次数多（储压器的制动液压渗漏）	49	发动机通信电路断路或短路
21	制动总泵切断电磁阀电路断路或短路	51	发动机控制装置出现故障
22	储压器切断电磁阀电路断路或短路	52	制动液水平面警示灯打开
23	储液罐切断电磁阀电路断路或短路	54	TRC 泵电机继电器电路断路
24	副节气门执行器电路断路或短路	55	TRC 泵电机继电器电路短路
25	步进电机没有运行到由 *ECU* 决定的位置	56	TRC 泵电机锁死
		始终亮	ECU 出现故障

2. 故障码的清除。维修工作结束后，接通点火开关，用跨接线连接诊断接口或故障诊断仪通信线挡口的 Tc 和 $E1$，在 3s 内连续踩下制动踏板 8 次以上，就可清除电控单元中的故障码。最后取下跨接线。

第四章　其它技术简介

第一节　安全气囊

一、安全气囊（SRS）的功用与组成

SRS意为辅助安全装置。在我国习惯将SRS称为安全气囊，它的功用是在汽车受到意外碰撞时，与安全带配合，对驾驶员和乘员起到保护作用，减小事故对人体的伤害程度，提高被动安全性。

安全气囊的组成如图4-1所示，由碰撞传感器、气囊组件、电控单元和故障指示灯等组成。

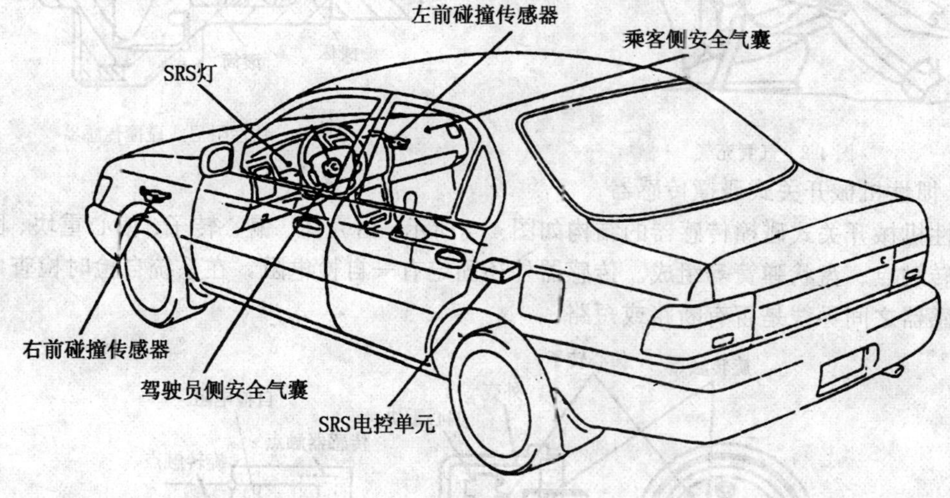

图4-1　安全气囊的组成

一般汽车的驾驶员安全气囊设置在转向盘中央，前座乘客安全气囊设置在仪表板上端，目的是在汽车受到正面碰撞时，保护驾乘人员胸部以上特别是头颈部的安全。有的车辆还在仪表板下方设置了膝部安全气囊以提高对腿部的防护能力；在侧窗上设置侧向安全气囊，能够减少侧向碰撞时对人员的伤害。

汽车安全气囊的工作过程非常迅速，当汽车发生碰撞时，碰撞传感器检测出碰撞强度，将碰撞信号传送给电控单元，对碰撞信号进行识别。对于中等强度和严重的碰撞，电控单元向气囊组件发出指令，气囊组件在极短的时间内点火充气使气囊迅速胀起（如图4-2所示），当人体接触到气囊，气囊就逐渐泄气，从而对驾乘人员起到缓冲保护作用，整个过程的完成仅需60ms。

二、安全气囊主要零部件的结构与工作原理

1．碰撞传感器

碰撞传感器的功用是在汽车碰撞时检测碰撞强度，并将信号传送给电控单元。碰撞传感器一般安装在汽车的左、右翼子板下或前保险杠内，侧向安全气囊的碰撞传感器安装有车门或门柱上。

碰撞传感器有以下几种：

1）粘性阻尼式碰撞传感器

粘性阻尼式碰撞传感器的结构如图 4-3 所示，由永久磁铁、滚筒、球体和触点组成。在汽车正常行驶时，球体被永久磁铁吸引紧靠在滚筒的内端，当汽车受到碰撞达到一定强度时，球体便克服永久磁铁的吸力和球体与滚筒之间空气粘性阻力而移至滚筒的外端而使触点闭合，输出碰撞信号。

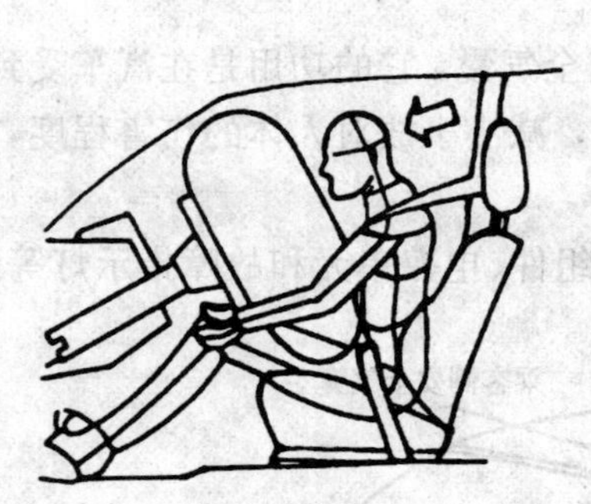

图 4-2　气囊充气

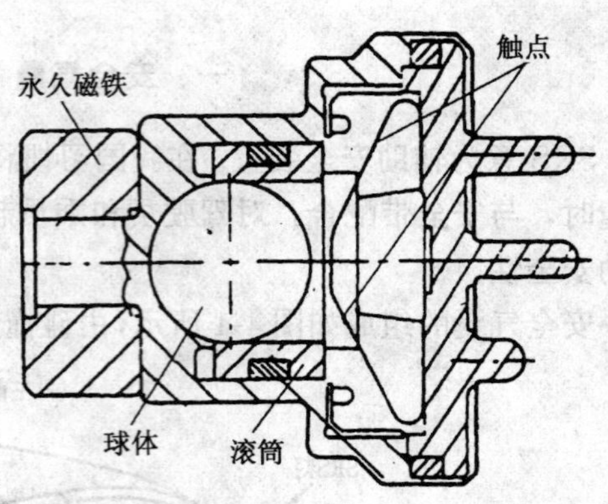

图 4-3　粘性阻尼式碰撞传感器

2）惯性机械开关式碰撞传感器

惯性机械开关式碰撞传感器的结构如图 4-4 所示，由壳体、偏心转子、偏心重块、固定触点、旋转触点、盘状弹簧等组成。传感器外还固定有一自检电阻，在系统自检时检查电控单元与传感器之间导线是否有断路或短路。

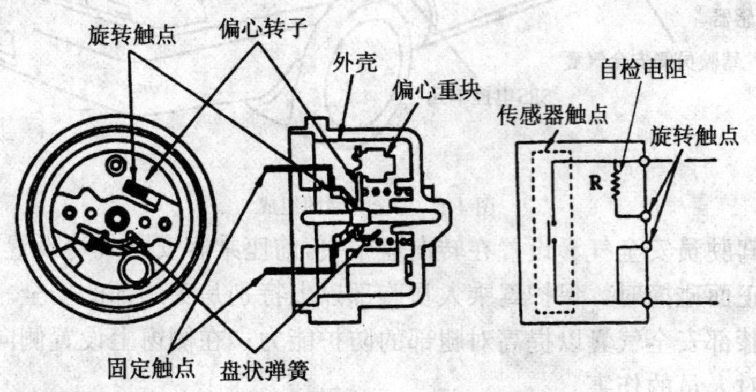

图 4-4　惯性机械开关式碰撞传感器

在汽车正常行驶时，偏心转子和偏心重块在盘状弹簧弹力的作用下顶靠在与外壳相连的止动块上，固定触点和旋转触点不接触，无碰撞信号产生，如图 4-5 中实线所示。当汽车发生碰撞达到设定强度时，偏心重块在惯性力作用下带动偏心转子克服螺旋弹簧的弹力使旋转触点与固定触点闭合，从而产生碰撞信号，如图 4-5 中虚线所示。

3）电子式碰撞传感器

电子式碰撞传感器的结构如图 4-6 所示，由重锤、阻尼片、安装座等组成。它在汽车碰撞时产生一系列振动信号，这些信号经过数模转换，再经过高通滤波器和放大器，送入安全气

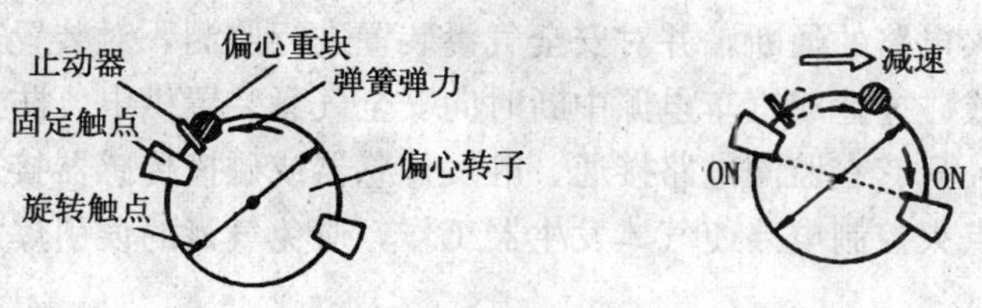

图 4-5　惯性机械开关式碰撞传感器工作原理

囊电控单元。

2. 气囊组件

气囊组件由气体发生器和气囊两部分组成。图 4-7 所示为安装在转向盘内的气囊组件。气囊组件是一个整体，不可分解，只能作为一个整体更换。

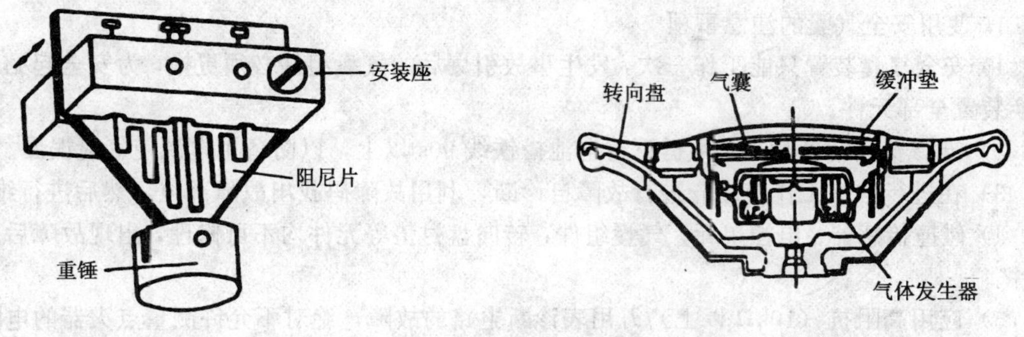

图 4-6　电子式碰撞传感器

图 4-7　气囊组件

气体发生器按气体产生的方法分高压贮气式和燃烧式。

高压贮气式是将氮气、氩气等惰性气体压缩贮藏在压力容器内，用电气雷管破坏容器的盖板使气体充入气囊。

燃烧式气体发生器的结构如图 4-8 所示。由外壳、滤网、点火器、燃烧剂、气体发生剂等组成。点火器通电后点燃燃烧剂，火焰传播到气体发生剂产生大量气体。气体经滤网过滤和冷却后从气体发生器的喷口进入气囊使气囊膨胀。

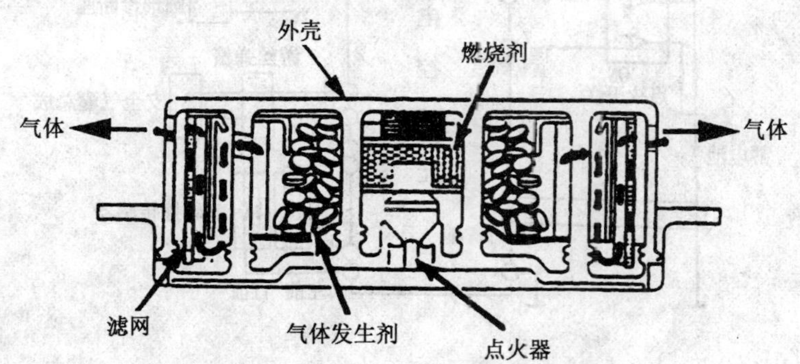

图 4-8　燃烧式气体发生器

气囊是用高强度尼龙布制成的，折叠放置在气体发生器上端。气囊的表面涂有氯丁橡胶作为敷层，气囊的背侧设有泄气孔。驾驶员气囊容积约为 60～90L，前座乘员气囊容积较大，约为 150～300L。

3. 电控单元

安全气囊电控单元的功用是接收碰撞传感器输入的信号，判断是否使安全气囊点火充气，控制气体发生器点火电路的通断，并对安全气囊装置进行监测，对装置进行自诊断。充电电容在装置电压过低或碰撞造成汽车电源中断时向安全气囊装置供电，防止气囊失效。触发传感器是电阻电容式，只有在监测电路接通、触发传感器或碰撞传感器接通的情况下，安全气囊电控单元才接通点火控制电路使气体发生器工作，避免气囊的误引爆。

4. 故障指示灯

安全气囊故障指示灯设置在仪表板上，旁边标有“SRS”或“SIR”。打开点火开关，指示灯亮 6s 后熄灭，说明装置正常。如果打开点火开关灯不亮或在汽车行驶中闪烁，说明装置有故障，应进行检查。故障指示灯可在诊断时闪烁出故障码。

三、安全气囊的使用

1. 使用安全气囊的注意事项

1）安全气囊装置只能工作一次，发生事故引爆后的气囊组件必须更换，为安全起见最好更换装置全部元件。

2）维修安全气囊时，必须拆下蓄电池搭铁线 90s 以上，以防备用电源使气囊误爆。

3）在进行维修工作前应先进行故障自诊断，利用故障码找出故障部位，然后进行维修。

4）碰撞传感器、电控单元、气囊组件，转向盘衬垫等元件均不可修理，出现故障后应换新件。

5）应用高阻抗（10kΩ 以上）万用表诊断电路的故障，绝对不允许测量点火器的电阻。

6）在车辆上进行焊接作业时，必须先脱开气囊组件连接器才能进行。

7）报废安全气囊时最好将气囊组件拆下在车外引爆。

2. 丰田车系安全气囊故障诊断

丰田车系安全气囊电路图如图 4-9 所示。

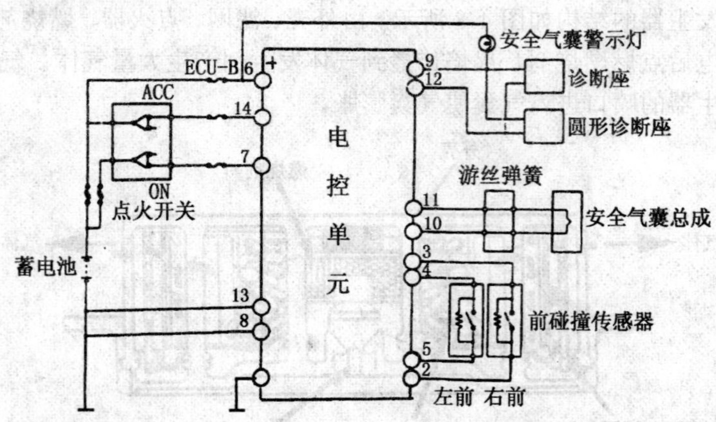

图 4-9 丰田车系安全气囊电路

打开点火开关，安全气囊故障指示灯亮 6s 后应熄灭，否则说明装置有故障。保持点火开关在打开位置，用跨接线连接安全气囊诊断插座 Tc 和 $E1$，故障指示灯即可闪烁出故障代码，故障代码的内容见表 4-1。

清除故障码。检修工作完成后，使点火开关处于关闭位置拆下蓄电池搭铁线或拆下“ECU—B”保险丝 10s 以上然后装回即可清除故障码。

故障代码内容 表 4-1

故障码	故障内容	故障码	故障内容
11	·气囊点火线路到搭铁短路（$D\oplus$，$D\ominus$） ·前传感器线路内相互短路（$S\oplus$，$S\ominus$） ·*SRS* 电脑搭铁不良	41	电控单元曾记忆过故障码
12	·驾驶员侧气囊点火线路到电源短路 ·前传感器线路断路	53	前乘员侧气囊点火线路 $P\oplus$与 $P\ominus$之间短路
13	驾驶员侧安全气囊 $D\oplus$、$D\ominus$线路到电源短路	54	前乘员侧气囊点火线路断路
14	驾驶员侧安全气囊 $D\oplus$、$D\ominus$断路	63	左安全带收紧机构电路短路
15	前传感器线路断路	64	左安全带收紧机构电路断路
22	″*AIRBAG*″ 或 *SRS* 灯线路故障	73	右安全带收紧机构电路短路
24	安全气囊接线端子接触不良	74	右安全带收紧机构电路断路
31	电控单元失效		

第二节 中央门锁和防盗装置

一、中央门锁

1．中央门锁的功用与组成

中央门锁的功用是集中控制汽车门锁，所有车门门锁包括行李仓盖锁可以通过驾驶员侧车门钥匙和锁钮同时关闭和开启。除中央控制装置外，乘客仍可利用各自车门的锁钮控制门锁的开闭。有的车型中央门锁设置有速度传感器，当车速达到设定值后，中央门锁自动关闭。

中央门锁由门锁执行器、门锁控制继电器、连接导线和连杆操纵机构等组成，如图 4-10 所示。

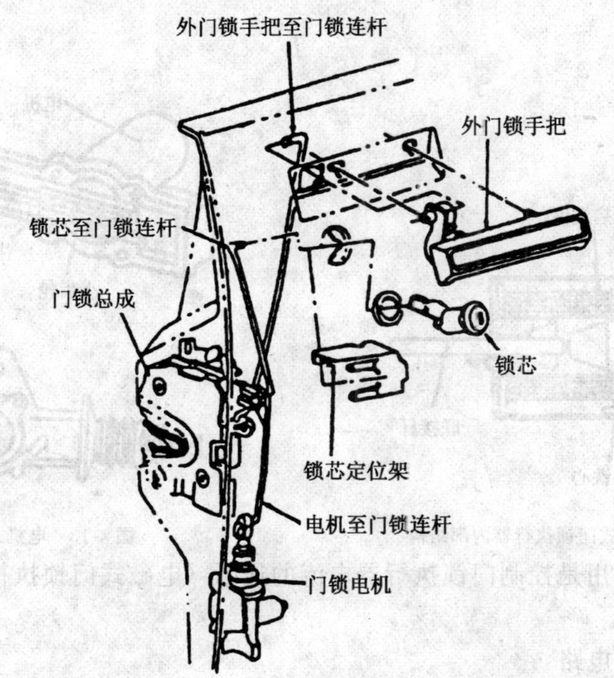

图 4-10 中央门锁连杆操纵机构

2. 中央门锁主要零部件的结构与工作原理

中央门锁执行器的功用是开启或关闭门锁，目前汽车上常用的有电磁式门锁执行器和电机式门锁执行器。

电磁式门锁执行器与门锁的连接如图 4-11 所示，其内部结构如图 4-12 所示，由开启线圈、关闭线圈、活动铁芯和连接杆组成。开启线圈和关闭线圈为关联线圈，两线圈内电流的通断受中央门锁继电器的控制。当开启线圈通电时，活动铁芯在开启线圈电磁力的作用下向外移动，带动连接杆打开门锁；当关闭线圈通电时，活动铁芯在关闭线圈电磁力的作用下向内端移，带动连接杆关闭门锁。

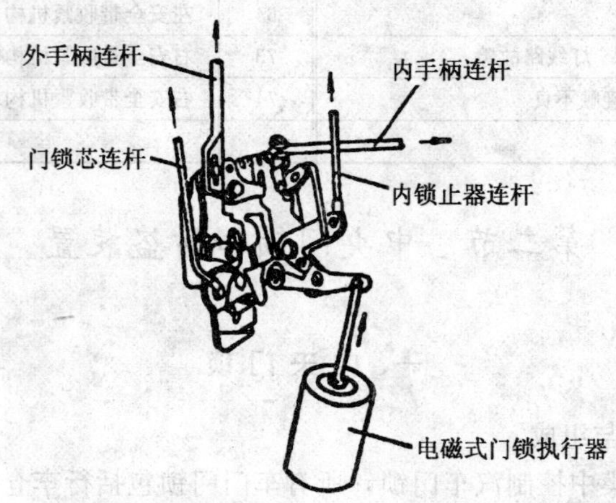

图 4-11　电磁式门锁执行器与门锁的连接

电机式门锁执行器结构如图 4-13 所示，由永磁式直流电动机和齿轮齿条副组成，永磁式直流电动机可正反两个方面旋转，旋转方向由输入电流方向控制。电动机轴端部压装有驱动小齿轮与齿条配合，驱动小齿轮带动齿条直线移动，使门锁产生开闭动作。

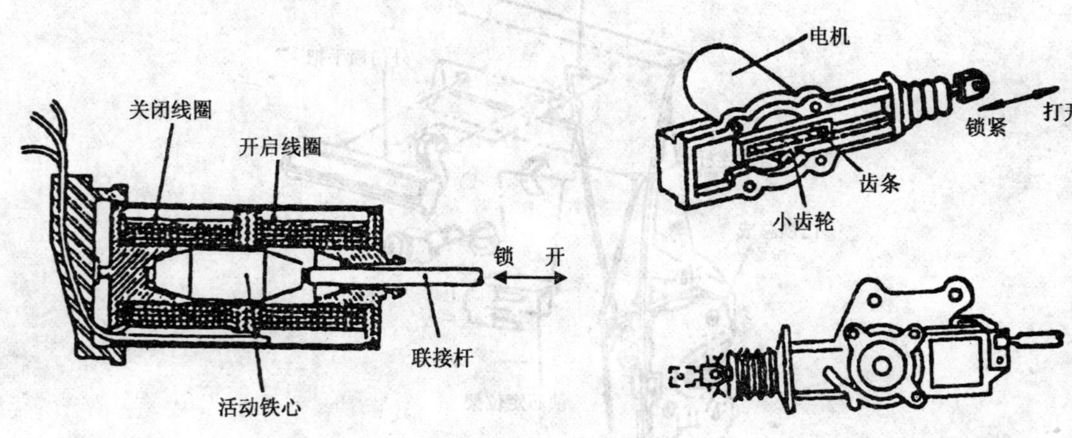

图 4-12　电磁式门锁执行器内部结构　　图 4-13　电机式门锁执行器

门锁继电器的功用是控制门锁执行器电流的通断（电磁式门锁执行器）或电流的方向（电机式门锁执行器）。

3. 中央门锁的总电路

图 4-14 为丰田凌志（Lexus）LS400 型汽车的中央门锁系统总电路图。该中央门锁可通过

前座两侧门的钥匙和锁钮来控制整车四个门锁。门锁执行器为电机式，为了避免电动机通电时间过长而损坏，每个电机串联一个热敏电阻，在门锁执行器两端加上蓄电池电压，20～70s内通过电动机的电流从．3.2A 减小到不足 0.5A。

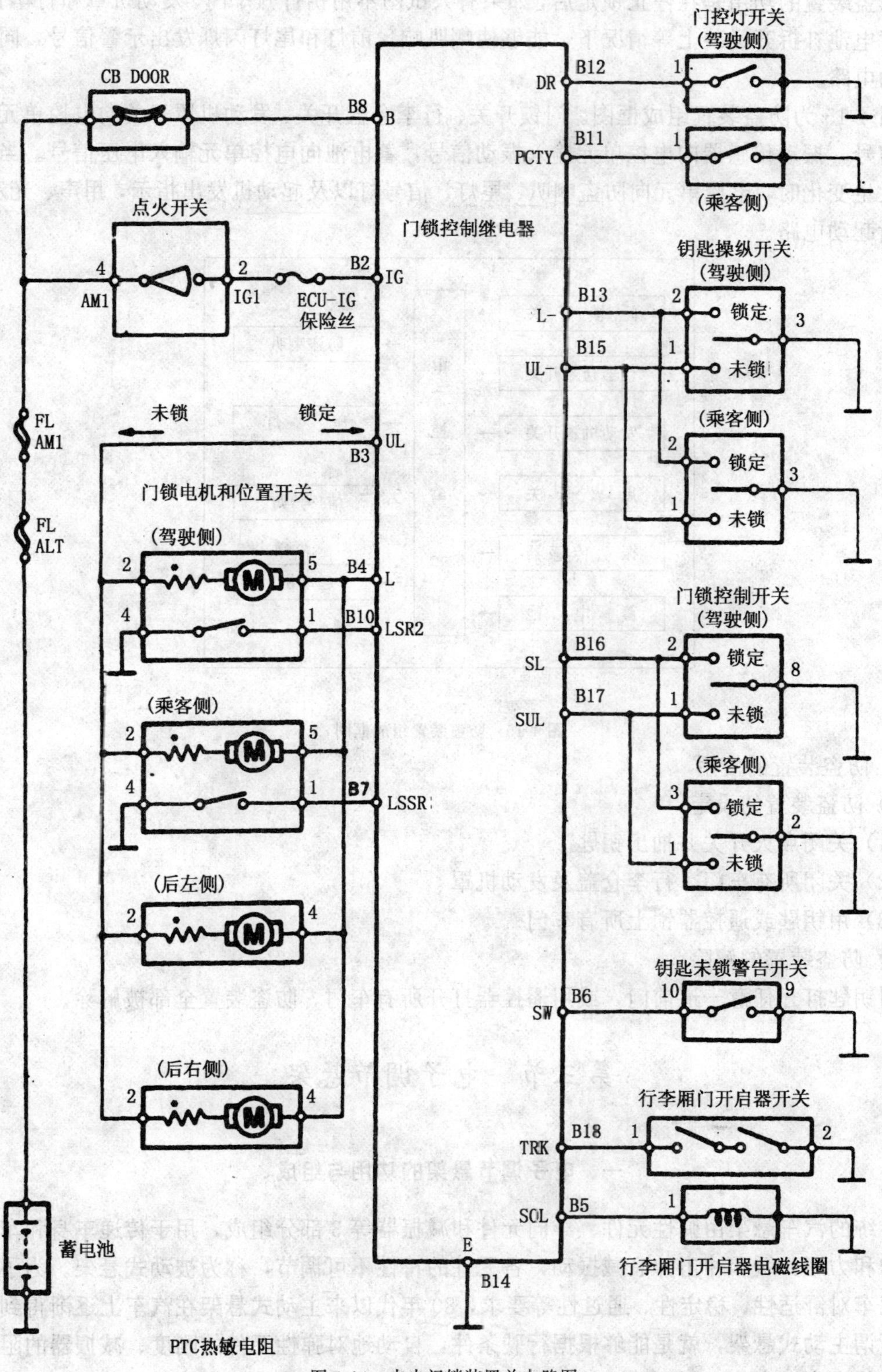

图 4-14　中央门锁装置总电路图

二、防盗装置

1. 防盗装置的功用与组成

防盗装置的功用是在停止锁定后，如果有人试图不用钥打开车门、发动机罩和行李仓盖，或者蓄电池补拆开又装上等情况下，能够使喇叭响，前灯和尾灯闪烁发出示警信号，同时断开起动电路。

图 4-15 为防盗装置组成框图。门锁开关、行李仓盖开关、发动机罩开关向电控单元输入闭锁信号，振动传感器向电控单元输入振动信号，蓄电池向电控单元输入电压信号。当输入信号发生变化时，电控单元向防盗喇叭、尾灯、信号灯以及起动机发出指示，用声、光示警，并切断起动电路。

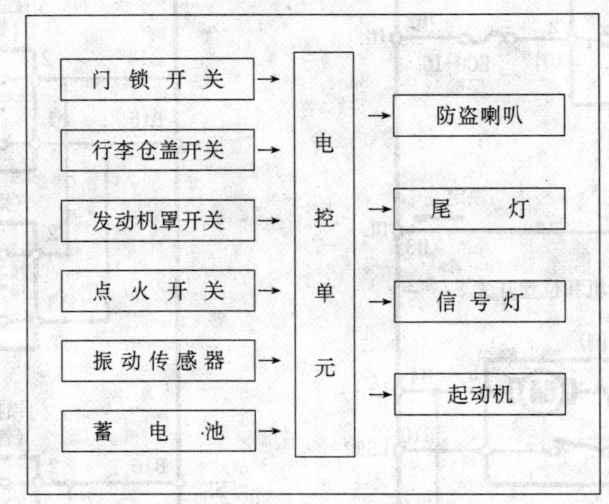

图 4-15　防盗装置组成框图

2. 防盗装置的使用

1）防盗装置的设定：

(1) 关闭点火开关并抽出钥匙

(2) 关闭所有车门、行李仓盖及发动机罩

(3) 用钥匙或遥控器锁上所有车门

2）防盗装置的解除

用钥匙打开任意一道前门，或用遥控器打开所有车门，防盗装置全部被解除。

第三节　电子调节悬架

一、电子调节悬架的功用与组成

传统的汽车悬架由弹性元件、导向元件和减振器等 3 部分组成，用于传递车身和车轮之间的力和力矩，缓和冲击并衰减振动，各元件的特性不可调节，称为被动式悬架。为了满足现代汽车对舒适性、稳定性、通过性等要求，80 年代以来主动式悬架在汽车上逐渐得到了应用。所谓主动式悬架，就是能够根据行驶条件，自动地对弹性元件的刚度、减振器的阻尼力及车身的高度和姿势进行调节，使汽车的有关性能始终处于最佳状态的悬架装置。

主动式悬架采用电子控制方式，弹性元件可选择空气弹簧或油气弹簧。图 4-16 所示为丰田电子调节空气悬架的组成图，由传感器、电控单元、执行元件等组成。

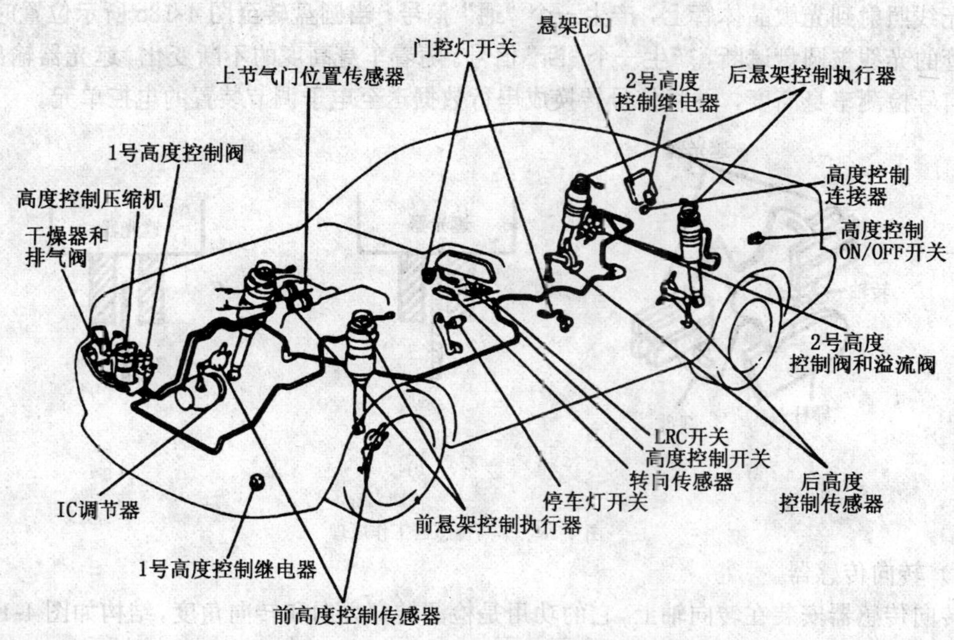

图 4-16 丰田车系电子调节空气悬架组成图

二、电子调节器主要零部件的结构和工作原理

1. 电子调节悬架传感器

电子调节悬架所用的传感器有车高传感器、转向传感器、主节气门位置传感器、车速传感器、加速度传感器等。其中车速传感器、主节气门位置传感器与制动防抱死装置和发动机电子控制燃油喷射装置中所用传感器相同，加速度传感器的结构与工作原理与安全气囊中粘性阻尼式碰撞传感器相似，车高传感器和转向传感器是电子调节悬架装置中所独有的。

1）车高传感器

车高传感器的功用是检测汽车高度和因道路不平而引起的悬架位移量，每个悬架上都装有一只车高传感器。车高传感器的结构如图 4-17 所示，由四对遮光器和圆盘组成。每对遮光

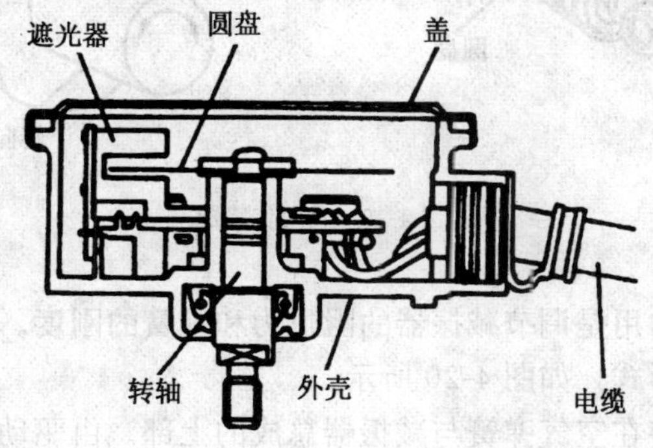

图 4-17 车高传感器

器由发光二极管和光敏晶体管组成。开有槽的圆盘与转轴一起旋转，转轴通过连杆与悬架的摆臂相连。

圆盘在遮光器的发光二极管和光敏晶体管之间。如图 4-18a 所示。当车身高度发生变化时，连杆随摆臂上下摆动，从而带动转轴和圆盘转动。当圆盘转至图 4-18b 示位置时，发光二极的光线照射到光敏晶体管上，产生一个“通”信号；当圆盘转至图 4-18c 所示位置时，发光二极管的光线被圆盘遮断，产生一个“断”信号。随着车身高度的不断变化，遮光器输出通/断脉冲信号检测车身高度，并将信号转换成串行数据送至电子调节装置的电控单元。

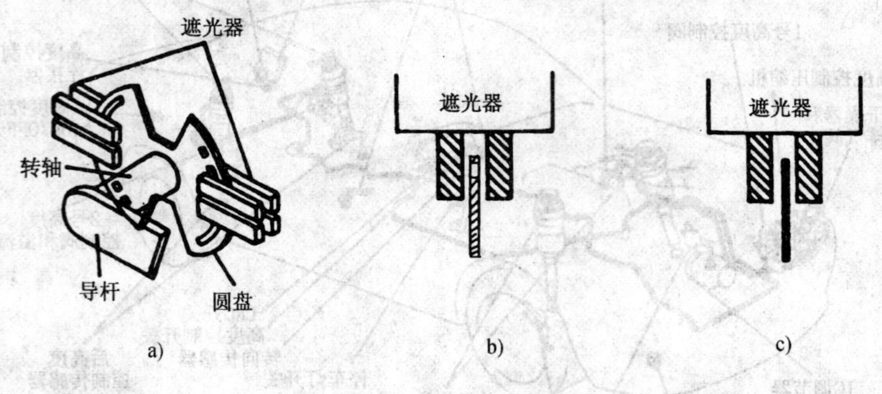

图 4-18 车高传感器工作原理

2）转向传感器

转向传感器安装在转向轴上，它的功用是检测转弯方向和转向角度，结构如图 4-19 所示，传感器的外壳固定在转向轴管上，壳内有两对遮光器，每对遮光器有一个发光二极管，一个光敏晶体管，沿圆周方向开有等距离槽的圆盘压装在转向轴上，圆盘处于发光二极管和光敏晶体管之间，转向传感器的工作原理与车高传感器的工作原理相同，圆盘随转向转动时，两对遮光器的输出端进行通/断器输出端通/断信号变换速度检测出转向轴的速度。同时，两对遮光器的通/断变换相位错开 90°，因此通过判断哪个遮光器首先转变为通状态，即可检测出转向轴的转动方向。

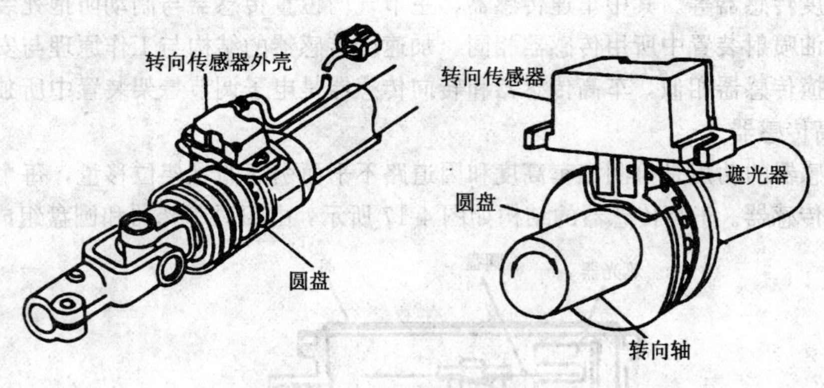

图 4-19 转向传感器

2. 悬架控制执行器

悬架控制执行器的功用是调节减振器的阻尼力和弹簧的刚度。采用空气弹簧的悬架，空气弹簧与减振器为并联形式，如图 4-20 所示。

悬架控制执行器安装在空气弹簧与减振器总成的上部。由驱动电机、传动齿轮、小齿轮和两根输出轴组成，其外形如图 4-21 所示。

两根输出轴分别驱动减振器回转阀控制杆和空气弹簧空气阀控制杆。各减振器内均设有回转阀，回转阀在控制杆的带动下旋转，当回转阀转角发生变化时，减振器的阻尼力随之发生变化。空气弹簧的空气阀在控制杆的驱动下打开或关闭空气弹簧气室与高度控制阀的通道，使压缩空气进入或排出，从而改变空气弹簧的刚度及车身高度。

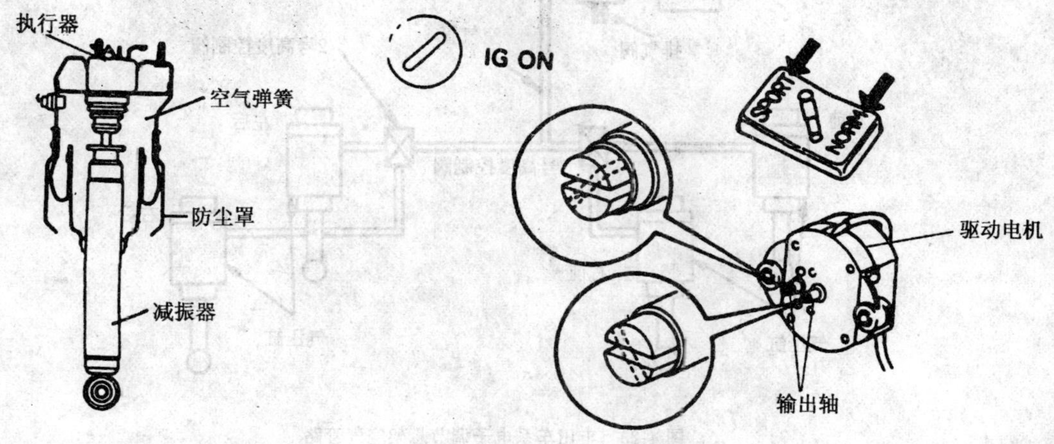

图 4-20　空气弹簧与减振器

图 4-21　电子调节器悬架执行器

3. 高度控制阀和排气阀

高度控制阀和排气阀的结构完全相同，如图 4-22 所示，由电磁线圈、柱塞、活动铁芯等组成。两者的功用都是用来调节车身高度和空气弹簧的刚度，区别在于安装位置不同。高度控制阀有四个，安装在空气管和空气弹簧气室之间，控制压缩空气的通断；而排气阀只有一个，安装在空气管与大气之间，控制压缩空气与大气的通断。

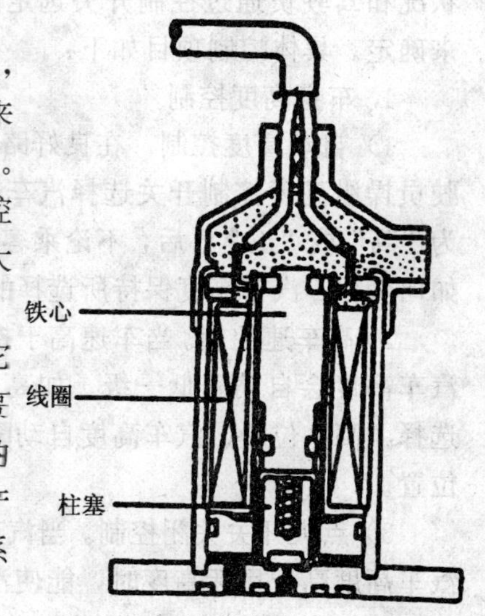

图 4-22　高度控制阀

丰田车系中的 1 号高度控制阀用于前悬架的控制，它有两个高度控制阀分别控制前桥的左、右空气弹簧。2 号高度控制阀用于后悬架的控制，它与 1 号高度控制阀不同的是两个高度控制阀不是单独工作。为了防止空气管路中产生不正常压力，2 号高度控制阀中有一个溢流阀。丰田车系电子调节悬架的空气管路如图 4-23 所示。

4. 电子调节悬架的气源装置

电子调节悬架气源装置如图 4-24 所示，由直流电动机、单缸空气压缩机、干燥器和排气阀等组成。直流电动机由电子悬架的电控单元控制，驱动空气压缩机产生压缩空气。压缩空气在进入空气管路之前要经过干燥器去除水分。排气阀可将空气弹簧中的压缩空气排至大气中。空气弹簧排气时也通过干燥器，以保持化学干燥剂的干燥。

三、电子调节悬架的工作

图 4-25 为丰田车系电子调节悬架系统电路图，四个车身高度传感器向电子控制单元输入车身高度信号，转向传感器向电控单元输入转向角度和转向速度信号，发动机和自动变速器电控单元向电子悬架电控单元提供节气门位置信号。电子控制悬架的电控单元综合以上信号向压缩机电动机、1 号高度控制阀、2 号高度控制阀和四个悬架控制执行器发出指令信号，对车身高度、弹簧刚度和减振器阻尼力进行综合控制，各自有“低”、“正常”、“高”三种工作

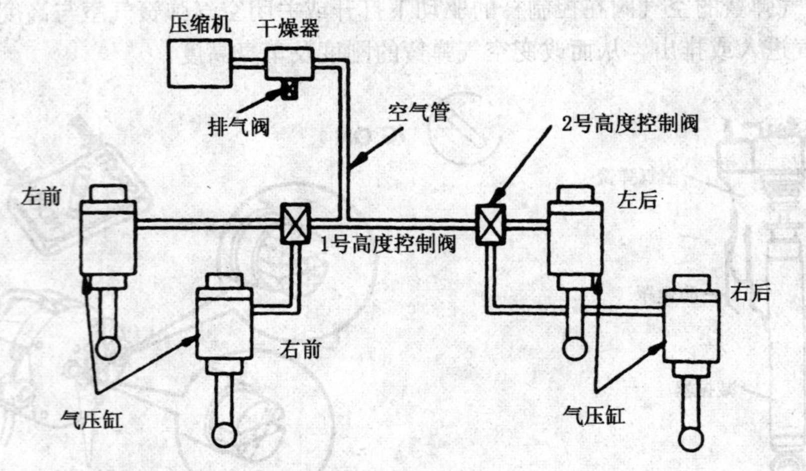

图 4-23　丰田车系电子调节悬架空气管路

状态。具体状态由电控单元根据汽车的运行状况和驾驶员通过控制开关选定的控制状态来确定。具体控制项目如下：

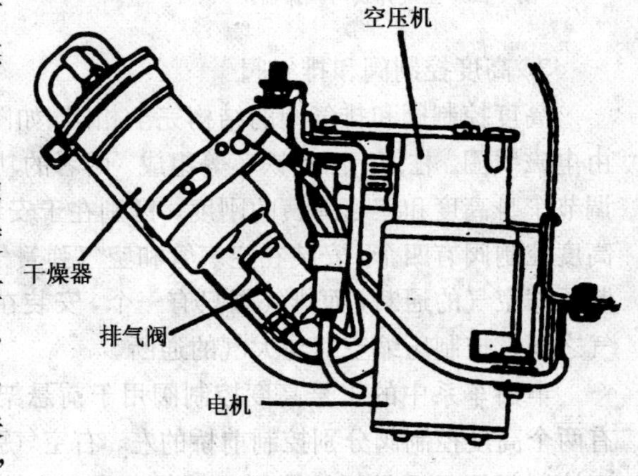

图 4-24　电子调节悬架气源装置

1．车身高度控制

1）自动高度控制。在良好路面行驶，驾驶员操纵高度控制开关选择汽车的目标高度为“高”或“正常”后，不论乘客和行李重量如何变化，汽车高度保持所选择的目标高度。

2）高车速控制。当车速高于控制车速后，汽车高度会自动降低一级。如高度控制开关选择“高”位置、汽车高度自动降至“正常”位置。

3）点火开关关闭控制。当汽车停车，点火开关断开后，由于乘客和行李质量的变化而使汽车高度高于目标高度时，能使汽车高度降低至目标高度。

2．弹簧刚度和减振器阻尼力控制

1）防侧倾控制。在急转弯时，使弹簧刚度和减振器阻尼力调整到“高”状态，有效地抑制侧倾而使汽车的姿势变化降至最小，以改善操纵性。

2）防“点头”控制。在汽车紧急制动时，调整弹簧刚度和减振器阻尼力为“高”状态，抑制汽车制动时“点头”从而使汽车制动时姿势变化降至最小。

3）防“后仰”控制。在汽车加速时，调整弹簧刚度和减振器阻尼力为“高”，抑制汽车后仰。

4）高车速控制。汽车高速行驶时，不论驾驶员选择何种控制状态，电子调节悬架自动使弹簧刚度为“高”状态、减振器阻尼力为“正常”状态，以改善高速行驶时的稳定性和操纵性。

5）不平路面、颠动、跳振控制。汽车在不平路面行驶时，使弹簧刚度和减振器阻尼力为“正常”或“高”状态，抑制汽车因路面不平造成的颠动和跳振，提高乘坐舒适性。

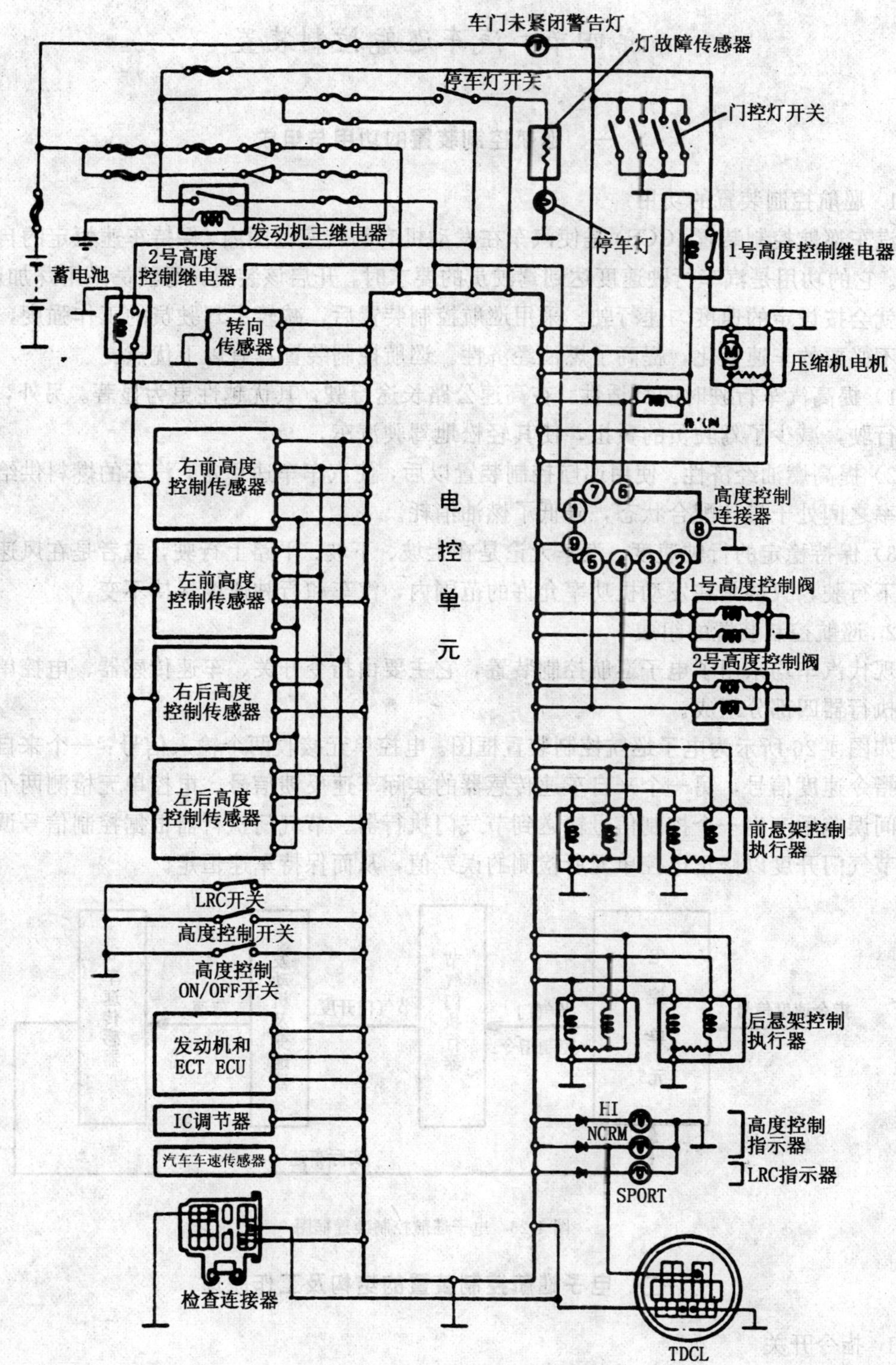

图 4-25　丰田车系电子调节悬架系统电路

第四节　汽车巡航控制装置

一、巡航控制装置的功用与组成

1. 巡航控制装置的功用

汽车巡航控制装置（CCS）是使汽车在发动机有利转速范围内，保持车速恒定的自动行驶装置。它的功用是汽车行驶速度达到驾驶员的要求时，开启该装置，驾驶员不用踩加速踏板，汽车就会按设定的速度匀速行驶。采用巡航控制装置后，减轻了驾驶员的工作强度，同时减少了不必要的车速变化，提高了燃油经济性。巡航控制装置具有以下优点：

1）提高汽车行驶时的舒适性。在高速公路长途行驶，其优越性更为显著。另外，汽车以恒速行驶，减少了驾驶员的负担，使其轻松地驾驶汽车。

2）提高燃油经济性。使用巡航控制装置以后，使汽车车速稳定，汽车的燃料供给与发动机功率之间处于最佳配合状态，降低了燃油消耗。

3）保持稳定的行驶速度。汽车无论是在上坡、下坡、平路上行驶，或者是在风速变化的情况下行驶，只要是在发动机功率允许的范围内，汽车和行驶速度保持不变。

2. 巡航控制装置的组成

现代汽车均采用了电子巡航控制装置，它主要由指令开关、车速传感器、电控单元和节气门执行器四部分组成。

如图 4-26 所示为电子巡航控制装置框图。电控单元接收两个输入信号：一个来自指令开关的指令速度信号，另一个来自车速传感器的实际车速反馈信号。电控单元检测两个输入信号之间误差后产生一个控制信号输送到节气门执行器。节气门执行器根据控制信号调节发动机的节气门开度以修正电控单元所检测的误差值，从而保持车速恒定。

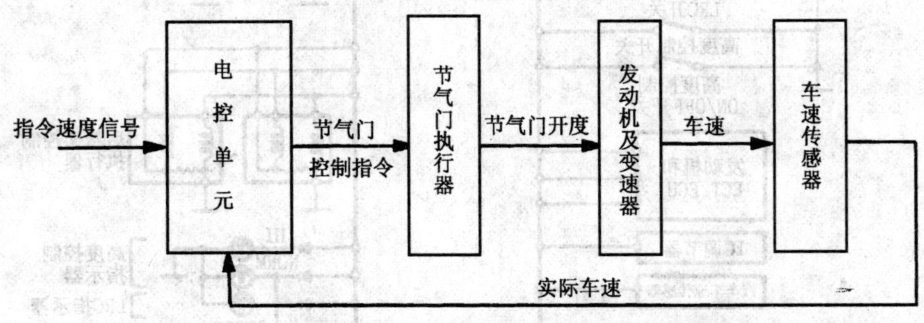

图 4-26　电子巡航控制装置框图

二、电子巡航控制装置的结构及工作原理

1. 指令开关

指令开关一般采用杆式开关，安装在转向柱上驾驶员易接近的地方，为一组合开关，有 4 档开关位置，开关外形如图 4-27 所示。开关端部设有按钮，它是巡航控制装置的总开关（CRUISRON－OFF），按下按钮，仪表板上巡航控制装置 CRUISRON－OFF 指示灯亮起，表示装置进入运行状态；再按一下，按钮弹起，指示灯熄灭，装置处于关闭状态。向下板动开关手柄为巡航速度的设定开关（SET－COAST），向上推动开关手柄是巡航速度的取消开关

(CANCEL)；朝转向盘扳起开关手柄是恢复/加速开关（RES/ASS）。

2. 车速传感器

车速传感器安装在变速器输出轴上，其结构和工作原理见第二章相关内容。

3. 节气门执行器

节气门执行器有真空式和电机式两种。

1）真空式节气门执行器

真空式节气门执行器的结构如图 4-28 所示，由膜片、真空阀、空气阀、拉索等组成。

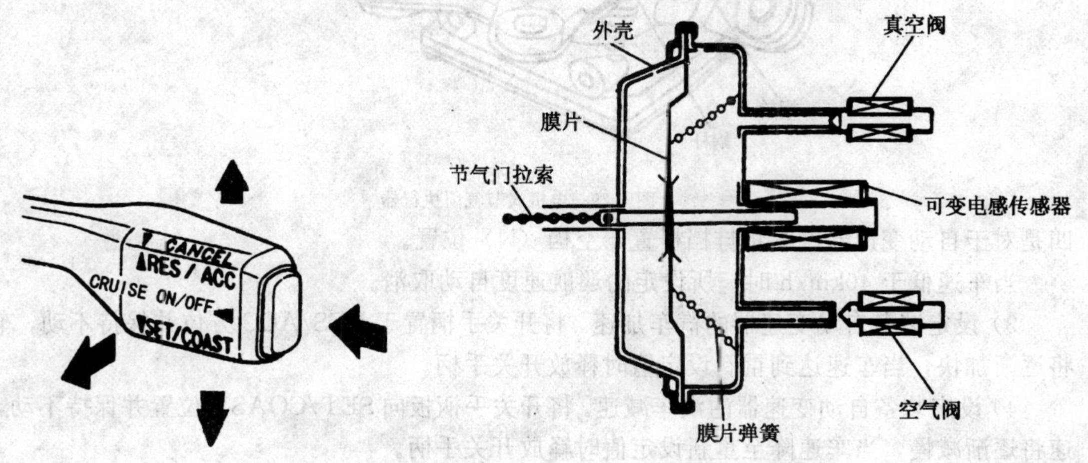

图 4-27　巡航控制装置指令开关

图 4-28　真空式节气门执行器结构示意图

汽车在巡航行驶状态时，真空阀与空气阀均关闭，膜片室内真空度恒定，膜片及拉索保持节气门在固定位置，车速恒定。如果车速低于设定速度，电控单元发出指令使真空阀开启，增大膜片室真空度，吸动膜片及拉索克服节气门回位弹簧弹力，增大节气门开度；使汽车加速。当车速超过设定车速时，电控单元发出指令使空气阀找开，膜片室真空度下降，节气门在回位弹簧的作用下开度减小，使汽车减速。解除巡航控制时，真空阀关闭，空气阀打开，膜片与大气相通。

2）电机式节气门执行器

电机式节气门执行器如图 4-29 所示，由直流电动机、一套减速机构、电磁离合器、控制臂和电位计等组成。

直流电动机接受电控单元的指令，可向正反两个方向转动，带动蜗轮蜗杆和齿轮齿扇，使控制臂摆动。控制臂通过拉索改变节气门的开度，使车速保持恒定。当解除巡航控制功能时，电磁离合器脱开，节气门只受驾驶员控制。

三、巡航控制装置的使用

1. 巡航控制装置的操作

1）设定巡航速度。按下指令开关的 CRUISR－ON OFF 按钮开启巡航控制装置，然后踩下加速踏板，当车速达到设定值时将指令开关关向 SRT/COAST 方向板动并释放。这样，汽车进入自动行驶状态。若驾驶员要加速，只要踩下加速踏板即可，加速后放松加速踏板，汽车恢复到设定速度行驶。

2）取消巡航速度设定。取消设定速度的方法较多：一是将指令开关手柄反向 CANCEL 方位并释放；二是可踩下制动踏板使汽车减速；三是对手动变速器汽车，踩下离合器踏板即可；

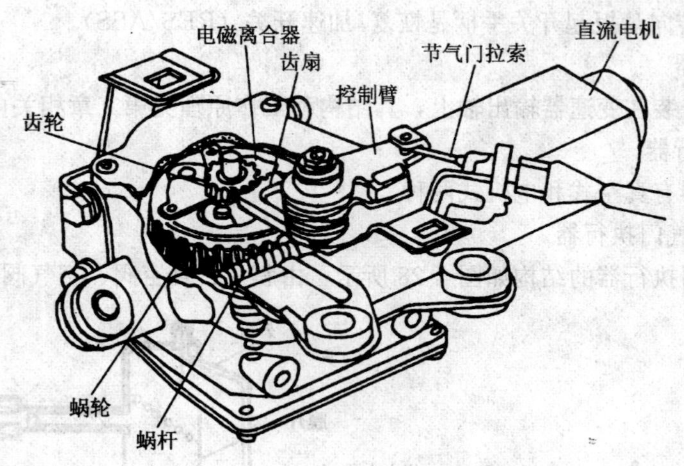

图 4-29 电机式节气门执行器

四是对于自动变速器汽车将排档杆置于空档（N）位置。

当车速低于 40km/h 时，所设定的巡航速度自动取消。

3）设定装备自动变速器的汽车加速。将开关手柄置于 RES/ACC 方位并保持不动，车速将逐渐加快，当车速达到重新设定值时释放开关手柄。

4）设定装备自动变速器的汽车减速。将开关手柄板向 SET/COAST 位置并保持不动，车速将逐渐减慢，当车速降至重新设定值时释放开关手柄。

2. 巡航控制装置使用注意事项

1）为了使汽车获得最佳控制，在交通拥挤场合以及滑湿路面行驶，不要启用巡航控制装置。

2）在不使用巡航控制装置时，要确认巡航控制装置的指令开关 CRUISE ON－OFF 处于关闭状态。

3）在上下陡坡时，不要使用巡航控制装置。

4）对于装备手动变速器的汽车，使用巡航控制装置行驶时，严禁在未踩下离合器的情况下将变速杆推入空档。

第五节　汽车导航装置

一、汽车导航装置的作用

汽车导航装置又称汽车导向行驶装置（APS），它通过设置在汽车内的显示器显示地图、汽车位置、运动轨迹、目的方向和距离等，从而为引导汽车行驶提供大量的信息。该系统还能将以汽车行驶方向为主的交通流信息等反映到显示屏幕的移动地图上，为车辆继续行驶指示最佳路线，从而起到指导车辆行驶的目的。

美国和日本等国家已经开始使用汽车导航装置。日本将在全国各地普遍使用汽车导航装置，并建造收集、发射路况信息的专用无线电导航台。汽车驾驶员通过导航台可了解交通信息。在美国，汽车导航装置已产品化，可直接装在轿车上使用。

二、汽车导航装置的分类

汽车导航装置可分为卫星导航装置和地面无线电固定导航台装置两类。

三、汽车导航装置的组成

1. 卫星导航装置

卫星导航装置包括全球定位系统（GPS）、导航电控单元、无线电接收系统、各种传感器和导航显示器等。其主要构成部分在汽车上的配置如图 4-30 所示。

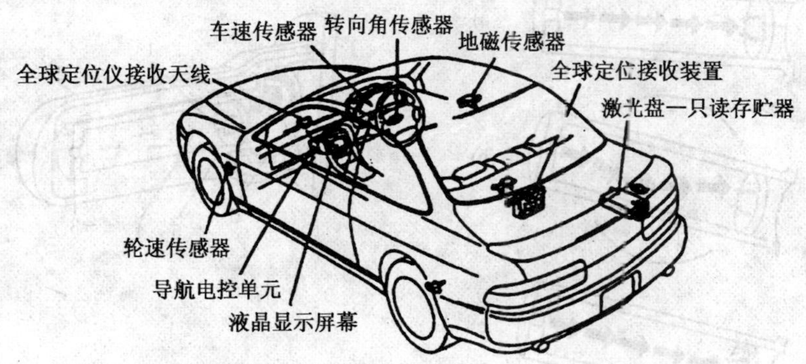

图 4-30　汽车卫星导航装置各构成部分在车上的位置

1）全球定位系统（GPS）

全球定位系统用来确定汽车在地球上的确切位置。在地球上空的六条轨道上，等间隔地配置有 24 颗卫星，在地球上的任何地方都能同时收到至少四颗卫星发回的信号，导航电控单元根据该信号便可计算出汽车在地球坐标系统中的位置。

导航卫星在围绕其轨道运行时发回的信息（包括其轨道位置信息和电波发射时刻信号），接收一方根据卫星发出信号到接到信号所经历的时间，便可计算出两者的距离，以该距离为半径，以卫星为圆心，就形成一个球面。当接收一方同时知道与三颗卫星的距离时，就形成三个球面（图 4-31），其交点就是接收一方的位置，也就是汽车的位置。为了修正卫星和接收一方的时间误差，以第四颗卫星的时刻为基准，修正接收机的时钟，其测位精度可达 30～100m。

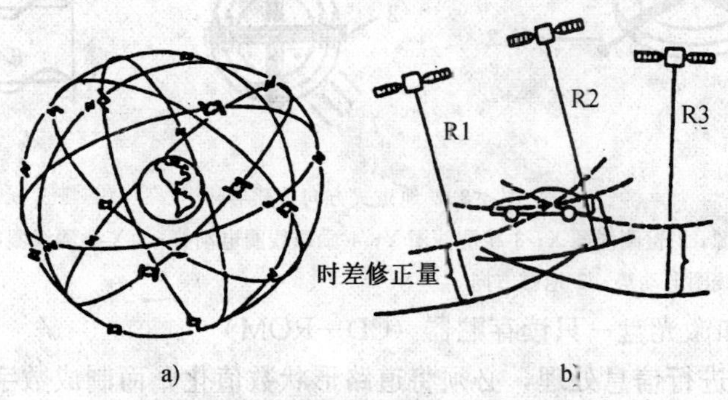

图 4-31　全球定位系统

a）卫星轨道；b）测定原理示意图

2）方向传感器

方向传感器用来测定汽车的方位，它是一种能固定地指向一方的装置（或称罗盘）。当汽车转弯时，通过方向传感器能测出转角，与汽车速度传感器相配合，即可测出汽车的运动轨迹。

（1）气流式方向传感器

如图 4-32 所示，气流式方向传感器是利用气流的偏向来测取转角的。传感器内的压电振子泵喷出的氦气，经过喷嘴时形成一股细小的气流（图 4-32a），射向对面冷却左右两根钨丝。当汽车转弯时，喷射的气流在气体惯性的作用下发生偏离（图 4-32b），使左右钨丝产生温差。利用这一温差便可检测出汽车的角速度，从而计算出汽车的转角。

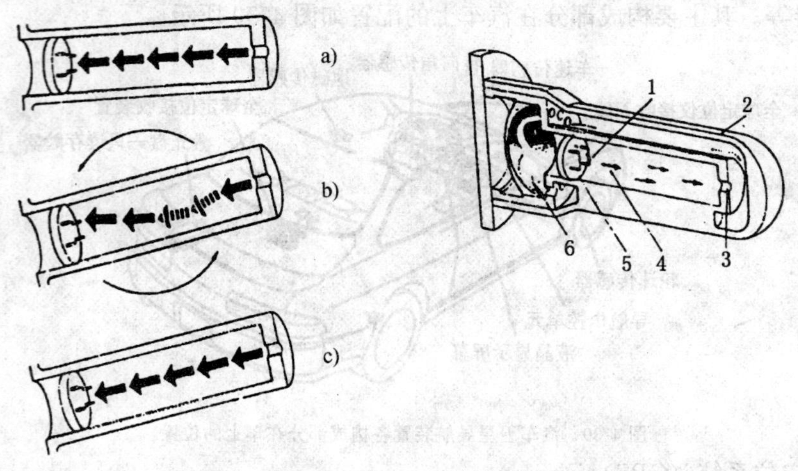

图 4-32 气流式方向传感器

a）未偏转；b）逆时针偏转；c）偏转后

1-热丝；2-壳体；3-喷嘴；4-氦气流；5-流向传感器；6-压电振子泵

（2）地磁式方向传感器

如图 4-33 所示，地磁式方向传感器是一个双线圈发电机型地磁矢量传感器。在导磁环上沿圆周方向绕有励磁线圈，并在其径向上有相互垂直的 X 和 Y 两个检测线圈。励磁线圈的电源用交流电。当汽车转弯时，两个检测线圈的磁通量发生不同的变化，从而发出不同大小的电动势，导航电控单元根据该电动势便可测出汽车的行驶方向。

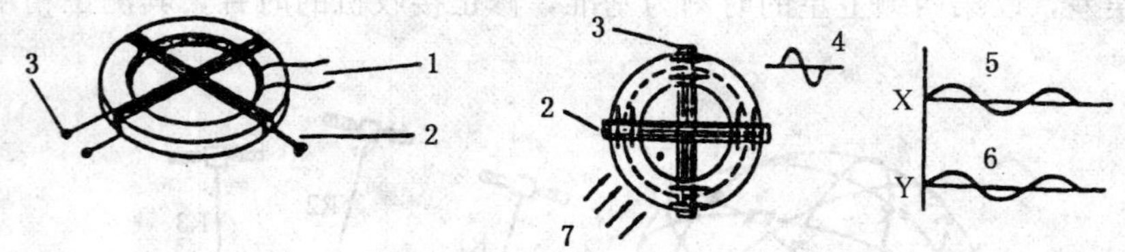

图 4-33 地磁式方向传感器

1-励磁电源；2-检测线圈 X；3-检测线圈 Y；4-励磁线圈电动势；5-X 检测线圈电动势；6-Y 检测线圈电动势；7-地磁方向

3）数字化地图和激光盘－只读存贮器（CD—ROM）

为了能用计算机进行信息处理，必须将道路形状数值化，而制成数字化地图。这样才能在车内显示器上显示出道路地图，而且随着汽车的运动，以该车位置为中心的区段即随之移动。目前采用的是激光盘－只读存贮器，一张这样的存贮器可以覆盖日本全国公路网的数字地图。

4）导航电控单元

汽车卫星导航装置的导航电控单元，能根据全球定位接收系统接收到的卫星信号和装在车上的地磁式方向传感器、转向角传感器、前左右轮速度传感器等的信号，以及存贮器中的地图数据，经过计算处理后，再进行综合的图像协调，然后通过显示器将地图显示在其屏幕上，并以闪光的标志表示汽车的实时位置；而且还能指示应该行驶的方向，并不断显示出目前到达目的地的距离。通过检索键还能很方便地找到要去的目的地和最佳的行驶路线。

2. 地面无线电固定导航台装置

如图 4-34 所示，地面无线电导航台装置是利用道路信标进行导航定位的。信号机安装在交叉路口，发射机则沿着道路布设，在城市约相隔 2km 设置一个（装在路灯杆上），在郊外相隔 10km 设置一个。当汽车到达时，车内导航接收系统根据接收到的信号，便可确定汽车所在的位置。该系统定位的精度极高，其电控单元存储器储存有公路和城市的交通图。驾驶员驾车时，利用车内的显示器，可在屏幕上观察到汽车所在地区的地图和汽车在任意时刻的位置。

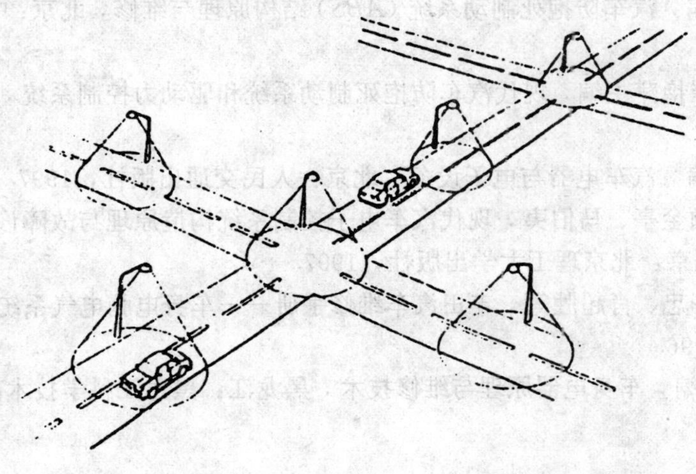

图 4-34 道路信号坐标

参 考 文 献

1. 陈德宜主编．新型汽车电子装置结构、原理、检修．福建：福建科学出版社，1997.

2. 林平主编．新型汽车自动变速器结构、原理、检修．福建：福建科学出版社，1997.

3. 徐松栋主编．汽车手动变速器和自动变速器检修图册．上海：上海交通大学出版社，1996.

4. 肖超胜主编．丰田汽车维修手册．吉林：吉林科学技术出版社，1996.

5. 张豫南主编．汽车防抱死制动系统（*ABS*）结构原理与维修．北京：中国物资出版社，1996.

6. 孟嗣宗、崔艳萍主编．现代汽车防抱死制动系统和驱动力控制系统．北京：北京理工大学出版社，1997.

7. 边焕鹤主编．汽车电器与电子设备．北京：人民交通出版社，1997.

8. 邹长庚、顾金亭、马伯夷．现代汽车电子控制系统构造原理与故障诊断（下）——车身与底盘部分．北京：北京理工大学出版社，1997.

9. 云皓、陆华忠、肖超胜等．丰田汽车维修手册——车身电脑电气系统．吉林：吉林科学技术出版社，1996.

10. 徐向阳主编．车身电器原理与维修技术．黑龙江：黑龙江科学技术出版社，1995.